PETER KRUMBIEGEL

Der Sonderopferbegriff in der Rechtsprechung des Bundesgerichtshofes

Schriften zum Öffentlichen Recht

Band 279

Der Sonderopferbegriff in der Rechtsprechung des Bundesgerichtshofes

Von

Dr. Peter Krumbiegel

DUNCKER & HUMBLOT / BERLIN

Gedruckt 1975 bei Buchdruckerei A. Sayffaerth - E. L. Krohn, Berlin 61
Printed in Germany
ISBN 3 428 03477 5

Vorwort

Diese Arbeit lag im Wintersemester 1974/75 der Rechts- und Staatswissenschaftlichen Fakultät der Rheinischen Friedrich-Wilhelms-Universität Bonn als Dissertation vor. Das Manuskript wurde im Sommer 1974 abgeschlossen. Einige aktualisierende Nachträge sind in die Anmerkungen aufgenommen worden.

Herrn Prof. Dr. *F. Ossenbühl* bin ich zu Dank für die Anregung und Betreuung der Arbeit verpflichtet.

Ferner danke ich Herrn Ministerialrat a. D. Dr. *J. Broermann* für die Aufnahme der Arbeit in die Reihe der „Schriften zum Öffentlichen Recht“.

Bonn, im Mai 1975

Peter Krumbiegel

Inhaltsverzeichnis

Einleitung

Der *Sonderopferbegriff* gehört zum Kernbereich der Fragen des öffentlich-rechtlichen Entschädigungsrechts. Zu keinem anderen Komplex dieses Rechtsgebiets existiert ein ähnlich umfangreiches und inhaltlich kontroverses Schrifttum. Anlaß und Gegenstand dieser Diskussion ist in erster Linie die entschädigungsrechtliche Rechtsprechung des *Bundesgerichtshofes*. Dieser — nach Art. 14 III S. 4 GG, § 40 II S. 1 VwGO oberste Instanz zur Entscheidung über Ansprüche aus Enteignung und Aufopferung — sieht als für die Zusprechung einer Entschädigung erforderliches Element das Vorliegen eines Sonderopfers an. Diese Auffassung erfährt in der Literatur Zustimmung und Ablehnung, wobei vor allem letztere, die überwiegt, vielgestaltig ist: Die Heranziehung des Sonderopfergedankens wird völlig verworfen, als dogmatische Fehlposition bezeichnet; es wird behauptet, der BGH selbst wende seine Theorie nicht richtig an, die Ergebnisse seien oft wenig einleuchtend oder deren Begründung nicht überzeugend. Inwieweit die vorgeschlagenen Alternativen hilfreich sind, erscheint aber nicht selten zweifelhaft. Ob „Schwere-", „Privatnützigkeits-", „Zumutbarkeits-" oder „Zweckentfremdungstheorie", allzu häufig wird an die Stelle des bekämpften Sonderopfers nur eine andere „Großformel" gesetzt, mit der man die Fälle des Entschädigungsrechts sachgerecht und vor allem besser als der BGH lösen zu können glaubt.

Ziel der vorliegenden Untersuchung soll nicht die Erfindung einer neuen Theorie sein. Wenn es um den Sonderopferbegriff in der Rechtsprechung des Bundesgerichtshofes geht, so wird dieser weder abgelehnt noch verteidigt; es wird vielmehr nach Sinn, Inhalt und Hintergründen des Begriffs Sonderopfer gefragt, wie der BGH ihn gebraucht. Gesucht werden die Kriterien und Erwägungen, die in der höchstrichterlichen Rechtsprechung das Sonderopfer ausmachen, die Elemente, die der BGH zur Bestimmung des Sonderopferbegriffs heranzieht, und die Gesichtspunkte, die die jeweilige Entscheidung im Sinne einer Bejahung oder Verneinung des Sonderopfers beeinflussen; mit anderen Worten: *was* alles heißt Sonderopfer, und *warum* lautet das Urteil einmal: „Sonderopfer ja", im anderen Fall: „Sonderopfer nein"?

Sowohl bei einem Bauverbot als auch bei einem Impfschaden, bei Straßenbauarbeiten ebenso wie bei der Tötung von Tieren muß ein Sonderopfer bejaht werden, um zu einem Entschädigungsanspruch zu gelangen. Daß die Heterogenität der zur Entscheidung anstehenden Fälle zu einer Diversifikation der Entscheidungskriterien führt, kann kaum bezweifelt werden. Zunächst muß daher versucht werden aufzuzeigen, wie die Rechtsprechung diese Mannigfaltigkeit unter dem Gesichtspunkt des Sonderopfers bewältigt. Es gilt, die für den jeweiligen Sachverhalt als erheblich erachteten Gedanken festzustellen und sich dann um deren Einordnung zu bemühen. Als erstes Ergebnis könnte dann angegeben werden, nach welchen Regeln die Prüfung des Merkmals Sonderopfer durch den BGH verläuft. Sodann ist die Frage zu behandeln, welche Gründe innerhalb des aufgestellten Systems zum Sonderopferbegriff für die Entscheidung im positiven oder negativen Sinne ausschlaggebend sind.

Damit wäre erreicht, daß die Rechtsprechung des BGH zum Sonderopferbegriff mehr Transparenz gewönne; sie würde etwas von der ihr oft vorgeworfenen Unberechenbarkeit und Unvorhersehbarkeit verlieren, unter der die Parteien der Entschädigungsprozesse leiden und die auch deutlichen Ausdruck in der häufigen Aufhebung instanzgerichtlicher Urteile durch den BGH findet.

Auch bisher sind schon Versuche in dieser Richtung unternommen worden, doch überwiegend nur als Einzelinterpretation von Entscheidungen, die einen begrenzten Fragenkreis betreffen. Viele Rezensionen zur Entschädigungsrechtsprechung setzen sich aber mit deren Ergebnissen und Argumenten auseinander, ohne die methodische Seite, den Weg, auf dem der BGH zu dem — gebilligten oder angegriffenen — Entscheid gelangt ist, näher zu würdigen. Klarheit hierüber ist jedoch auch eine Voraussetzung für erfolgversprechende Kritik. So wird im folgenden, wenn bei der methodischen Einordnung einzelner Fragenkreise der Rechtsprechung auch auf die sachliche Kritik an dieser im Schrifttum hingewiesen wird, sich nicht selten zeigen, daß die vorgebrachten Bedenken ungenau oder unzutreffend sind, weil die Methodik innerhalb des Sonderopferbegriffs verkannt worden ist. Insofern erhält diese Untersuchung auch sachlich-rechtlichen Charakter, da Methode und Ergebnis nicht unabhängig voneinander sind: Erst die genaue Kenntnis jener läßt dieses verstehen, nur unter Beachtung des Weges der Entscheidungsfindung kann am richtigen Punkt angesetzt werden, um die — vermeintlich falsche — Entscheidung zu Fall zu bringen. Gegenargumente lassen sich immer finden, effektiv einsetzen aber nur an der methodisch passenden Stelle. Die Bereitschaft der Rechtsprechung zur Korrektur ihrer Auffassung und zur Berücksichtigung von Stimmen aus dem Schrifttum wird im übrigen stets größer sein, wenn diese ihre Bedenken systemimmanent, innerhalb des Entscheidungsmodells der Rechtsprechung vortragen, als wenn sie fordern, das ganze System über Bord zu werfen.

Wenn die vorliegende Untersuchung sich von der Konzeption her von der sachlich-rechtlichen Diskussion um die Richtigkeit des Sonderopferbegriffs fernhält, so bedeutet dies nicht Blindheit gegenüber den mit ihr gewonnenen Ergebnissen; diese werden hingegen einmal bezüglich ihres methodisch einwandfreien Zustandekommens zu prüfen sein, zum anderen kann die Klärung der methodischen Seite „wunde Punkte“ der Sonderopfertheorie für die Kritik in der Sache freilegen.

A. Ausgangsposition

I. Zur Geschichte des öffentlich-rechtlichen Entschädigungsrechts; das Lastengleichheitsprinzip

Um die Bedeutung des Sonderopferbegriffs für das öffentlich-rechtliche Entschädigungsrecht erfassen zu können, ist es erforderlich, zunächst dieses Rechtsgebiet einer näheren Betrachtung — auch der historischen Zusammenhänge — zu würdigen.

Die in Betracht kommenden Rechtsinstitute sind die der Enteignung und der Aufopferung. Letztere, in § 75 EinlALR zuerst nur für die östlichen Provinzen Preußens normiert, gilt nach allgemeiner Ansicht heute im gesamten Bundesgebiet. Der Grundsatz, „daß der Staat denjenigen, welcher seine besonderen Rechte und Vorteile dem Wohl des gemeinen Wesens aufzuopfern genötigt wird, zu entschädigen gehalten ist", wird teilweise als allgemeiner Rechtsgedanke[1], aber auch als Gewohnheitsrecht[2] angesehen. Voraussetzung für den Entschädigungsanspruch soll demnach eine durch hoheitliches Handeln im Interesse der Allgemeinheit erfolgende Beeinträchtigung von Rechten Privater sein, die dem Betroffenen ein Sonderopfer auferlegt.

Kann dies, was die Notwendigkeit eines Sonderopfers angeht, noch auf den Wortlaut des § 75 gestützt werden, der von der Aufopferung besonderer Rechte und Vorteile spricht, so ist diese Anlehnung an eine Gesetzesvorschrift nicht möglich, wenn für die Bejahung einer Enteignung das Vorliegen derselben Voraussetzungen gefordert wird. Art. 14 III S. 1 GG definiert nicht die Enteignung, sondern sagt nur, wann diese zulässig ist, nämlich lediglich durch oder aufgrund eines Gesetzes zum Wohl der Allgemeinheit und gegen Gewährung einer Entschädigung. Dem gegenüber steht Art. 14 I S. 2 GG, wonach eine Bestimmung von Inhalt und Schranken des Eigentums „durch die Gesetze" erfolgt. Bezüglich der vom Gesetzgeber erlassenen das Eigentum betreffenden Regelungen gibt es demnach zwei Möglichkeiten: Es kann sich um solche nach Art. 14 I S. 2 GG und um solche nach Art. 14 III GG handeln, um Inhaltsbestimmungen des Eigentums oder um Enteignungen — mit dem bedeutsamen Unterschied, daß letztere zu entschädigen sind, erstere nicht. Darüber, wann welche Art von Regelung vorliegt, ist Art.

[1] BGHZ 9, 83 (85); 11, 248 (249); 20, 61 (64).

[2] BGHZ 16, 366 (374).

14 GG nichts zu entnehmen; auch enthält er keinen Hinweis, daß die diesbezügliche Abgrenzung durch die Frage nach dem Vorliegen eines Sonderopfers vorgenommen werden soll. Daß der BGH gleichwohl in ständiger Rechtsprechung auf dieses Merkmal abstellt, ist erklärbar, wenn die historische Entwicklung der Institute des Entschädigungsrechts berücksichtigt wird, insbesondere das Verhältnis von Aufopferung und Enteignung. Die Stellung dieser Anspruchstatbestände war zweifelhaft, vor allem seit der Aufgabe des „klassischen Enteignungsbegriffs" in der Rechtsprechung des Reichsgerichts[3]. Der BGH[4] hat jedoch eine Abgrenzung und Klarstellung vorgenommen: Demnach ist die Aufopferung die allgemeine Anspruchsgrundlage hinsichtlich Schädigungen Privater durch rechtmäßiges hoheitliches Handeln; die Enteignung ist ein — „ungemein bedeutsamer" — Sonderfall der Aufopferung und verdrängt diese, soweit es sich um den Eingriff in vermögenswerte Rechte handelt, die sämtlich unter den weiten Eigentumsbegriff des Art. 14 GG[5] fallen. Danach findet die Aufopferung nur noch bei Verletzung nicht vermögenswerter Rechtsgüter Anwendung, namentlich den durch Art. 2 II GG geschützten.

Enteignung und Aufopferung unterscheiden sich demzufolge nur bezüglich des Eingriffsobjekts, Tatbestandsvoraussetzungen und -aufbau sind im übrigen identisch. So waren die von § 75 EinlALR seinerzeit erfaßten Maßnahmen nach heutiger Terminologie sämtlich Enteignungen[6]. Erst der im 19. Jahrhundert verstärkt einsetzende Griff des Staates nach dem Grundeigentum veranlaßte, daß diese Fälle besonders geregelt wurden und eben aus „Aufopferungen" „Enteignungen" wurden.

Als Grundvoraussetzung für eine Enteignungsentschädigung galt aber weiterhin, daß der Betroffene genötigt wurde, seine besonderen Rechte oder Vorteile aufzuopfern. Die Aufnahme dieser Formulierung in § 75 EinlALR ist vor dem Hintergrund der naturrechtlichen Vorstellungen des Verhältnisses des Einzelnen zum Staat zu sehen[7]. Der Einzelne hat sich im Sozialvertrag seiner Rechte und Befugnisse nur insoweit begeben, als es zur Förderung des gemeinen Wohles erfor-

[3] Dies geschah Schritt für Schritt; vgl. RGZ 109, 310; 116, 268.

[4] Vgl. BGHZ 6, 270 (275 f.); 13, 88 (91).

[5] Geschützt sind danach *alle* vermögenswerten Rechte, außer dem Sacheigentum Forderungsrechte und auch der eingerichtete und ausgeübte Gewerbebetrieb (BGHZ 23, 157; 50, 284/289 f.; st. Rspr.); der Umfang des Schutzes subjektiv-öffentlicher Rechte ist zweifelhaft (vgl. BGHZ 6, 270/278; 15, 17/20; andererseits BVerfGE 1, 264/278; 4, 219/240; 14, 288/293).

[6] *Stödter*, Entschädigung, S. 239 ff., behauptete sogar, daß § 75 EinlALR durch Art. 153 WRV aufgehoben sei, weil dieser jenen völlig verdränge.

[7] Vgl. zum folgenden: *Kreft*, Aufopferung und Enteignung, S. 5 ff.; *Bender*, Staatshaftungsrecht, S. 2 ff., jeweils m. weit. Nachw.; zur Begründung der Lehre vom besonderen Opfer, dem Lastengleichheitsprinzip, und deren Verbindung mit der Lehre von den wohlerworbenen Rechten s. auch *Stödter*, Entschädigung, S. 78 ff.

derlich ist. Davon ausgenommen sind die wohlerworbenen Rechte, die iura quaesita; zu diesen gehören insbesondere die Befugnisse des Eigentums. Diese sind nicht wie Freiheit und Gleichheit dem Einzelnen angeboren, sondern von ihm erworben, beruhen aber auf der vorstaatlichen natürlichen Ordnung der Dinge. Wegen der Vorstaatlichkeit der Eigentumsordnung steht das Eigentum nicht zur Disposition des Staates. Nur wenn es zur Förderung des allgemeinen Wohles unerläßlich ist, kann dieser kraft seines ius eminens in die wohlerworbenen Rechte des Bürgers eingreifen und sie an sich ziehen. Der so ungleich getroffene Einzelne — da anderen nicht ein ähnliches Schicksal widerfährt — ist aber gemäß dem Grundsatz der Lastengleichheit aller Bürger für das von ihm erbrachte „besondere Opfer" vom Staate zu entschädigen.

Es war somit das *Lastengleichheitsprinzip*, das den Haftungsgrund für Entschädigungsansprüche gegen das Gemeinwesen darstellte. Wenngleich die naturrechtlichen Vorstellungen nicht mehr maßgeblich sind, so wird doch weiterhin die Entschädigung aus Aufopferung und Enteignung auf das Lastengleichheits- oder Sonderopferprinzip gestützt. Dies läßt sich aus einer Interpretation von Bestimmungen des Grundgesetzes und verfassungsrechtlicher Grundsätze des freiheitlichen Rechtsstaates begründen. Zum Teil wird die Grundlage des Opferausgleichssatzes in Art. 3 I GG gesehen; der Gleichheitssatz werde zum Ausgleichssatz, wenn er aus Gründen überwiegenden öffentlichen Interesses durch Auferlegung besonderer, also gemessen an der relativen Gerechtigkeit „ungleicher" Opfer bewußt durchbrochen werden müsse[8]. Auch der BGH hat sich wiederholt in diesem Sinne geäußert; der Aufopferungsgrundsatz stehe unter der Herrschaft des Gleichheitssatzes[9], der Verstoß gegen den Gleichheitssatz kennzeichne die Enteignung[10], die Entschädigungsleistung diene dazu, die verletzte Gleichheit wieder herzustellen.

Ob sich diese Folgerungen in unmittelbarer Anwendung des Art. 3 I GG gewinnen lassen, mag bezweifelt werden können; ebenso wird noch Anlaß bestehen, die Rechtsprechung des BGH näher daraufhin zu untersuchen, wie die häufigen Hinweise auf den Gleichheitssatz zu verstehen sind, insbesondere ob damit ernsthaft eine Bezugnahme auf Art. 3 I GG gemeint ist. Eine Begründung des Lastengleichheitsprinzips kann jedoch durch die Besinnung auf die tragenden Grundentscheidungen des Grundgesetzes gelingen. Die Rechtsstaatsgarantie des Art. 20 GG enthält ein materielles Gerechtigkeitsgebot[11]. In Verbindung mit der Gewährleistung der Gleichheit (Art. 3 GG) und des Eigentums

[8] Etwa *Dürig*, JZ 1955, 521 (522).
[9] BGHZ 13, 88 (91).
[10] So besonders deutlich BGHZ 6, 270 (280).
[11] *Maunz / Dürig / Herzog*, GG, Art. 20 Rdnr. 59.

(Art. 14 GG) folgt, daß alle Bürger — insbesondere in vermögensrechtlicher Hinsicht — nur gleichen Belastungen unterworfen werden dürfen. Wird dieses Prinzip wegen eines unabweislichen öffentlichen Interesses — etwa aufgrund Art. 14 III GG — durchbrochen, d. h. Einzelnen mehr als der Gesamtheit der anderen auferlegt, so gebietet die Gerechtigkeit, daß die materielle Gleichheit durch Entschädigung des Betroffenen wieder hergestellt wird[12].

II. Doppelbedeutung des Sonderopferbegriffs

Wenn somit die Geltung des Lastengleichheitsprinzips auch unter dem Grundgesetz festgestellt worden ist, so erhebt sich die Frage, welche Bedeutung dem für die praktische Anwendung des Entschädigungsrechts, vor allem im Rahmen einer Untersuchung der Rechtsprechung zum Sonderopferbegriff zukommt. Ist mit dem Nachweis der Existenz des Prinzips der Lastengleichheit, demzufolge besondere Opfer zu entschädigen sind, die Sonderopfertheorie des BGH gerechtfertigt und der Kritik, die sich gegen die Heranziehung dieses Merkmals wendet, der Boden entzogen? Dafür scheint auf den ersten Blick einiges zu sprechen, doch zur Beantwortung der Frage muß klargestellt werden, welche Aussage die soeben erfolgte Postulierung des Sonderopferprinzips enthält: Dies ist nur eine Bestimmung des Grundes der Haftung des Staates für Eingriffe in die Rechte der Bürger. Die Sonderopfertheorie als Ausprägung des Grundsatzes der Lastengleichheit ist zunächst nur die Haftungslegitimation im Entschädigungsrecht[13].

Nicht identisch damit ist das Fordern eines Sonderopfers als Haftungsvoraussetzung. Die Lehre vom besonderen Opfer hat vielmehr zwei Inhalte: Einmal gibt sie den Grund für die Staatshaftung, zum anderen dient sie — vor allem der Rechtsprechung des BGH — als Abgrenzungskriterium entschädigungspflichtiger von entschädigungslosen Maßnahmen von Hoheitsträgern. Diese beiden Bedeutungen sind wesensmäßig verschieden; die eine ist theoretischer Natur, ist Rechtfertigung für die Existenz der Institute Aufopferung und Enteignung, die andere — als Tatbestandselement dieser Ansprüche — betrifft deren praktische Anwendung. Daß zwischen diesen durchaus ein Zusammenhang besteht, soll nicht geleugnet werden; die konkrete Ausgestaltung eines Rechtsinstituts hat stets die es tragenden Grundgedanken zu berücksichtigen, und im besonderen im Entschädigungsrecht, das anders als etwa das weitgehend durchnormierte Zivilrecht überwiegend auf

[12] Vgl. dazu allgemein auch *Hesse*, VerfR, S. 80 f.; *Wolff*, VerwR I, § 60 I; ähnlich BGHZ 13, 88 (96).

[13] So die h. M., etwa BGHZ 6, 270 (278); 45, 58 (76); *Scheuner*, DÖV 1955, 545; *ders.*, JuS 1961, 243 (247); *Dürig*, JZ 1955, 521 f.

Gewohnheits- und Richterrecht beruht, kann der Rückgriff auf die Haftungslegitimation häufig die Entscheidung im Einzelfall beeinflussen[14]. Wenn als Haftungsgrund von Aufopferung und Enteignung die Verletzung des Prinzips der Gleichheit der Lasten, der Sonderopfergedanke, angenommen wird, dann ist es jedoch nicht zwingend, zur Beantwortung der Frage, wann ein entschädigungspflichtiges „Opfer" vorliegt, diesen Sonderopfergedanken — im Sinne einer Gleichheitsverletzung — allein heranzuziehen. Zwar ist von der Sonderopferlehre als dem deutschen Recht wesentliche Grundlegung des Entschädigungsrechts auszugehen, doch können zur Bestimmung des Enteignungstatbestandes andere Kriterien Anwendung finden, die den Sonderopferbegriff im Einzelfall ausfüllen[15].

Die Unterscheidung der beiden Aussagen der Sonderopferlehre kann demnach als bedeutsames Ergebnis festgehalten werden: Die entschädigungsrechtlichen Institute können auf den Lastengleichheitssatz gestützt werden, die Zubilligung einer Entschädigung in concreto kann gleichwohl von anderen Merkmalen als dem Sonderopfer abhängig gemacht werden. Die Klarstellung dieser Doppelbedeutung des Sonderopfers ist zudem beachtlich, wenn wie vorliegend die Rechtsprechung des BGH zu diesem Begriff untersucht werden soll; diese Analyse wird sich mit dem Sonderopfer als Tatbestandsvoraussetzung der Entschädigungsansprüche befassen, d. h. die Sonderopfertheorie als einen — neben anderen möglichen — Lösungsversuch der Abgrenzung von Enteignung und Sozialbindung würdigen. Die vorstehenden Ausführungen haben gezeigt, daß Ursprung dieser Lehre das dem Naturrecht entstammende, auch unter dem Grundgesetz geltende Lastengleichheitsprinzip ist, dessen These der BGH in den Enteignungstatbestand übernahm, als er behauptete: „Der Verstoß gegen den Gleichheitssatz *kennzeichnet* die Enteignung[16]."

Zu prüfen ist im folgenden, nach welchen Kriterien die Verletzung des zunächst nur theoretischen Prinzips der Gleichheit in der praktischen Anwendung im Entschädigungsrecht beurteilt wird. Ist die Geltung des Lastengleichheitssatzes nachgewiesen und seine Bedeutung für die Grundlegung des öffentlich-rechtlichen Entschädigungsrechts überwiegend anerkannt, so ist der Gehalt des aus ihm abgeleiteten Sonderopferbegriffs als Abgrenzungskriterium in concreto um so klärungsbedürftiger.

---

[14] Vgl. auch *Ossenbühl,* JuS 1971, 575 (580).

[15] s. auch *Schack,* NJW 1963, 750 (751); *Heidenhain,* Amtshaftung, S. 96 Fn. 66.

[16] BGHZ 6, 270 (280), (Hervorhebung vom Verf.).

III. Historische Entwicklung der Abgrenzung von Enteignung und Sozialbindung

Die Sonderopfertheorie erscheint demnach als Übertragung der Gedanken zur Legitimierung einer Staatshaftung auf die Bestimmung des Enteignungstatbestandes. Im weiteren soll nun ihre Stellung innerhalb der historischen Entwicklung der Versuche der Abgrenzung der Enteignung von entschädigungslosen Eingriffen in das Eigentum untersucht werden.

Das Problem einer Grenzziehung zwischen Enteignung und Sozialbindung ist in seiner Vielschichtigkeit erst in diesem Jahrhundert aktuell geworden. Seit der Staat fürsorgerisch zur Verfolgung im weitesten Sinn sozialer Anliegen gesetzgeberisch tätig zu werden sich verpflichtet sieht — eine Entwicklung, die nicht zuletzt durch die Ereignisse und Folgen der Weltkriege hervorgerufen worden ist —, nimmt die Zahl der Regelungen ständig zu, die Auswirkungen auf die gesamte Rechtssphäre, im besonderen auf Vermögensobjekte der Bürger haben. Der Vielfalt der in der heutigen Massengesellschaft zu lösenden Aufgaben entspricht die Mannigfaltigkeit staatlicher Aktivitäten, so daß der Ruf nach dem Staate — man mag dies bedauern — eher lauter wird. Daß diesem dadurch bisher ungeahnte Möglichkeiten zufallen, gestalterisch in die Rechte Privater einzugreifen, ist offensichtlich, und daß Neigung besteht, die Privatinteressen, die sich nicht ausreichend bewährt, „sozial versagt“ haben, stärker einzuschränken, ist nur zu verständlich. Erst in einer Zeit solcher Tendenz wird die Frage des Eigentumsschutzes wirklich akut; dann muß sich zeigen, was die Eigentumsgarantie wert ist, dann bedarf es einer subtilen Abgrenzung und Bestimmung, wie weit der Staat die Rechte des Einzelnen beeinträchtigen darf und wann der Betroffene eine Entschädigung beanspruchen kann.

All dies hatte unter der liberalen Staatsauffassung des 19. Jahrhunderts keine Entsprechung und damit keine vergleichbare Bedeutung. Der Staat beschränkte sich auf den Griff nach dinglichen Rechten, und deren Entzug war nicht Mittel einer „globalen sozialen Steuerung“, sondern diente einem im Einzelfall bestehenden öffentlichen Bedürfnis. Dies erklärt die Entstehung des sog. „klassischen Enteignungsbegriffs“, der ein rein formaler war und kein detailliertes Abgrenzungssystem enthielt. So war nach dem preußischen Enteignungsgesetz von 1874 stets zu entschädigende Enteignung nur die „Abnahme des Eigentumsrechts an Grund und Boden unter Neubegründung desselben in der Person eines gemeinnützigen Unternehmers durch Verwaltungsakt“[17].

---

[17] Vgl. etwa auch BGHZ 6, 270 (276); *Leisner,* Sozialbindung, S. 17 f.; *Schneider,* Enteignung und Aufopferung, S. 8.

Diese Bestimmung war eindeutig und ausreichend, weil andere Maßnahmen, die — wie etwa die Beschränkung sonstiger Rechte — die Entschädigungsfrage aufgeworfen hätten, nicht vorstellbar waren[18]. Ähnlich war schon nach der preußischen Kabinettsordre vom 4. 12. 1831 Entschädigung nur zu leisten für Eingriffe der *Verwaltung* in das Eigentum, bei Eingriffen durch *Gesetz* dagegen lediglich, wenn dieses eine Entschädigung vorsah.

Die Elemente des „klassischen Enteignungsbegriffs" waren demnach: Entzug eines dinglichen Rechts und dessen Überführung auf einen Dritten durch Verwaltungsakt. Unter der Weimarer Reichsverfassung ging das Reichsgericht hiervon völlig ab — den sich wandelnden Umständen der Zeit, d. h. den differenziertere Formen annehmenden Griff des Staates nach privaten Vermögensrechten Rechnung tragend. So wurde einer Abhandlung Martin *Wolffs*[19] folgend, die Beschränkung des Schutzes auf dingliche Rechte aufgegeben und der Eigentumsbegriff auf alle subjektiven Privatrechte einschließlich der Forderungsrechte ausgedehnt, „die nach ihrem wirtschaftlichen Wert wie nach der Art des Eingriffs ebenso des Schutzes bedürftig sein können"[20]. Ferner erklärte das RG das *Entzugs*moment nicht mehr für ausschlaggebend, eine Enteignung sei schon dann anzuerkennen, wenn das Recht des Eigentümers, mit seiner Sache gemäß § 903 BGB nach Belieben zu verfahren, zugunsten eines Dritten beeinträchtigt werde[21].

Damit war die strikte Abgrenzung der „klassischen Lehre" verlassen, wonach Enteignung nur die Entziehung der betreffenden Rechtsposition sein konnte. Es bestand deshalb die Notwendigkeit, ein neues Kriterium zur Bestimmung des Enteignungstatbestandes zu finden, um die entschädigungspflichtigen Beeinträchtigungen der Befugnisse aus § 903 BGB von denen zu sondern, die nach Art. 153 I S. 2 WRV als Inhaltsbestimmung und Schrankenziehung des Eigentums entschädigungslos bleiben sollten; denn jede in diesem Zusammenhang interessierende Maßnahme tangierte irgendwie die Befugnis des Eigentümers, „mit der Sache nach Belieben zu verfahren", ohne daß nun in allen diesen Fällen eine Enteignung bejaht werden sollte. Entscheidendes Merkmal wurde hier das letzte vom „klassischen Enteignungsbegriff" noch übrig gebliebene: das des Einzeleingriffs. Denn nichts anderes bedeutete die Forderung, daß der enteignende Eingriff ein Verwaltungsakt sein müsse, der definitionsgemäß Regelung eines Einzelfalles ist[22]. Zwar wurde dieses Postulat der „klassischen Lehre" ebenfalls in der bereits

[18] s. *Leisner*, Sozialbindung, S. 17 f.

[19] Reichsverfassung und Eigentum, Kahl-Festschrift, S. 20 ff.

[20] RGZ 109, 310 (319).

[21] RGZ 116, 268 (272).

[22] s. § 27 EVwVerfG, § 106 schlhVwG; sowie etwa *Wolff*, VerwR I, § 46 VI.

angeführten Entscheidung vom 13. 12. 1924[23] fallengelassen und betont, eine Enteignung sei nicht deshalb ausgeschlossen, weil der Eingriff unmittelbar durch Gesetz erfolge; aber auch dann sollte eine Enteignung nur vorliegen, wenn es sich um einen Einzeleingriff handelte, der nicht alle gleichmäßig traf, sondern einzelnen ein besonderes Opfer auferlegte[24]. Trotz formaler Aufhebung des Verwaltungsaktselements ist dieses inhaltlich erhalten geblieben[25]. Die Unterscheidung von Enteignung und Sozialbindung des Eigentums anhand des Begriffspaares allgemeine/spezielle Regelung vorzunehmen heißt nichts anderes als eben doch auf ein Wesensmerkmal des Verwaltungsakts abzustellen. Damit ist ein Element des „klassischen Enteignungsbegriffs" weiterhin gültig geblieben, obwohl dieser nunmehr gegen vereinzelte Stimmen[26] allgemein abgelehnt wird[27].

Nachdem dieser Punkt in der reichsgerichtlichen Rechtsprechung erreicht ist, beginnt sich der Kreis zu den Ausführungen am Anfang dieses Abschnitts zu schließen. Dort war das Lastengleichheitsprinzip als Haftungslegitimation von Enteignung und Aufopferung festgestellt worden; indem es die Entschädigung besonderer, „ungleicher" Opfer gebietet, gibt es auch die Grundlage, das Vorliegen eines Sonderopfers zur Voraussetzung eines Entschädigungsanspruchs zu machen. Eine Verknüpfung dieser Gedanken mit der — klassischen — enteignungsrechtlichen Lehre erfolgte, indem das besondere Opfer dann bejaht wurde, wenn es sich um eine Einzelmaßnahme handelte, nicht dagegen bei allgemeinen Regelungen. Da die Gegensatzbegriffspaare gleich/ungleich und allgemein/speziell für identisch erklärt wurden, war der hinsichtlich seiner Bedeutung für die öffentlich-rechtliche Entschädigung essentielle Gleichheitssatz mit dem aus der Fortentwicklung des Enteignungsbegriffs resultierenden Merkmal des Einzeleingriffs in Verbindung gebracht. Wenn in concreto ein Entschädigungsanspruch nur bei einer Einzelmaßnahme zugesprochen wurde, konnte man sich darauf berufen, daß eben dies dem Inhalt der Legitimation der Haftung des Staates entspreche.

Wenn das Sonderopferprinzip zur Bestimmung des Enteignungstatbestandes herangezogen wird, so handelt es sich dabei demnach um das herkömmliche Element der Abgrenzung zur Eigentumsbindung,

---

[23] RGZ 109, 310 (317 f.); vgl. ferner RGZ 116, 268.

[24] st. Rspr. des RG: RGZ 128, 165; 129, 146; 139, 177; StaatsGH, RGZ 124, Anh. 19, usw.

[25] Darauf weist *Leisner*, Sozialbindung, S. 23, zutreffend hin.

[26] Vgl. *Dürigs* Ruf: „Zurück zum klassischen Enteignungsbegriff", JZ 1954, 4 ff.

[27] BGHZ 6, 270 (276 ff.); *Scheuner*, DÖV 1954, 587 (589); *Wolff*, VerwR I, § 62 III a.

das sowohl im Grundsatz der Gleichheit der Lasten wie in den enteignungsrechtlichen Lehren des 19. Jahrhunderts wurzelt. Vor diesen Hintergrund sind die Ausführungen des BGH zu stellen, die inhaltliche Bestimmung und Begrenzung des Eigentums müsse ihrem Wesen nach allgemeiner Natur sein, die Enteignung sei ein staatlicher Eingriff in das Eigentum, der die betroffenen Einzelnen ungleich treffe[28]. Der Ursprung dieses Sonderopferbegriffs ist aufgezeigt worden, und wenn er nun näher untersucht wird, dann auch daraufhin, inwieweit er sich von den Anfängen entfernt und neue Inhalte bekommen hat.

[28] BGHZ 6, 270 (278, 280).

B. Skizzierung der Rechtsprechung des BGH

I. Grundlage: BGHZ 6, 270

Grundlegende Bedeutung für den Sonderopferbegriff in der Rechtsprechung des Bundesgerichtshofes hat der bereits mehrfach erwähnte Beschluß des Großen Senates für Zivilsachen vom 9./10. 6. 1952[1]. In dieser Entscheidung war der BGH zum ersten Mal veranlaßt, eine Abgrenzung enteignender von das Eigentum sozial bindenden Maßnahmen vorzunehmen[2]. Bei der diesbetreffenden Überprüfung von Eingriffen im Rahmen der Wohnraumbewirtschaftung hat der BGH zu diesem Fragenkomplex grundsätzlich Stellung genommen — in einer Weise, die Richtung gebend für die weitere Rechtsprechung sein sollte. Nachdem zunächst der klassische Enteignungsbegriff verworfen wird, rekurriert der BGH auf die Einzeleingriffslehre des RG[3], wonach bei allgemeinen Regelungen keine Enteignung anzunehmen sei; so könnten inhaltliche Begrenzungen der vermögenswerten Rechte vorgenommen werden, die von nun an der betroffenen Gattung von Rechten allgemein eigentümlich sein sollten. Doch sei der Gesetzgeber hierbei nicht völlig frei, seine Befugnis, Inhalt und Schranken des Eigentums gemäß Art. 14 I S. 2 GG zu bestimmen, sei vielmehr durch Art. 19 II GG, die Wesensgehaltsgarantie der Grundrechte, begrenzt; ein Verstoß dagegen führe zur Nichtigkeit des gesetzgeberischen Aktes.

Demgegenüber wird der Begriff der Enteignung folgendermaßen bestimmt: Sie sei keine allgemeine, gleichwirkende, mit dem Wesen des betroffenen Rechts vereinbare inhaltliche Begrenzung des Eigentumsrechts, sondern ein Eingriff, der die betroffenen Einzelnen im Vergleich zu anderen ungleich, besonders treffe und sie zu einem besonderen, den übrigen nicht zugemuteten Opfer für die Allgemeinheit zwinge.

Im Ansatz erkennbar scheint bereits zu sein, daß der BGH von dem formalen Merkmal des Einzelakts sich zu lösen beginnt, d. h. sein Heil

---

[1] BGHZ 6, 270 ff.

[2] Entscheidungen betr. Enteignungsentschädigung sind zwar auch vorher schon ergangen, doch handelte es sich um „eindeutige" Fälle — etwa Entziehung des Eigentums als „geradezu Fall der klassischen Enteignung" (BGHZ 4, 10) oder Klärung des Verhältnisses Polizeirecht zu Enteignung und Aufopferung (BGHZ 5, 144), in denen eine Heranziehung des erweiterten Enteignungsbegriffs und ein Eingehen auf den Streit, wie dieser zu bestimmen sei, nicht erforderlich war.

[3] s. oben A III.

nicht mehr nur in „zahlenmäßigen Registrierungen“[4] sucht, sondern um eine gewisse Verlagerung des Schwergewichts der entscheidungserheblichen Kriterien in Richtung auf materielle Elemente bemüht ist, wenn zum Kennzeichen der Enteignung — als Ausdruck des Sonderopfers — der Verstoß gegen den Gleichheitssatz gemacht wird[5].

Mit dem Bekenntnis zum Sonderopfer lehnt der BGH die anderen Abgrenzungstheorien ab, ausdrücklich die Schutzwürdigkeits- oder Zumutbarkeitslehre[6, 7], da diese Begriffe zu farblos und dehnbar seien, als daß sie die erforderliche klare und scharfe rechtliche Abgrenzung ermöglichten[8].

Nach diesen grundsätzlichen Erwägungen beginnt der BGH[9] die Prüfung in concreto, d. h. ob die Zuweisung eines Wohnungsuchenden aufgrund des Wohnungsgesetzes eine Enteignung darstellt, mit dem Bemerken, daß es nahe liege, diese Frage auf dem Boden der Einzelakttheorie zu bejahen, weil die Zuweisung im Einzelfall durch Verwaltungsakt der Wohnungsbehörde erfolge[10]. Demgegenüber sei aber zu berücksichtigen, daß diese Maßnahmen nicht nach freiem Ermessen der Verwaltungsbehörden ergehen könnten, es sich vielmehr um Akte der gebundenen Verwaltung handele. Der Erlaß von Verwaltungsakten in concreto diene nur dem rechtstechnischen Vollzug und der Erreichung der bereits im Gesetz fixierten Ziele. Demnach — und dies ist die eigentlich bedeutsame Aussage — seien Gesetz und der Eingriff im Einzelfall als Einheit zu sehen und die Frage nach der Enteignung in erster Linie bezüglich des zu Beschränkungen der Rechte der Bürger ermächtigenden Gesetzes zu stellen. Als Richtlinie hinsichtlich der Grenzen der Befugnis des Gesetzgebers, das Eigentum entschädigungslos zu beschränken, war bereits die Wesensgehaltsschranke des Art. 19 II GG

---

[4] So *Stödter*, DÖV 1953, 97 (99).

[5] Dies könnte insofern eine Umkehr bedeuten, als früher die Verknüpfung von Einzeleingriff und Ungleichbehandlung in dem Sinne erfolgte, daß von der Spezialität einer Maßnahme auf die Verletzung des Prinzips der Gleichheit geschlossen wurde, während nunmehr eine Prüfung anhand des materiellen Gleichheitssatzes in Betracht kommen könnte; dem kann jedoch erst weiter nachgegangen werden, wenn die Entwicklung der Rechtsprechung näher dargestellt ist.

[6] Vgl. *Jellinek*, VerwR, S. 413; *Stödter*, Entschädigung, S. 193 ff.

[7] Es ist dies — soweit ersichtlich — das einzige Mal überhaupt, daß der BGH sich mit abweichenden Auffassungen zur Bestimmung des Enteignungsbegriffs auseinandersetzt; spätere Lösungsversuche im Schrifttum — etwa Reinhardts „Privatnützigkeitslehre“, vgl. *Reinhardt / Scheuner*, Verfassungsschutz des Eigentums, S. 33 ff. — oder die „Schweretheorie“ des BVerwG (vgl. BVerwGE 5, 143) werden kaum erwähnt; inwieweit der BGH diesen und anderen Kriterien doch Rechnung trägt, wird noch zu untersuchen sein.

[8] Ebd., S. 282 f.

[9] Ebd., S. 283 ff.

[10] Dieser Gedanke rührt offensichtlich immer noch von dem „klassischen Enteignungsbegriff“ und dessen Verwaltungsakt-Merkmal her!

genannt worden, und dies wird nun dahin konkretisiert, daß geprüft wird, ob das Wohnungsgesetz eine dem Eigentum nicht innewohnende Beschränkung der Herrschaftsbefugnisse von außen auferlegt. Dieses verneint der BGH schließlich und gelangt zu der Annahme, daß eine Sozialbindung nach Art. 14 I S. 2 GG vorliegt, indem er das Wohnungsnotrecht und die durch es verfolgten sozialpolitischen Ziele in einer Gesamtschau würdigt und den betroffenen Eigentumsrechten gegenüberstellt und dabei den Gedanken des Schutzes vor Mißbrauch wirtschaftlicher Macht hervorhebt, der besonders in Not- und Krisenzeiten virulent werde und aus dem Grundsatz von Art. 14 II S. 1 GG: „Eigentum verpflichtet“ abzuleiten sei. Wenn demnach die Bestimmungen des Wohnungsgesetzes keine Enteignung darstellten, so könne für die Maßnahmen in casu, die die gesetzliche Regelung zur Anwendung brächten, nichts anderes gelten, da sie — soweit sie den gesetzlichen Voraussetzungen entsprächen, d. h. bei Rechtmäßigkeit — nur die bereits durch das Gesetz auferlegten Bindungen konkretisierten.

War damit die Frage nach dem Vorliegen einer Enteignung bei rechtmäßigen Maßnahmen aufgrund des Wohnungsgesetzes geklärt, so konnte zur Entscheidung der beiden Vorlagefälle, in denen die Behörde sich nicht an die gesetzlichen Voraussetzungen gehalten hatte, die Zuweisungsverfügungen also rechtswidrig waren, an diese Erwägungen angeknüpft werden[11]. Wenn das Maß der entschädigungslos zulässigen Bindung des Eigentums eben durch das Wohnungsgesetz festgelegt war, dann war ein Eingriff, der sich nicht in dessen Rahmen hielt, keine Sozialbindung mehr. Ein solcher rechtswidriger Eingriff könne zwar keine Enteignung sein, diese setze ja Rechtmäßigkeit des betreffenden Hoheitsakts voraus; dieser komme hier jedoch seinem Inhalt und seiner Wirkung nach einer Enteignung gleich, weil aufgrund der Rechtswidrigkeit — d. h. des Gesetzesverstoßes — nicht mehr die allgemeine gesetzliche Regelung verwirklicht werde, sondern es sich um einen selbständigen Einzeleingriff handele, der dem Betroffenen ein besonderes, im Verhältnis zu den übrigen ungleiches Opfer auferlege.

Damit war der enteignungsgleiche Eingriff geschaffen, und es wurde Entschädigung in entsprechender Anwendung eines Rechtsinstituts — der Enteignung nach Art. 14 III GG — gewährt, das als Tatbestandsvoraussetzung die Rechtmäßigkeit des Eingriffs nennt; darüber setzte sich der BGH hinweg mit der Argumentation, das Rechtmäßigkeitserfordernis in Art. 14 III GG bedeute nur eine Beschränkung der Zulässigkeit eines solchen Eingriffs, nicht aber eine Beschränkung für die Zubilligung eines Entschädigungsanspruchs[12], und er folgte damit dem

[11] Ebd., S. 289 ff.

[12] Ebd., S. 290.

Reichsgericht, das den Aufopferungsanspruch aus § 75 EinlALR auf unrechtmäßige Eingriffe entsprechend angewandt hatte[13].

Demzufolge ist ein neues Element des Sonderopferbegriffs gewonnen, weil der BGH eben das Vorliegen eines Sonderopfers anhand der Rechtswidrigkeit des Eingriffsakts begründet, um eine Entschädigung zusprechen zu können. Das Verhältnis von Rechtswidrigkeit und Sonderopfer schien zunächst jedoch noch ungeklärt — insbesondere, ob jede rechtswidrige Maßnahme zu einem Sonderopfer führte und, wenn dies zu verneinen war, wann und unter welchen Umständen dies dann der Fall war. Verwirrung stiftete hier der schon fast verhängnisvoll zu nennende Satz des BGH, es sei geboten, unrechtmäßige Eingriffe der Staatsgewalt in die Rechtssphäre eines Einzelnen dann wie eine Enteignung zu behandeln, wenn sie sich für den Fall ihrer gesetzlichen Zulässigkeit sowohl nach ihrem Inhalt wie nach ihrer Wirkung als eine Enteignung darstellen würden und wenn sie in ihrer tatsächlichen Wirkung dem Betroffenen ein besonderes Opfer auferlegt hätten[14].

Damit ist der Beschluß des Großen Zivilsenats skizziert, der die dogmatische Grundlage für die künftige entschädigungsrechtliche Rechtsprechung sein sollte. Seine Aussagen sind bis in jüngste Zeit noch im Schrifttum zum Teil vehement angegriffen worden, die BGH-Rechtsprechung — in erster Linie der nach der Geschäftsverteilung zuständige III. Zivilsenat — hat sich stets auf sie berufen[15]. Der Beschluß scheint zunächst an Überkommenem festzuhalten, wenn die „traditionelle“ Einzeleingriffslehre herangezogen wird; die Prüfung in casu zeigt jedoch, daß neue Akzente gesetzt werden: Der Einzelakt an sich ist nicht mehr ausschlaggebend und — wohl die bedeutendste Erkenntnis — die Enteignungsfrage umfaßt auch und letztlich entscheidungsausschlaggebend das „allgemeine“ Gesetz, während bisher das Vorliegen einer allgemeinen Regelung eo ipso zur Verneinung einer Enteignung führte; die Kabinettsordre von 1831 ist endgültig überwunden.

Ob der so eingeschlagene Weg erfolgreich weiter beschritten werden konnte, ob die aufgezeigten Richtlinien sich in der Vielzahl und Vielfalt der anstehenden Entschädigungsprozesse bewähren würden, mußte sich noch erweisen. Sonderopfer und Gleichheitsverletzung waren zunächst nur „Großformeln“, die zur Entscheidung der vielgestaltigen Sachverhalte näher zu konkretisieren waren. Die Rechtsprechung hat demnach alsbald begonnen, etliche Kriterien und Begriffe zu schaffen, um entschädigungspflichtige von entschädigungslosen hoheitlichen Maßnahmen zu sondern.

[13] Nach längerem Zögern seit RGZ 140, 276 ff.

[14] Ebd., S. 290.

[15] In kaum einer Entscheidung, in der näher zur Abgrenzungsproblematik Enteignung/Sozialbindung Stellung zu nehmen ist, fehlt als Ausgangspunkt der Hinweis auf BGHZ 6, 270.

II. Der Aufopferungsanspruch in der Rechtsprechung des BGH

Nach den grundsätzlichen Ausführungen des Großen Zivilsenats zur Enteignung leitete der III. Zivilsenat mit der Entscheidung vom 19. 2. 1953[16], die den Entschädigungsanspruch wegen einer schweren gesundheitlichen Schädigung als Folge einer Impfung gegen Pocken aufgrund des Impfgesetzes von 1874 betraf, eine neue Ära des Aufopferungsanspruchs ein. Die Grundsätze der §§ 74, 75 EinlALR sollten nach BGHZ 6, 270 zwar gewohnheitsrechtlich weitergelten, aber nur noch da zum Zuge kommen, wo es sich nicht um eine Enteignung im technischen Sinn handelte. Nachdem der Schutzbereich des Art. 14 GG alle vermögenswerten Rechte umfassen sollte, erhob sich die Frage, welcher Raum denn nun der Aufopferung verblieben sei.

Während das Reichsgericht eine Anwendung des § 75 EinlALR bei Eingriffen in nicht-vermögenswerte Rechtsgüter stets abgelehnt hatte[17], waren dem nach Inkrafttreten des Grundgesetzes einige Oberlandesgerichte[18] unter Hinweis auf Art. 2 II GG entgegengetreten, dessen Garantierung des Rechtes auf Leben und körperliche Unversehrtheit den Ersatz von Körperschäden als Folge hoheitlicher Maßnahmen gebiete. Darauf stellt auch der BGH[19] ab, wenn er mit der Rechtsprechung des RG bricht und betont, Leben und Gesundheit stünden hinsichtlich ihrer Schutzwürdigkeit in keiner Weise hinter den vermögenswerten Rechten zurück, zumal sie durch Art. 2 GG ausdrücklich grundrechtlich geschützt seien. Für die Verletzung dieser immateriellen Rechtsgüter sei Entschädigung aus dem Aufopferungsanspruch zu gewähren. Der innere Grund dafür liege bei dieser — wie bei der Enteignung — im Verstoß gegen den Gleichheitssatz, der sowohl bei Eingriffen in vermögenswerte Rechte wie ebenso bei Beeinträchtigungen nicht-vermögenswerter Rechtsgüter die Rechtfertigung für die Entschädigungspflicht abgebe. Die Aufopferung als allgemeines entschädigungsrechtliches Institut sei auf letztere Fallgruppe anzuwenden, die Enteignung als praktisch bedeutsamster Sonderfall der Aufopferung auf erstere, im übrigen unterschieden sich die beiden Anspruchstatbestände nicht voneinander.

Die Abkehr von Überkommenem setzt sich fort bei der Bestimmung des Anspruchstatbestandes der Aufopferung, wie die Prüfung in concreto erweist. Wie schon bei dem Beschluß des Großen Senats bemerkt wurde, so wird auch hier das Sonderopfer, dessen Vorliegen entscheidendes Tatbestandsmerkmal ist, nicht zwangsläufig verneint, weil der Eingriff — der Impfzwang — auf einem Gesetz beruht, wie dies das

---

[16] BGHZ 9, 83 ff.
[17] Zuletzt noch in RGZ 156, 305 ff.
[18] Vgl. KG, NJW 1951, 78; OLG Schleswig, NJW 1951, 605.
[19] Ebd., S. 89.

RG auf dem Boden der preußischen Kabinettsordre von 1831 und der „klassischen" Lehre noch getan hatte[20]; anerkannt ist nun vielmehr, daß auch allgemeine Regelungen Entschädigungsansprüche auslösen können[21]. Ein Rest der alten Lehre bleibt aber noch zu spüren, wenn der BGH ausführt, die gesetzlich geforderten und gewollten Opfer begründeten keine Entschädigungsansprüche, weil für alle Betroffenen eine gleiche Pflichtenlage geschaffen sei. Konkret heißt dies, daß die „normalen" Gesundheitsbeeinträchtigungen bei einer Impfung entschädigungslos hingenommen werden müssen, weil das Impfgesetz eben dies den Betroffenen abverlangt. Einen Hinweis auf die im Beschluß des Großen Zivilsenats aufgestellten Grenzen der Befugnis des Gesetzgebers, durch allgemeine Regelung die Freiheitsrechte einzuschränken, mag man hier vermissen. Zwar mögen unter diesem Gesichtspunkt keine Bedenken gegen die Zulässigkeit der Bestimmungen des Impfgesetzes zu erheben sein[22], und daher kann von dessen Gültigkeit ausgegangen werden, gleichwohl erscheint es nicht ungefährlich, wenn dem Gesetzgeber hier quasi freie Hand bei der Bestimmung der „Opfergrenze" gegeben wird, während gesicherte neue Erkenntnis ist, daß dieser auch bei allgemeinen Rechtsbeschränkungen nicht völlig frei ist[23].

Gleichviel — die üblicherweise mit der Impfung verbundenen Störungen des körperlichen Wohlbefindens, etwa vorübergehendes Unwohlsein, leichte Infektion an der Injektionsstelle, lösen keinen Entschädigungsanspruch aus, weil sie als Folgen des allgemeinen Impfzwangs zu dulden den Betroffenen — und zwar allen gleichmäßig — vom Gesetz auferlegt wird und sie daher kein Sonderopfer darstellen. Wie aber, wenn wie im zur Entscheidung anstehenden Fall ein über dieses Maß hinausgehender schwerer Gesundheitsschaden aufgrund der Impfung eingetreten ist? Der BGH sieht — auch insoweit abweichend vom RG — den Eingriff und seine Folgen als natürlichen einheitlichen Vorgang, der nicht auseinandergerissen werden dürfe, und stellt nicht mehr nur auf den allgemeinen, „gleichen" Eingriff ab[24]. Auch die Folgen des Eingriffs sind bei der Prüfung des Sonderopfers zu berücksichtigen und vermögen ein solches zu begründen.

Hier zeigt sich abermals, daß die Einzelakttheorie weitgehend verlassen wird. Denn nachdem der Eingriff und seine Folgen zusammengezogen worden sind, könnte bei einer Folgeschädigung der Schluß ge-

---

[20] RGZ 156, 305 ff.

[21] s. dazu schon oben B I zu BGHZ 6, 270 ff.

[22] Vgl. insoweit bereits das Gutachten VRG 5/51 v. 25. 2. 1952 — BGHSt 4, 375 —, in dem die Vereinbarkeit des ImpfG v. 1874 mit Art. 2 II GG, auch im Hinblick auf Art. 19 II GG, bejaht wird.

[23] Vgl. dazu auch *Hamann*, NJW 1953, 1217 (zu BGHZ 9, 83).

[24] Ebd., S. 87.

zogen werden, diese Folge stelle schon wegen ihrer „Einmaligkeit“, weil sie nur einige wenige, die anderen aber nicht treffe, ein Sonderopfer dar. Der BGH fragt hingegen nunmehr, ob es sich um eine „zwangstypische“ Folge handelt, die Absicht und Willen des Eingriffsgesetzes entspricht. Bejahendenfalls ist der eingetretene Schaden nur eine Realisierung der vom Gesetz angeordneten, „allgemeinen“ Beschränkung. Es kommt damit nicht auf die Singularität der Schädigung an, vielmehr darauf, ob sie noch als von der allgemeinen Pflichtenbindung gedeckt anzusehen ist. Erst wenn der Folgeschaden darüber hinaus geht, ist der „Gleichheitssatz verletzt“, was Kennzeichen auch der Aufopferung ist[25].

Da die in concreto besonders schwere Gesundheitsbeschädigung als Folge der Impfung nicht von der Intention des Gesetzes umfaßt war, dieses vielmehr ausdrücklich Gesundheitsgefährdungen vermieden wissen wollte, war demnach ein Sonderopfer zu bejahen und eine Entschädigung zuzusprechen[26].

Diese Fallgestaltung, daß im Einzelfall eine atypische Schädigung als Folge einer allgemein treffenden Verpflichtung eintritt, kennzeichnet viele der zur Aufopferung ergangenen Entscheidungen; sei es, daß ein Strafgefangener von einem Mithäftling getötet oder verletzt wird[27], daß aufgrund einer Behandlung gegen Geschlechtskrankheiten eine Querschnittlähmung eintritt[28], daß ein Schulkind im Turnunterricht verunglückt[29], daß eine nach § 42 b StGB untergebrachte Person von einem Mitinsassen der Nervenklinik verletzt wird[30], stets geht es darum, ob eine Schädigung, die aus einer an sich entschädigungslos zulässigen Zwangsmaßnahme entsteht, ein Sonderopfer darstellt. Dies zu unterscheiden fällt — wie in dem grundlegenden Impfschadensfall — leichter, wenn Intention und Ausmaß des zum Eingriff in die Rechte des Einzelnen ermächtigenden Gesetzes relativ klar festliegen. Ein schwerer Impfschaden oder eine außergewöhnliche Gesundheitsbeschädigung als Folge der Salvarsanbehandlung einer luetisch Erkrankten gehen weit über das hinaus, was das Gesetz den Betroffenen abverlangen will, und sind deshalb zu entschädigen[31]. Aufschlußreich ist hier ferner die Entscheidung vom 13. 2. 1956[32], die eine Wehrdienstbeschä-

---

[25] Vgl. BGHZ 9, 83 (90).

[26] Nach denselben Gesichtspunkten wurde auch der „Impfschaden eines Dritten“ beurteilt und der Mutter eines Impflings, die sich eine Infektion zugezogen hatte, die zur Erblindung eines Auges führte, Entschädigung — dem Grunde nach — gewährt; BGHZ 45, 290 ff.

[27] BGHZ 17, 172; 60, 302.

[28] BGHZ 25, 238.

[29] BGH, NJW 1963, 1828, dort nicht entschieden, da jedenfalls falscher Beklagter; BGHZ 46, 327 ff.

[30] BGH, LM, GG Art. 14 Nr. 24 (Cd); § 42 b StGB a. F. = § 63 AT 1975.

[31] So BGHZ 9, 83; 25, 238.

[32] BGHZ 20, 61 ff.

digung betraf. Zwar hatte der BGH bemerkt, die Wehrdienstgesetze verlangten vom Einzelnen, Freiheits- und Gesundheitsbeschränkungen und sogar den Tod hinzunehmen[33], insoweit handele es sich nur um die allgemeine gesetzliche Opferpflicht; doch werde eine neue Opferlage geschaffen, die nicht mehr vom Gesetzeszweck gedeckt sei, wenn der verwundete oder erkrankte Soldat mit einem bestimmten Medikament behandelt werde und dies nur Forschungszwecken diene[34]. Ein daraus resultierender Schaden führe zur Annahme eines Sonderopfers.

Schwieriger ist die Entscheidung aber dann zu treffen, wenn jener Rückgriff auf die Willensrichtung des Eingriffsgesetzes nicht weiter hilft, weil diesem keine klaren Aussagen zu entnehmen sind, welche Beeinträchtigungen in Verfolgung des Zwecks des Gesetzes noch hinzunehmen sind. Dies ist vor allem dann der Fall, wenn die gesetzlich unmittelbar auferlegten Pflichten an sich schon weitgehend sind und nicht nur einen eng umgrenzten Teilbereich, sondern in erheblicherem Maße die Rechte des Einzelnen erfassen; zu denken ist etwa an den Schulzwang und die Rechtsverhältnisse der Strafgefangenen. Hier handelt es sich jeweils um ein besonderes Gewaltverhältnis[35], in dem die Rechte des Betroffenen — zumindest zeitweise — starken Einschränkungen unterworfen sind. Weder die Pflicht, zur Schule zu gehen, noch der Strafvollzug als solcher sind ein entschädigungspflichtiges Sonderopfer[36]; zu fragen ist, ob, und — wenn ja — welche Schäden, die die Betroffenen etwa im Rahmen des Schulbesuchs oder der Strafhaft erleiden, nicht mehr entschädigungslos hingenommen werden müssen[37].

Der BGH hebt in diesen Fällen, in denen eine Lösung anhand des erklärten Willens des Gesetzgebers nicht möglich erscheint, darauf ab, wie der Gesetzgeber die Grenze gezogen hätte, hätte er eine ausdrückliche Regel aufgestellt. Kriterium zur Bestimmung dieser Opfergrenze soll die allgemeine Überzeugung, das vernünftige Urteil der billig und gerecht Denkenden sein[38]. Dieses dehnbare und kaum im Sinne eindeutiger Wertungen zu handhabende Element wird präzisiert, indem es letztlich auf die Schwere des Schadens, der als Folge des Eingriffs eingetreten ist, ankommt; ist der Schaden für den Betroffenen unzumutbar und untragbar und erschiene es unbillig, ihn entschädigungslos

[33] BGHZ 9, 83 (87).

[34] BGHZ 20, 61 (66).

[35] Vgl. *Wolff*, VerwR I, § 32 IV c 1.

[36] Bezüglich letzterem BGHZ 17, 172 (173).

[37] Selbstverständlich kommen auch Schadensersatzansprüche nach Amtshaftungsgrundsätzen, § 839 BGB/Art. 34 GG, in Betracht, doch mit dem Erfordernis des Verschuldensnachweises, der trotz erheblicher Erleichterungen für den Betroffenen nicht in allen Fällen gelingt, so daß es entscheidend auf den Aufopferungsanspruch nach § 75 EinlALR ankommt.

[38] BGHZ 17, 172; NJW 1963, 1828; LM, GG Art. 14 Nr. 24 (Cd).

zu lassen, so muß ein Sonderopfer bejaht werden[39]. Damit ist ein Gesichtspunkt entscheidungserheblich geworden, den der BGH im Beschluß des Großen Senats[40] noch für ungeeignet, weil zu unbestimmt hielt, um ihn zur Abgrenzung heranzuziehen, nämlich der der Zumutbarkeit und Schwere.

Auf eigentümliche Weise konsequent mutet daher die Argumentation bei der Ablehnung des Aufopferungsanspruchs für die Tötung eines Strafgefangenen durch einen geisteskranken Mithäftling an[41]: Nachdem anhand der Schwere der Schädigung die Opfergrenze im Sinne des Urteils der billig und gerecht Denkenden bestimmt werden soll, wird weiter ausgeführt, die mit einem ordnungsgemäßen Strafvollzug verbundene Gefährdung[42] könne zu den verschiedensten Schäden führen, die in ihrer Schwere für den Betroffenen nicht mehr voneinander scharf abgrenzbar seien; da es auch nicht möglich sei, die denkbaren Schäden in zumutbare und nicht zumutbare zu unterscheiden, sei *jeder* Schaden, der sich aus der mit dem Strafvollzug verbundenen Gefährdung adäquat ergebe, vom Betroffenen entschädigungslos hinzunehmen und begründe kein Sonderopfer. Hier wird also ein Kriterium zunächst zur Erkenntnisfindung herangezogen und dann gesagt, weil man es nicht handhaben könne, müsse die Entscheidung jedenfalls negativ ausfallen. Dabei ging es gar nicht um eine subtile Abgrenzung bestimmter Schäden gegenüber schwereren oder minder schweren, es war vielmehr der schwerste überhaupt mögliche Schaden eingetreten, der Tod des Betroffenen.

Daraus erhellt, daß Entscheidungskriterium hier nicht das Schwereelement sein kann. Der eigentliche Grund für die Verneinung des Sonderopfers ist erst späteren Urteilen zu entnehmen. So wurde mit Entscheid vom 8. 7. 1971[43] einer nach § 42 b StGB a. F. untergebrachten Person, die von einem Mitinsassen der Nervenklinik verletzt worden war, eine Entschädigung zugebilligt; der BGH betonte, der Schaden gehe weit über die Nachteile hinaus, die dem Betroffenen normalerweise aus der strafgerichtlich angeordneten Unterbringung erwüchsen, wegen seiner Schwere und Dauernatur handele es sich nicht mehr um ein zumutbares Opfer. Der Unterschied zum Strafgefangenen bestehe darin, daß der Betroffene sich nicht notwendig schuldhaft in die besondere Lage der Freiheitsentziehung gebracht habe[44]. Damit aber ist der entscheidende Gesichtspunkt genannt: Dem Strafgefangenen wird entgegengehalten, daß er sich durch eigenes vorwerfbares Verhalten in die

[39] BGHZ 25, 238; 60, 302; und a.a.O.
[40] BGHZ 6, 270 (282 f.).
[41] BGHZ 17, 172 (175 f.).
[42] Diese ist das „Opfer"!, ebd., S. 174.
[43] BGH, LM, GG Art. 14 Nr. 24 (Cd).
[44] Ebd., Bl. 3 f.

Lage gebracht hat — die Strafhaft —, aus der der Schaden entstanden ist.

Diesen Gedanken stellt deutlich das Urteil vom 22. 2. 1973[45] heraus: Dem Gefangenen werde nichts abverlangt, dem er sich nicht hätte entziehen können. Bei ihm sei die Opfergrenze sehr weit, und demgemäß erscheine im vorliegenden Fall der *Vermögens*nachteil, auf den es allein ankomme, nicht untragbar[46]. Dieselben Grundsätze sollen Anwendung finden bei einem „schuldigen" Untersuchungshäftling, der nachfolgend wegen der ihm vorgeworfenen Straftat verurteilt wird, nicht jedoch bei dem „unschuldigen"; dieser erbringe schon mit der Inhaftnahme ein Sonderopfer[47] und sei grundsätzlich auch für die Folgen einer in der Haft erlittenen Verletzung zu entschädigen[48], es sei denn, er habe trotz seiner Unschuld die Inhaftierung in zurechenbarer Weise veranlaßt[49].

Ausschlaggebend ist demzufolge, ob der Betroffene die Einleitung der hoheitlichen Maßnahmen durch sein — vorwerfbares — Verhalten verursacht hat. Wenn in diesen Fällen das Vorliegen eines Sonderopfers verneint wird, dann geht dies auf die Erwägungen zurück betreffend die Entschädigungsansprüche von Personen, deren Verhalten oder Eigentum als „störend" angesehen werden[50]. Der „Störer" kann wegen der gegen ihn gerichteten Maßnahmen keine Entschädigung fordern, weil er nur in die Schranken des durch ihn überschrittenen Rechts zurückgewiesen wird[51], und dieser Gedanke liefert auch den Grund für die Versagung der Aufopferungsansprüche von Strafgefangenen[52].

---

[45] BGHZ 60, 302 ff.

[46] Ebd., S. 307 - 310; der BGH (S. 309 f.) weist darauf hin, daß die Versagung der Entschädigung den Betroffenen nicht schutzlos stelle, ihm vielmehr der Staat ggf. Sozialhilfe gewähre; ein Aufopferungsanspruch komme daher nur in Betracht, wenn es im Einzelfall mit den Grundsätzen des sozialen Rechtsstaats unvereinbar erscheine, den Betroffenen auf die Sozialhilfe zu verweisen.

[47] Die Begründung, daß diese Gefahr — unschuldig in U-Haft zu geraten — allgemein für jedermann besteht (!), überrascht freilich.

[48] S. 310.

[49] S. 305.

[50] Auch der BGH (S. 304) sagt, das strafbare Verhalten weise den Betroffenen als „Störer der Rechtsordnung" aus.

[51] Vgl. BGHZ 5, 144 (151); *Drews / Wacke,* Allg. Polizeirecht, S. 465.

[52] Zu beachten ist allerdings der Unterschied bei Straftätern gegenüber polizeipflichtigen Personen: Die Polizeipflicht hat kein Verschulden des Betroffenen zur Voraussetzung (vgl. *Drews / Wacke,* S. 207 ff., 233 ff.), jede Straftat setzt aber eine Schuld des Täters voraus (s. § 13 I S. 1 StGB i. d. F. des 1. StrafrechtsreformG v. 25. 6. 1969; dazu *Schönke / Schröder,* StGB, § 13 Vorbem. 5 ff.; dies ist auch allgemeine Grundlage der Rechtsstaatlichkeit; vgl. BVerfGE 6, 439; 20, 331; BGHSt 13, 192); demnach mag der Gedanke des „Störers der Rechtsordnung" auf die Fälle schuldhaften Handelns beschränkt bleiben; die Erwägungen des Polizeirechts werden daher nicht un-

Abschließend soll noch auf den Problemkreis der Unfälle von Schülern im Turnunterricht eingegangen werden. Der BGH war mit einem Fall dieser Art in dem Urteil vom 27. 6. 1963[53] befaßt, brauchte zu der Frage, ob die durch einen Sturz vom Schwebebalken entstandene Verletzung ein entschädigungspflichtiges Sonderopfer bedeutete, aber nicht abschließend Stellung zu nehmen, weil jedenfalls das Land und nicht die beklagte Stadt der Schuldner gewesen wäre. Der BGH hat indes zur Bestimmung, wo in solchen Fällen die Grenze der Entschädigungspflicht zu ziehen ist, die Grundsätze des Urteils vom 2. 5. 1955[54] für anwendbar erklärt, daß es darauf ankomme, wo nach allgemeiner Überzeugung, nach dem vernünftigen Urteil der billig und gerecht Denkenden die Opfergrenze liege[55].

Bezüglich des Aufopferungsanspruchs einer Schülerin, die bei einer Turnübung einen Sehnenriß erlitten hatte — mit der Folge einer Versteifung des rechten Schultergelenks —, mußte der BGH dann schließlich eine Entscheidung fällen[56]. Das OLG Celle hatte als Berufungsgericht auf die vorgenannten Kriterien abgehoben und den Anspruch bejaht, da die Verletzungen ihrer Schwere nach diejenigen nachteiligen Folgen überstiegen hätten, mit denen der Gesetzgeber entsprechend Sinn und Ziel des Turnunterrichts gerechnet habe. Ebenso hatte das OLG Frankfurt[57] unmittelbar vor Erlaß des BGH-Urteils ausgesprochen, daß zwar die meisten Turnunfälle kein Sonderopfer darstellten, bei einem besonders schweren und irreparablen Schaden sei aber gemäß den allgemeinen Abgrenzungsregeln die Grenze des Hinzunehmenden überschritten. Überraschenderweise folgte dem der BGH[58] weder im Ergebnis, noch ging er auf diese Argumentation näher ein, die seiner eigenen Rechtsprechung entnommen war. Die Ablehnung des Aufopferungsanspruchs begründete er damit, daß für das Schulkind, das durch eine schulische Maßnahme einen Körperschaden davontrage, nur das allgemeine Lebensrisiko, dem es als Mitglied einer größeren Gemeinschaft wesensmäßig unterliege, in einer besonderen Weise gestaltet werde. Die konkrete Turnübung gehöre zu diesem Bereich des allgemeinen Lebensrisikos, sie habe damit keinen neuen Gefahrenbereich für das Schulkind geschaffen, sondern nur eine naturgegebene Gefährdung konkretisiert.

---

mittelbar, sondern übertragen auf die Voraussetzungen des Strafrechts angewandt.

[53] NJW 1963, 1828 ff.

[54] BGHZ 17, 172.

[55] NJW 1963, 1830.

[56] BGHZ 46, 327 ff.

[57] NJW 1967, 632.

[58] Ebd., S. 330 f.

Damit schien die Struktur des Aufopferungstatbestandes verwischt worden zu sein, indem mit dem „allgemeinen Lebensrisiko“ ein vermeintlich neues Element eingeführt worden war, über dessen Einordnung und Bedeutung eine heftige Diskussion im Schrifttum einsetzte[59]. Neben dem Ergebnis der Entscheidung wurde vor allem kritisch untersucht, welchem Tatbestandsmerkmal das „allgemeine Lebensrisiko“ zuzuordnen sei[60].

Inwieweit hierbei der Sonderopferbegriff tangiert ist und ob dieses Merkmal wirklich so neu ist, wie manche Rezensenten meinen, wird noch näher zu überprüfen sein. Zunächst sollte nur die Entwicklung der Rechtsprechung des BGH zum Sonderopfer im Rahmen des Aufopferungsanspruchs als einem der Rechtsinstitute des Entschädigungsrechts aufgezeigt werden. Diese bietet ein gesamthaft betrachtet geschlossenes und überschaubares Bild, was bedingt ist durch die überwiegend identischen Fragestellungen, die die Fälle der Eingriffe in Leben und Gesundheit, die hier interessierenden Rechtsgüter[61], aufwerfen.

III. Die Rechtsprechung zur Enteignung

Der auf den Beschluß des Großen Senats[62] folgenden Rechtsprechung zur *Enteignung* konnte es nicht gelingen, ein ähnlich übersichtliches und geschlossenes Modell zum Sonderopferbegriff aufzustellen und durchzuhalten. Zu komplex waren die zu entscheidenden Sachverhalte, zu nuancierte Differenzierungen waren erforderlich, als daß mit einem oder wenigen „einfachen“ Kriterien alle Fälle sachgerecht hätten beurteilt werden können.

1. Die Entziehung des Eigentums

Eindeutig ist letztlich nur, daß in der Regel — auch hier gibt es Ausnahmen! — der völlige Entzug des Eigentums oder eines sonstigen durch Art. 14 GG geschützten Rechts nicht entschädigungslos zulässig ist und zu einem Sonderopfer führt[63]. Dieses Ergebnis wurzelt zum

---

[59] Vgl. etwa die Besprechungen von *Mohnhaupt / Reich*, NJW 1967, 758; *Kötz*, JZ 1968, 285; *Franz*, JZ 1967, 571; *Bosch*, FamRZ 1967, 147; *Giesen*, NJW 1968, 1407; *Forkel*, JZ 1969, 7; zusammenfassend *Ossenbühl*, JuS 1970, 276.

[60] So will *Forkel* es zum „Wohl der Allgemeinheit“ zählen, *Mohnhaupt / Reich*, *Kötz* und *Franz* zum „Sonderopfer“.

[61] Ob auch das allgemeine Persönlichkeitsrecht geschützt ist und seine Verletzung einen Aufopferungsanspruch begründen kann, wird in BGHZ 50, 14 als zweifelhaft bezeichnet, aber offengelassen, da die gerichtliche Verlesung eines Berichts des Bundeskriminalamts auf jeden Fall kein Sonderopfer bedeuten könne; war die Verlesung rechtmäßig, kein Sonderopfer, weil dies dann für alle in gleicher Lage möglich wäre, bei Rechtswidrigkeit nicht wegen des Privilegs spruchrichterlicher Tätigkeit.

[62] BGHZ 6, 270.

einen noch in dem „klassischen Enteignungsbegriff“[64], ist zum anderen aber auch Ausdruck der Anwendung des — vom BGH anfangs geschmähten[65] — Elements der Schwere des Eingriffs: Der Entzug des betreffenden Rechts ist der schwerstmögliche Eingriff überhaupt. Das Moment des Einzelakts tritt dabei in den Hintergrund; so führt der BGH im Urteil vom 15. 7. 1953[66] aus, es sei zwar eine große Zahl betroffen, diese im Vergleich zu anderen aber besonders schwer.

2. Entschädigungsansprüche des polizeilichen Störers

Die wichtigste Ausnahme von dem Grundsatz „Entziehung des Rechts bzw. Wegnahme oder Zerstörung der Sache ist stets Enteignung“ wird hinsichtlich der Entschädigungsansprüche von „Störern“ gemacht. Ausgangspunkt ist dabei die Überlegung, daß das Vorgehen gegen Personen, die durch ihr Verhalten oder deren Eigentum Normen der Rechtsordnung, namentlich des Polizeirechts, verletzen, nicht eigentlich in deren Rechte eingreift, sondern sie nur in die Schranken der allgemein zulässigen Rechtsausübung zurückweist. Da die Bestimmungen z. B. des allgemeinen Polizeirechts soziale Bindungen des Eigentums darstellen sollen, bedeuten Polizeiverfügungen gegen Störer kein besonderes Opfer und begründen keine Entschädigungspflicht. Dies hat auch dann zu gelten, wenn die betreffende Maßnahme die Einziehung oder Vernichtung des störenden Gegenstandes zum Inhalt hat[67]. Die Frage, ob das betreffende Eigentum als „störend“ anzusehen ist und die hoheitlichen Maßnahmen aus diesem Grunde gerechtfertigt sind, erlangt demnach entscheidende Bedeutung für den Entschädigungsanspruch[68]. Gegebenenfalls wird nämlich dann der Grundsatz durchbrochen, den es hier zunächst festzuhalten gilt: Entziehung des Eigentumsobjekts ist stets Enteignung.

[63] Vgl. schon BGHZ 4, 10; ferner BGHZ 10, 255; BGH, LM, GG Art. 14 Nr. 17 (Ca); sowie BGH, NJW 1964, 104.

[64] Vgl. auch BGHZ 4, 10.

[65] BGHZ 6, 270 (282 f.).

[66] BGHZ 10, 255.

[67] Vgl. BGHZ 5, 144; 45, 23 (untersagte Schweinemästerei); 55, 366 (Fleisch mit Salmonellenverdacht); NJW 1958, 1441 (Einziehung von „verdächtigem“ Branntwein); bezüglich der Tötung seuchenverdächtiger Tiere vgl. einerseits BGHZ 17, 137, wo Enteignung angenommen wird, wenn sich herausstellt, daß die Tiere tatsächlich nicht von der Seuche erfaßt gewesen sind, andererseits BGHZ 43, 196, wo die Tötung von Hunden bei Tollwutgefahr als Sozialbindung angesehen wird; letzteres entspricht wohl besser den polizeirechtlichen Grundsätzen über die Anscheinsgefahr (vgl. dazu ebenso BGHZ 5, 144; 55, 366; ferner auch BVerfGE 20, 351).

[68] Aufschlußreich ist auch die Entscheidung v. 25. 1. 1968 (BGH, LM, GG Art. 14 Nr. 29 [Ba]) betr. Salmonellenverdacht bei argentinischen Hasen: Weil ein Nachweis der Gefahr nicht gelang, konnte der Eigentümer nicht als Störer behandelt werden; der bloße Verdacht rechtfertigte hingegen nur die vorläufige Sicherung, nicht die erfolgte Vernichtung der Hasen, für die demnach Entschädigung zu leisten war.

3. Die Rechtslage bei Eigentumsbeschränkungen

Fälle dieser Art sind jedoch die Minderzahl und untypisch. Der liberale Staat beschränkte den Zugriff auf die Eigentumsrechte seiner Bürger darauf, diese an sich zu ziehen, wenn er sie zur Verwirklichung eines öffentlichen Anliegens unabweislich benötigte; der moderne Staat hingegen, der weitestgehend zur Wahrnehmung von Aufgaben der Daseinsvorsorge regelnd in das soziale Gefüge und damit die Rechte Privater eingreift, tut dies typischerweise nicht mehr in Form des Totalentzugs von Befugnissen, sondern mit mehr oder minder einschneidenden Beschränkungen der Ausübung der Rechte, die im übrigen in der Hand des Inhabers verbleiben[69]. Es ist diese Fallgestaltung der nur teilweisen Beeinträchtigung einer grundsätzlich erhaltenen Befugnis, die die Abgrenzungsproblematik von Enteignung und Sozialbindung in immer neuer Gestalt aufwirft.

a) Die Gleichheitsverletzung

In dem grundlegenden Beschluß des Großen Senats hatte der BGH als Kriterium zur Grenzziehung den Gleichheitssatz bestimmt, so daß bei einem Verstoß gegen diesen eine Enteignung vorliege[70]. Dieses Moment der „Ungleichheit" kehrt in vielen Entscheidungen wieder. Vereinzelt wird es anhand von Art. 3 I GG bestimmt. Dieser enthält ein „Willkürverbot", d. h. untersagt, Gleiches ungleich und Ungleiches gleich zu behandeln; eine Differenzierung ohne sachlichen Grund ist unzulässig[71]. So hat der BGH in einer Entscheidung vom 2. 10. 1956[72] betreffend die Beeinträchtigung von Warenzeichenrechten das Vorliegen einer Enteignung abgelehnt, weil die betreffende Regelung nicht willkürlich sei noch sachlicher Gründe entbehre[73]. Dabei wird also aus dem Umstand, daß die hoheitliche Maßnahme unter dem Gesichtspunkt des Art. 3 I GG nicht zu beanstanden ist, d. h. aus deren Rechtmäßigkeit gefolgert, daß es sich um Sozialbindung handelt[74]. Ähnlich liegt es, wenn in der Auferlegung der Pflicht, ohne besonderes Entgelt die An-

---

[69] s. dazu schon oben A III.

[70] BGHZ 6, 270 (278).

[71] Vgl. BVerfGE 1, 52; 12, 348; *Leibholz / Rinck*, GG, Art. 3 Anm. 2, und die zahlreichen weiteren Hinweise auf die Rechtsprechung des BVerfG ebendort.

Zu berücksichtigen ist allerdings, daß ein Verstoß gegen Art. 3 I GG den jeweiligen Hoheitsakt rechtswidrig macht, — ein bezüglich der Enteignung bedenkliches Ergebnis; vgl. auch *Lerche*, JuS 1961, 237 (241), der Verstoß gegen den Gleichheitssatz kennzeichne nicht die Enteignung, sondern mache diese verfassungswidrig.

[72] BGHZ 22, 1.

[73] Ebd., S. 12.

[74] Als Beleg für die zur Gleichheitsprüfung herangezogenen Grundsätze verweist der BGH (S. 10) auf BVerfGE 3, 58 (135); diese Entscheidung betraf die *Verfassungsmäßigkeit* des Gesetzes zu Art. 131 GG, das dort auch hinsichtlich seiner Vereinbarkeit mit Art. 3 I GG geprüft wurde. Ist demnach doch jede Enteignung „verfassungswidrig"? Vgl. oben Fn. 71.

bringung von Elektrizitätsträgern und dergleichen auf Grundstücken zu dulden, eine Enteignung gesehen wird, weil dies nur einzelne quasi zufällig und nicht alle in Betracht kommenden Betroffenen einheitlich und gleichmäßig treffe, und dann fortgefahren wird, darin liege aber zugleich, „daß der Gleichheitssatz (Art. 3 I GG) verletzt ist"; denn Enteignung sei Auferlegung eines Sonderopfers unter Verletzung des Gleichheitssatzes[75].

Auf diesen Satz aus dem Beschluß des Großen Senats berufen sich sehr viele Entscheidungen, auch wenn die eigentliche Begründung des Urteils wenig Bezug zu der Frage, ob und was „ungleich" behandelt worden ist, erkennen läßt. Oft wird noch im Sinne der Einzelakttheorie argumentiert. Zur Annahme eines Sonderopfers wird etwa gesagt, der Eingriff treffe eine verhältnismäßig kleine Zahl, eine Einzelgruppe werde aus der Allgemeinheit herausgegriffen[76].

Dieser Gesichtspunkt wird fortgeführt mit der Aussage, eben diese wenigen würden „ungleich im Verhältnis zu anderen" behandelt; die Hauptschwierigkeit bei dieser Art der Entscheidungsfindung ist allerdings das Aufstellen der richtigen Vergleichsgruppen, vor allem, wenn von bestimmten hoheitlichen Maßnahmen eine „Gruppe" betroffen ist[77]. Da der BGH im Beschluß des Großen Senats dem Gesetzgeber die Befugnis, Inhalt und Schranken des Eigentums in allgemein verbindlicher Weise zu bestimmen, eingeräumt hat, ist bei Gruppeneingriffen, die in der modernen Gesetzgebungspraxis überwiegen, stets die Frage aktuell, ob schon so viele betroffen sind, daß von einer *allgemeinen* Regelung gesprochen werden kann. Abgesehen von wirklich allgemein gültigen Beschränkungen, die für alle Bürger gelten, wird es immer möglich sein, jemanden zu finden, der gegenüber den Betroffenen nicht in gleicher Weise, anders — aber damit auch „ungleich"? — behandelt wird. Demnach ist zu fragen: Ist Vergleichsmaßstab immer die Allgemeinheit aller Bürger oder wie kann die Zahl der zu Vergleichenden eingeschränkt werden? Möglich sind etwa folgende Konstellationen:

Eine identische Verweisung findet sich übrigens in BGHZ 23, 30 (32), wo offensichtlich „Gleichheitssatz" auch im Sinne von Art. 3 I GG verstanden wird; dies verdient um so mehr Beachtung, als es sich um ein Urteil des ständig mit Enteignungssachen befaßten III. Zivilsenats handelt (BGHZ 22, 1 stammt vom I. Zivilsenat). Als sachliche Rechtfertigung für differenzierte Behandlung wird die als „Pflichtigkeit" bezeichnete Situationsgebundenheit genannt. Hierauf wird noch einzugehen sein.

[75] BGHZ 9, 390 (400), sich auf BGHZ 6, 270 berufend; ein Gutachten des I. Zivilsenats zu einer Vorlage des LG Stuttgart an das BVerfG.

[76] Vgl. BGHZ 11, Anh. 1; 12, 52; NJW 1958, 380.

[77] Die hier zu Tage tretende Schwäche der Einzelakt- und noch in ihrem Sinne verstandenen Sonderopfertheorie ist ein Hauptansatzpunkt der Kritik des Schrifttums am BGH; vgl. *Leisner*, Sozialbindung, S. 136 ff.; *Forsthoff*, VerwR I, S. 315 f.; *Scheuner*, Verfassungsschutz des Eigentums, S. 111; sowie bereits *Stödter*, Entschädigung, S. 193.

1. Ein Einzelner, der zu keiner „Gruppe“ gezählt werden kann, d. h. der gegenüber allen übrigen keine besonderen Qualifikationsmerkmale aufweist — und dies bezogen auf Art und Inhalt des Eingriffs — ist betroffen. Der Eingriff muß dann dahingehend gerechtfertigt werden, daß nur er gegenüber der Allgemeinheit in Anspruch genommen wird.

2. Ein Einzelner wird herangezogen oder belastet, der einer „Gruppe“ angehört, d. h. mit anderen sich in einer identischen, sie von der Allgemeinheit absondernden Lage befindet. Hier ist der Betroffene zumindest dann den übrigen Angehörigen seiner Gruppe gegenüberzustellen, wenn die hoheitliche Maßnahme „gruppenspezifischen“ Charakter hat, an Umstände anknüpft, die gerade die Zugehörigkeit zu der Gruppe begründen[78].

3. Betroffen ist eine „Gruppe“ als ganze. Vergleichsobjekt kann einmal die Allgemeinheit, gegebenenfalls eine andere „Gruppe“ sein, die der ersten nahesteht hinsichtlich der Qualifizierungsmerkmale.

Wenn nun geprüft werden soll, wer mit wem zu vergleichen ist, um zur Feststellung der Gleich- oder Ungleichbehandlung zu gelangen, dann ist ersichtlich das zu lösende Problem, welche die Kriterien sind, die „gruppenspezifisch“ sein sollen, welche Gesichtspunkte und Umstände für die Zuordnung zu einer Gruppe als ausschlaggebend anzusehen sind. Das Urteil betreffend die „Ungleichheit“ kann zu gegensätzlichen Ergebnissen führen, je nach dem man die Vergleichsgruppen bestimmt, und ist insofern veränderbar.

Die Frage der Vergleichsgruppen wird vom BGH nur vereinzelt ausdrücklich angesprochen und meist dann, wenn ein Einzelner oder wenige aus einer bestimmten Gruppe betroffen sind, also bei der o. a. Fallkonstellation zu 2. In der Entscheidung vom 8. 7. 1955[79] betreffend Anmeldung und Verfall von Patenten wurde eine Enteignung bejaht, weil einzelne Patentanmelder in Vergleich zu den übrigen ohne sachlichen Grund schlechter gestellt wurden. Ebenso wurde einem Bezirksschornsteinfegermeister Entschädigung gewährt wegen der Bestellung eines zweiten Schornsteinfegermeisters für seinen Bezirk, weil er dadurch im Verhältnis zu anderen Bezirksschornsteinfegermeistern ungleich betroffen sei[80]. Die Sonderbehandlung von Hunden gegenüber anderen Tieren bezüglich ihrer Tötung bei Tollwutgefahr wird demgegenüber nicht als Verstoß gegen den Gleichheitssatz angesehen; die

---

[78] Denn sonst käme es auf die Gruppenzugehörigkeit gar nicht an, und Vergleichsmaßstab wäre wieder die Allgemeinheit.

[79] BGHZ 18, 81 ff.

[80] BGH, NJW 1956, 1109.
Mit ausschlaggebend war aber, daß die Bestellung des zweiten Schornsteinfegers *rechtswidrig* war.

Gefahr der Ansteckung sei bei Hunden besonders groß im Vergleich zu anderen Tieren, so daß nicht Gleiches ungleich, sondern Ungleiches ungleich behandelt werde[81]. Dasselbe hat zu gelten bezüglich der durch den Bau des Elbeleitdamms zu Umwegen genötigten Fischer im Tillgebiet; sie seien gegenüber anderen Fischern nicht ungleich behandelt, weil diese denselben Erschwernissen unterlägen, wenn sie im Tillgebiet fischten, die Tillfischer aber ebensogut wie diese in anderen Gebieten fischen könnten[82]. In allen diesen Fällen wird ein Betroffener den übrigen Mitgliedern der Sondergruppe, der er angehört, gegenübergestellt: ein Bezirksschornsteinfegermeister allen übrigen, einige Patentanmelder den anderen, die Hundehalter den Haltern anderer Tiere, die Tillfischer denen anderer Gebiete.

Anzufügen ist noch die Entscheidung über die Bergschädenregelung[83]. Demnach handelt es sich nicht mehr um eine Sozialbindung des Eigentums, wenn dem Grundeigentümer zugunsten des Bergbaus weitgehende Duldungspflichten auferlegt werden, ohne daß die Realisierbarkeit seiner Entschädigungsforderung auch für den Fall der Zahlungsunfähigkeit des Bergwerksbesitzers sichergestellt ist, da dies eine nicht mehr zu rechtfertigende einseitige Belastung des Grundeigentums sei, für die kein vergleichbarer Fall ersichtlich sei. Vergleichsgruppe konnten demnach gegenüber den Betroffenen nur alle Grundeigentümer sein, und jene im Vergleich zur Allgemeinheit in solcher Weise zu belasten, dafür schien dem BGH kein sachlicher Grund gegeben.

Nur eben welche sind diese sachlichen Gründe, die eine Differenzierung vom Vorwurf der Willkür befreien? Welche Gesichtspunkte sind zulässigerweise heranzuziehen, um die betroffene Person oder Gruppe gegenüber anderen als „gleich" oder „ungleich" zu qualifizieren? Die Behauptung, der BGH habe hierzu nichts beigetragen und judiziere seinerseits „willkürlich", wäre zumindest voreilig. Wenn er in seinen Urteilen eine Fülle von Elementen zur Bestimmung des Sonderopfers als des den Eingriff zur Enteignung qualifizierenden Merkmals nennt und vielleicht nach noch anderen Kriterien entscheidet, dann mag vom Gleichheitssatz nicht viel mehr als die stereotype Feststellung bleiben, das gewonnene Ergebnis sei auch deshalb zutreffend, weil der Grundsatz der Gleichbehandlung gewahrt oder verletzt sei[84]. Die nun darzustellenden Prinzipien und Gedanken, die die Entscheidungen tragen, können aber gleichwohl Antworten auf die mit der Gleichheitsprüfung verbundenen Fragen sein — es sei denn, es würde

[81] BGHZ 43, 196 (210).
[82] BGHZ 45, 150 ff.
[83] BGHZ 53, 226 ff.
[84] Vgl. etwa BGHZ 11, 156; 15, 268; 27, 15; 54, 293 etc.

festgestellt, daß die Rechtsprechung sich überhaupt von einer maßgeblichen Anwendung des Gleichheitsprinzips entfernt hat.

b) Die Pflichtigkeitslehre

aa) Grundlegung in BGHZ 23, 30

Bedeutungsvoller Versuch, die Abgrenzung von Enteignung und Sozialbindung zu bewältigen, war die Schaffung der Pflichtigkeitslehre. Grundlegend ist das sog. „Grünflächenurteil" des BGH vom 20. 12. 1956[85]. Das Ausmaß der sozialen Gebundenheit eines Grundstücks wurde dort mit dessen konkreter Situation begründet, insbesondere der Örtlichkeit und der Relation zur Umwelt. Dem Eigentumsobjekt hafte seiner Natur nach und aus seiner Situation heraus eine „Pflichtigkeit" an; sie habe zum Inhalt, daß die eine oder andere Einzelbefugnis des Eigentümers dann nicht auszuüben sei, wenn ein vernünftiger und einsichtiger Eigentümer diese Nutzungsart ernsthaft nicht ins Auge fassen würde. Wenn und insoweit das Eigeninteresse intensiv mit zwingenden, jedermann einleuchtenden übergeordneten Erfordernissen einer der Allgemeinheit dienenden Ordnung kollidiere, stehe eine Nutzungsart, die von der Pflichtigkeit betroffen sei, außerhalb der Eigentümerfunktion. Die Rechtspositon des Eigentümers werde dann gar nicht mehr verkürzt, wenn sich die soziale Pflichtigkeit durch Normierung in einem Rechtssatz zur Pflicht verdichte. Aufgrund dessen wurde das Vorliegen einer Enteignung wegen der Aufnahme eines Grundstücks, das in der Nähe einer Großstadt lag und bisher landwirtschaftlich genutzt worden war, in das Grünflächenverzeichnis des Siedlungsverbandes Ruhrkohlenbezirk verneint. Bemerkenswert ist ferner, daß darin, daß nur einzelne und nicht alle derselben Pflichtigkeit unterliegenden Eigentumsobjekte in Anspruch genommen werden, keine die Enteignung charakterisierende „Ungleichheit" liegen soll[86].

bb) Anwendungsbereich der Pflichtigkeitslehre

Die Grundsätze der Pflichtigkeitstheorie wurden in der Folge häufig herangezogen. Bedeutsamer Anwendungsbereich sind die Fälle des Naturschutzrechts. Die von Naturschutzmaßnahmen betroffenen Grundstücke seien gemäß ihrer Lage und natürlichen Beschaffenheit von vornherein mit der Möglichkeit belastet, zum Zwecke der Erhaltung der Landschaft oder von schützenswerten Naturdenkmalen gewissen Beschränkungen unterworfen zu werden. Deren Erlaß im Einzelfall stelle daher nur eine Konkretisierung der dem Grundstück anhaftenden Pflichtigkeit dar, so daß unter diesem Blickwinkel zunächst eine Enteignung ausscheide[87].

---

[85] BGHZ 23, 30 ff.

[86] Ebd., S. 33 f.

[87] Vgl. etwa BGH, LM, GG Art. 14 Nr. 60 (Buchendom); DÖV 1959, 750 (Gipsbruch); BGHZ 57, 178.

Mit dem Pflichtigkeitsgedanken wird auch begründet, daß Grundstücksumlegungen nicht als Enteignungen anzusehen sind; dem in Betracht kommenden Grundeigentum hafte von vornherein die rechtliche Eigenschaft an, Objekt eines Umlegungsverfahrens werden zu können[88]. Ferner spielt die aus der Situationsgebundenheit hergeleitete Pflichtigkeit bei der Beurteilung von Bausperren hinsichtlich deren Enteignungscharakter eine Rolle. Bausperren sind danach Sozialbindung, wenn sie den Zweck haben, die „Örtlichkeit", d. h. das betroffene Grundstück im Zusammenhang mit seiner unmittelbaren Umgebung, baureif zu machen[89]; eine solche Bausperre, die der die Bebauung ermöglichenden Planung dienen soll, gehört zu den Schranken des Eigentums, die dem Grundstück nach seiner Lage hinsichtlich seiner Nutzbarkeit durch Bebauung anhaftet[90].

Die Anwendung der Pflichtigkeitstheorie beschränkt sich jedoch nicht auf Grundeigentum und die dort mögliche Anlehnung an Örtlichkeit, Lage und Situation. Im Urteil vom 30. 9. 1963[91] war der BGH mit der Entschädigungsklage eines privaten Müllabfuhrunternehmers befaßt, der seinen Betrieb wegen der Einführung einer gemeindlichen Müllabfuhr mit Anschluß- und Benutzungszwang zu schließen gezwungen war. Zunächst führte der BGH aus, der Anschluß- und Benutzungszwang stelle für die betroffenen Grundstückseigentümer kein Sonderopfer dar, da das Eigentum von vornherein mit der Pflichtigkeit belastet sei, auf diesem Gebiet nur solange be- und genutzt werden zu können, bis die Gemeinde von der ihr — in concreto in § 17 schlhGO — gesetzlich zustehenden öffentlich-rechtlichen Befugnis Gebrauch mache, die Müllabfuhr als öffentliche Aufgabe selbst zu übernehmen[92]. Diese Pflichtigkeit des Grundeigentümers soll auch gelten für den Gewerbebetrieb des Müllabfuhrunternehmers; sie hafte dem gesamten Gebiet der Müllabfuhr an, so daß der Unternehmer nur eine Chance wahrgenommen habe und mit der Möglichkeit des Tätigwerdens der Gemeinde stets rechnen mußte[93].

Mit ähnlicher Begründung, aber ohne die Pflichtigkeitslehre ausdrücklich heranzuziehen, sind die Entschädigungsforderungen zweier Metzger zurückgewiesen worden. Im ersten Fall[94] war dem Inhaber eines Metzgereibetriebes im Rahmen der Anordnung des Benutzungszwangs für das öffentliche Schlachthaus die Benutzung des eigenen

---

[88] BGHZ 27, 15; 31, 49; LM, GG Art. 14 Nr. 33 (Ce).

[89] Grundlegend BGHZ 30, 338 (342 ff., 349); ferner LM, GG Art. 14 Nr. 24 (Ce); sowie BGHZ 58, 124, wo die gesteigerte Pflichtigkeit angesichts der wachsenden örtlichen Verflechtung hervorgehoben wird.

[90] Ebd., S. 346.

[91] BGHZ 40, 355 ff.

[92] Ebd., S. 360 ff.

[93] Ebd., S. 365 f.

[94] BGH, LM, GG Art. 14 Nr. 42 (A).

Schlachthauses untersagt worden, wobei der Kläger eine Entschädigung für die Aufwendungen zu dessen Erstellung erhalten hatte. Ein weitergehender Anspruch hinsichtlich der Beeinträchtigung des gesamten Gewerbebetriebes wurde unter Berufung auf die Müllabfuhrentscheidung verneint, weil jeder Metzger mit dem Erlaß einer gemeindlichen Schlachthofsatzung habe rechnen müssen; der Betrieb sei von vornherein mit diesem Risiko belastet gewesen, dies habe ihm schon immer innegewohnt[95]. An diese Erwägungen knüpfte das Urteil betreffend die Schließung eines öffentlichen Schlachthofes an[96]. Alle gesetzlichen Regelungen auf diesem Gebiet stellten Inhaltsbestimmungen des Eigentums im Sinne von Art. 14 I S. 2 GG dar; ebensowenig, wie sich der Betroffene darauf verlassen könne, sein eigenes Schlachthaus weiter benutzen zu können, habe er ein Recht auf Aufrechterhaltung des öffentlichen Schlachthofes[97]; seine Rechtsposition sei vielmehr dahingehend beschränkt, daß die Gemeinde den Schlachthof jederzeit aus sachlichen und willkürfreien Gründen schließen könne. Da insoweit kein Vertrauenstatbestand anzuerkennen sei, führe auch der Umstand, daß der Kläger sich gezwungen sah, seinen Betrieb einzustellen, nicht zur Annahme eines Sonderopfers.

cc) Konsequenzen der Pflichtigkeitstheorie

Durch Anwendung der Pflichtigkeitslehre werden somit weitreichende Beeinträchtigungen als entschädigungslos zulässige Sozialbindung behandelt. Die Argumentation ist dabei stets, daß dem Eingriffsobjekt gewisse Beschränkungen aus seiner Natur heraus schon von vornherein anhaften und daß Eingriffe, die diese Beschränkungen im Einzelfall geltend machen, keine Enteignung sind, weil dem Eigentümer im eigentlichen Sinne gar nichts genommen wird, sondern nur festgestellt wird, welche Befugnis er schon vorher nicht hatte. Seine Position wird vorsorglich so geschwächt, daß von einem „Eingriff in sein Recht" eigentlich gar nicht mehr die Rede sein kann. Dem Betroffenen wird gesagt, als vernünftiger und einsichtiger Eigentümer hätte er das, was ihm nun durch Hoheitsakt untersagt wird, schon von sich aus nicht in Angriff genommen. Die Gründe für solche Selbstbeschränkung werden regelmäßig in der „Situation" des Betroffenen und seines Objekts gesehen: Bestimmte Gewerbetreibende leben nun einmal mit der Gefahr, daß ihnen die Existenzgrundlage entzogen wird, indem das Gemeinwesen die bisher von ihnen ausgeübte Tätigkeit zu seiner Aufgabe erklärt. Ein „vernünftiger Gewerbetreibender" stellt dies in Rechnung[98]. Ein „einsichtiger Grundeigentümer" gewärtigt, daß

[95] Ebd., Bl. 2 Rücks.
[96] BGH, LM, GG Art. 14 Nr. 44 (A).
[97] Ebd., Bl. 2, unter Hinweis auf BVerwG, VerwRspr. 17, Nr. 66.
[98] Dabei kommt es nicht darauf an, ob der in casu Betroffene mit dieser

sein Grundstück in ein Umlegungsverfahren einbezogen wird, einer Bausperre unterfällt, und er nimmt von sich aus davon Abstand, Anliegen des Natur- oder Gewässerschutzes[99] zu beeinträchtigen. Auf derselben Linie liegt es, wenn gesagt wird, ein „vernünftiger Hundehalter" würde bei Tollwutverdacht schon von sich aus das Tier töten[100], mit einer „vernünftigen Erziehung" seien auch außerhalb der Schule Risiken verbunden[101], oder wenn gefragt wird, welche Belastungen einem „gesunden Betrieb" zuzumuten seien[102].

Was der BGH mit diesen Formulierungen verfolgt, ist offensichtlich eine idealisierende Standardisierung. Jede Abweichung von der „Norm" soll zulasten des Betroffenen gehen; doch wonach richtet sich dieser „Standard", dem danach für das Entschädigungsrecht so große Bedeutung zukommen soll? Ist jede Maßnahme, die sich aus den Umweltbeziehungen eines Grundstücks ergibt, entschädigungslose Sozialbindung?

dd) Grenzen der Pflichtigkeiten; einzelne Entscheidungskriterien

(1) Der Gedanke des Vertrauensschutzes

Diese Konsequenz hat auch der BGH nicht aus seiner Pflichtigkeitslehre gezogen. Um unbillige, nicht wünschbare Ergebnisse zu vermeiden, darf die „Pflichtigkeit" eben doch nicht so weit gehen, jede an sich „situationsbezogene" Beschränkung zu erfassen. So hat der BGH im Gipsbruchurteil[103] ausgeführt, das Grundeigentum sei nicht mit jeder Naturschutzmaßnahme potentiell belastet. Zu unterscheiden ist bezüglich des Verbotes einer bestimmten Grundstücksnutzung, ob die betreffende Nutzungsart bereits verwirklicht ist und ausgeübt wird oder erst zukünftig in Betracht kommt. Als von der Pflichtigkeit umfaßt werden die erst zukünftigen Nutzungsarten angesehen, die mit der Situationsgebundenheit nicht vereinbar sind; deren Verbot begründet kein Sonderopfer, weil dem Eigentum seiner Natur nach eine solche Belastung anhaftet[104]. Handelt es sich jedoch um einen Eingriff in eine bestehende Nutzung, wird der bisher betriebene Gipsabbau untersagt, wird einem Grundstück die Baulandqualität entzogen, dann liegt darin

---

Möglichkeit gerechnet hat; die „Pflichtigkeiten" sind vielmehr abstrakt-objektiv zu bestimmen („womit er hätte rechnen müssen"); vgl. BGHZ 31, 49 (57); 54, 293 (299).

[99] Auch in der wasserrechtlichen Rechtsprechung spielt die Situationsgebundenheit eine bedeutsame Rolle; vgl. OLG Bamberg, OLGZ 1970, 19; Urt. v. 20. 3. 1970 — 3 U 129/69 — n. veröff.; OVG Lüneburg, DVBl. 1967, 546; LG Münster, GWF 1964, 777; sowie erstmals zwei Entscheidungen des BGH vom 25. 1. 1973, BGHZ 60, 126 und 145.

[100] BGHZ 43, 196 (208).

[101] BGHZ 46, 327 (330), betr. Aufopferungsanspruch bei Turnunfall.

[102] So in der Frankfurter U-Bahn-Entscheidung: BGHZ 57, 359 (368).

[103] DÖV 1959, 750.

[104] BGH, NJW 1958, 380; LM, GG Art. 14 Nr. 25 (Ce).

ein entschädigungspflichtiges Sonderopfer[105]. Voraussetzung ist, daß diese bisherige Nutzung rechtmäßig war und der Eigentümer sich wegen der Rechtmäßigkeit auf ihren Fortbestand verlassen konnte[106].

Damit ist als weiteres Kriterium das des Vertrauensschutzes genannt. Konnte der Betroffene darauf vertrauen, daß seine Rechtsposition erhalten bleibe, so liegt bei deren Verkürzung eine Enteignung vor[107]. Nicht geschützt sind dagegen spekulative Erwartungen, die bloße Hoffnung auf eine spätere höherwertige Nutzungsqualifikation. Doch ist nicht unter allen Umständen erforderlich, daß die Nutzung bereits realisiert ist; das Verbot einer noch nicht ausgeübten Nutzungsart kann dann als Enteignung zu beurteilen sein, wenn die Möglichkeit dieser Nutzung aus der Natur der Sache folgt und wirtschaftlich vernünftig erscheint[108].

(2) Die Verkehrswertminderung

In diesen Zusammenhang gehört auch das Merkmal der Verkehrswertminderung. Es wird davon ausgegangen, daß die jeweils zulässigen, im Sinne der Pflichtigkeitslehre „vernünftigen" Nutzungsarten sich im Verkehrswert, d. h. im Tauschwert, den der Gegenstand für jedermann hat, niederschlagen[109]. Spekulationspreise haben dabei außer Betracht zu bleiben, entscheidend ist nur die Preisbildung des „gesunden Grundstücksverkehrs"[110]. Demzufolge wird die Unterbindung oder Beschränkung der bisherigen Nutzung und Verwertbarkeit des betroffenen Objekts zu einer Minderung dessen Wertes führen, die der Eigentümer nicht entschädigungslos dulden muß[111].

Somit sind bei Beantwortung der Frage nach den Grenzen der „Pflichtigkeiten" neue Elemente gefunden worden, die zur Bestimmung des Sonderopferbegriffs herangezogen werden: das Moment der Verkehrswertminderung, des Vertrauensschutzes, der Erhaltung der bisherigen Verwendungsmöglichkeiten des Eigentums.

(3) Die „Anliegerpflichtigkeit"

Weitere Gesichtspunkte sind den Entscheidungen zu Fällen der — im weitesten Sinn zu verstehenden — Anliegerbeeinträchtigungen zu entnehmen. Über Entschädigungsforderungen von Anliegern an öffentlichen Verkehrswegen mußte der BGH häufig entscheiden — sei es,

---

[105] Ebd.; vgl. auch BGHZ 57, 178; sowie nunmehr §§ 40 ff. BBauG.

[106] Vgl. BGHZ 49, 231.

[107] Vgl. BGH, NJW 1966, 877; 1968, 293, wo dies bei Änderung der Gesetzeslage verneint wird.

[108] BGHZ 60, 126 (133 ff.) u. 145 (147).

[109] BGHZ 31, 238 (241); 39, 198.

[110] Ebd., sowie BRS 19, 216.

[111] Vgl. BGHZ 26, 10; 30, 241; 48, 65; LM, GG Art. 14 Nr. 32 (Ea); NJW 1958, 380; DÖV 1959, 750; WM 1973, 153; zum Preis als Indiz für die „Qualität" des Eingriffsobjekts: BGHZ 37, 44.

daß es sich um Anfahrtverschlechterungen durch Änderung des Straßenniveaus handelte[112], um Senkungsschäden an einem Haus infolge Kanalisationsarbeiten[113], um Benachteiligungen — vor allem von Gewerbebetrieben — durch aus verschiedenen Gründen erfolgten Straßensperrungen[114] oder um die Hemmung des Fischzuges als Folge von Ausbaumaßnahmen an einer Bundeswasserstraße[115].

In allen diesen Fällen legte der BGH zunächst mit der Pflichtigkeitslehre entlehnten Argumenten[116] das Ausmaß der vom Anlieger entschädigungslos hinzunehmenden Beeinträchtigungen, der „Anliegerpflichtigkeit", fest. Der gewerbetreibende Straßenanlieger nehme am Gemeingebrauch der Straße teil und sei auf diese Kontaktmöglichkeit „nach außen" angewiesen, die daher auch zum geschützten Bestand des Betriebes zu rechnen sei. Der Anlieger sei mit dem Schicksal der Straße verbunden und müsse alle einschränkenden Maßnahmen, die aus der Zweckbestimmung der Straße folgten, dulden — etwa den Gemeingebrauch anderer, Ausbesserungs- und Modernisierungsarbeiten, Verkehrsregelungen, Arbeiten an Leitungen, Röhren und ähnlichen Anlagen, die üblicherweise im Straßenkörper verlegt sind. Die daraus entstehenden Nachteile muß er in Kauf nehmen, weil sie sich aus seiner „Situation", seiner Lage an einem Verkehrsweg zwingend ergeben. Dabei ist der Entwicklung der Verkehrsverhältnisse und den zunehmend gesteigerten Verkehrsbedürfnissen Rechnung zu tragen, so daß zu der „Anliegerpflichtigkeit" auch der Bau einer Untergrundbahn gehören kann[117].

Die Duldungspflicht der Anlieger ist jedoch nicht unbegrenzt. So ist ein Sonderopfer anzunehmen, wenn durch die Straßensperrung wegen des Baues eines Hauses durch einen Anlieger die anderen über den gesteigerten Gemeingebrauch hinaus quasi als Nichtstörer in Anspruch genommen werden[118]. Des weiteren werden Maßnahmen dann zur Enteignung, wenn sie den Anlieger in besonders schwerer Weise treffen, vor allem die Gefahr der Vernichtung der Existenz seines Betriebes besteht[119].

(4) Das Schwereelement und die Existenzgarantie

Damit sind als Kriterien zur Abgrenzung von Sozialbindung und Enteignung das der Existenzvernichtung und — wieder einmal[120] —

---

[112] Etwa BGHZ 30, 241; ferner BGHZ 48, 65.
[113] BGH, LM, GG Art. 14 Nr. 15 a (Cc).
[114] BGHZ 57, 359; LM, GG Art. 14 Nrn. 24, 27, 37 (Cf), 25 (Ba).
[115] BGHZ 49, 231.
[116] Allerdings ohne sich ausdrücklich auf diese zu beziehen.
[117] So BGHZ 57, 359 (365), über LM, GG Art. 14 Nr. 27 (Cf), hinausgehend.
[118] BGH, LM, GG Art. 14 GG Nr. 37 (Cf).
[119] BGH, LM, GG Art. 14 Nrn. 15 a (Cc), 24 u. 27 (Cf); BGHZ 49, 231; 57, 359 (365).

das vom BGH anfangs so geschmähte[121] der Schwere festzuhalten. Dieses ist nicht nur im Rahmen der Existenzgarantie von Bedeutung; es taucht in den BGH-Entscheidungen häufiger auf, zum Teil im Gewand der Gleichheitsargumentation, „es handle sich um ein ungleich stärker treffendes besonderes Opfer"[122], oder ein Sonderopfer sei zu bejahen, weil die Zufahrtverschlechterung eine schwerere Belastung als für andere darstelle[123, 124]; oder aber es wird ausdrücklich gesagt, entscheidend sei die Schwere des Eingriffs[125].

(5) Die vergleichende Wertung zum Zivilrecht

Bei der Prüfung, ob dem Betroffenen eine entschädigungslose Hinnahme noch zuzumuten ist, wird in der Entscheidung vom 20. 12. 1971[126] ein Maßstab herangezogen, den der BGH schon in früheren Urteilen herangezogen hat, nämlich eine vergleichende Wertung zum Zivilrecht. In casu sei bei ähnlichen Konfliktsituationen zwischen Zivilpersonen das Maß desjenigen überschritten, was nach § 906 BGB hinzunehmen sei. Deshalb sei auch die „Opfergrenze" bei dem enteignenden Eingriff überschritten[127].

Die Parallelität der Abgrenzung von Enteignung und Sozialbindung und der nach § 906 BGB hatte der BGH schon in früheren Fällen von Beeinträchtigungen durch Immissionen festgestellt. Die Entschädigungsforderungen wegen der Belästigungen durch den Bau von Fernstraßen und Autobahnen — vor allem Staub- und Lärmentwicklung — wurden danach beurteilt, inwieweit die Auswirkungen unter dem Gesichtspunkt der Ortsüblichkeit noch zumutbar seien[128]. Da die Voraussetzungen des Anspruchs nach § 906 II S. 2 BGB und die des enteignenden Eingriffs gleich seien — sie unterscheide nur, daß ersterer bei privatrechtlichen, letzterer bei hoheitlichen Immissionen anzuwenden sei —, hat der BGH im Urteil vom 15. 6. 1967[129] offengelassen, welcher Anspruch anzuwenden sei; die Qualifizierung des Handelns, das zu den Immissionen geführt habe, als privatrechtlich oder öffentlich-rechtlich sei nicht unbedingt erforderlich, es sei vielmehr Wahlfeststellung zwischen den beiden Anspruchstatbeständen möglich.

[120] Vgl. schon oben zur Aufopferung B II und zum Entzugsgedanken B III 1.
[121] In BGHZ 6, 270 (282 f.).
[122] Etwa BGH, LM, GG Art. 14 Nr. 15 a (Cc).
[123] Vgl. BGHZ 30, 241.
[124] Daß hier allein die Schwere entscheidend ist, ergibt sich daraus, daß maßgeblich die Aufwendungen, die zur Wiederherstellung des Zugangs erforderlich sind, sein sollen.
[125] So etwa schon BGHZ 8, 273, sowie die in Fn. 119 zitierten Urteile; ferner BGHZ 60, 126 (132).
[126] BGHZ 57, 359 (366).
[127] Hierzu s. nunmehr auch *Leisner*, NJW 1975, 233 ff., der die Sozialbindung im Nachbarrecht als äußerste Grenzorientierung für die Bestimmung der Enteignungsschwelle ansieht.
[128] BGHZ 54, 384.
[129] BGHZ 48, 98.

Aber auch über die Immissionsfälle nach § 906 BGB hinaus wird bei der Prüfung eines öffentlich-rechtlichen Entschädigungsanspruchs gefragt, ob der Betroffene für die Schädigung Ersatz hätte verlangen können, wäre sie ihm von einem Privaten zugefügt worden. Solcherart anhand des Zivilrechts zu argumentieren wird freilich nur beschränkt möglich sein, will man nicht das gesamte öffentlich-rechtliche Entschädigungsrecht aus den Angeln heben. Sein Zweck und Hauptanwendungsgebiet ist, in den Fällen für einen Ausgleich zu sorgen, der eben über die Ersatzansprüche nach dem Zivilrecht hinausgeht, in denen der Staat oder andere Hoheitsträger ihre besonderen obrigkeitlichen Befugnisse wahrgenommen haben und gegen den Einzelnen Maßnahmen verwirklichen, zu denen ein Privater nicht in der Lage wäre. Daß dann bezüglich des Entschädigungsanspruchs des Betroffenen ein Vergleich zum Zivilrecht nicht zum Ziel führen kann, ist offensichtlich. Dieser kann nur hilfreich sein, wenn es sich bei dem „Eingriffsverhältnis" zwar um eines des öffentlichen Rechts handelt, der Staat aber nicht mit typischer Hoheitsgewalt dem Bürger gegenübergetreten ist, sondern sein Vorgehen — und dessen Auswirkungen — auch privatrechtlich denkbar wäre und quasi nur „zufällig" als öffentlich-rechtlich zu kennzeichnen ist[130]. In diesen Fällen mag es angehen, den Entschädigungsanspruch parallel zum Zivilrecht zu beurteilen, weil der Einzelne nicht anders, als dies auch privatrechtlich möglich wäre, getroffen ist.

So konnte einem Imker die Entschädigung versagt werden, dessen Bienen durch zur Schädlingsbekämpfung verwendete Giftstoffe auf Gemeindegrundstücken Schäden erlitten hatten[131], ein Entschädigungsanspruch komme nicht in Betracht, weil von einem Sonderopfer da nicht gesprochen werden könne, wo es sich bei dem Eingriff von hoher Hand um eine Maßnahme handele, die in gleicher Weise und mit derselben Wirkung von Privatpersonen hätte rechtmäßig getroffen werden können und die der Geschädigte alsdann hätte hinnehmen müssen, ohne dafür eine Entschädigung verlangen zu können[132].

Eine vergleichende Wertung zum Nachbarrecht — ähnlich wie in den Immissionsfällen — nahm der BGH auch bezüglich Senkungsschäden an einem Haus infolge von Kanalisationsarbeiten vor[133]; es sei Entschädigung zu gewähren, weil die Beeinträchtigung jedenfalls nach § 909 BGB unzulässig gewesen sei und sich das Haus bisher als standfest erwiesen habe.

---

[130] Ob es überhaupt sinnvoll ist, Immissionen in bestimmten Fällen für öffentlich-rechtlich zu erklären, mag dahinstehen!

[131] BGHZ 16, 366.

[132] Ebd., S. 374.

[133] BGHZ 57, 370.

Zu nennen ist schließlich noch das abweisende Urteil auf die Klage einer ehemaligen KPD-Angestellten[134] wegen Verdienstausfalls nach dem Verbot der KPD durch das Bundesverfassungsgericht[135]; die Klägerin habe kein besonderes Opfer erbracht, weil die Gefahr, daß der Schuldner einer Forderung wegfalle, ganz allgemein — d. h. eben im Zivilrecht — vom Gläubiger selbst zu tragen sei.

(6) Die wirtschaftliche Betrachtungsweise

In einer Vielzahl von Entscheidungen ist schließlich eine Formulierung zu lesen, die selbst weniger zur Abgrenzung von Enteignung und Sozialbindung dient, aber Ansatzpunkt für die Heranziehung der vorgenannten Kriterien ist, nämlich daß der Sachverhalt nach einer wirtschaftlichen Betrachtungsweise zu beurteilen sei. Die wirtschaftliche Betrachtung bedeutet, wertmäßige Unterscheidungen zu treffen, d. h. sie führt zu dem Merkmal der Verkehrswertminderung[136]. Soll die wirtschaftliche Betrachtung „vernünftig" sein, so wird auf die Pflichtigkeitslehre abgestellt, darauf, was für den „vernünftigen und einsichtigen Eigentümer oder Unternehmer" wirtschaftlich ist[137]. Auch in dem erwähnten Prozeß der KPD-Angestellten[138] wurde die „allgemeine Gläubigergefahr" anhand einer wirtschaftlich wertenden Betrachtungsweise ermittelt. Ebenso sollen die Auswirkungen von Bausperren unter wirtschaftlichen Gesichtspunkten betrachtet werden[139]. Schließlich scheidet eine Entschädigung für entnommenes Grundwasser aus, ein Sonderopfer muß nach wirtschaftlicher Betrachtungsweise verneint werden, da das Entnommene durch die fließende Welle, durch die Natur, alsbald ersetzt wird[140].

IV. Zwischenbilanz zur Rechtsprechung

Damit sind im wesentlichen die Kriterien aufgezeigt, die in der Rechtsprechung des BGH zur Abgrenzung von Enteignung und Sozialbindung, zum Sonderopferbegriff Anwendung finden. Ausgehend vom Beschluß des Großen Zivilsenats: „Der Verstoß gegen den Gleichheitssatz kennzeichnet die Enteignung" sind diesem Satz etliche weitere Elemente hinzugefügt worden, auf die der BGH zur Lösung der auf ihn zukommenden Lawine entschädigungsrechtlicher Fälle abstellte. Seien es das Gleichheitsprinzip, der Entziehungsgedanke, die Pflichtigkeitstheorie, die Elemente der Schwere und Zumutbarkeit, der Ver-

---

[134] BGHZ 31, 1.
[135] BVerfGE 5, 85.
[136] Vgl. etwa BGHZ 30, 241; 50, 93.
[137] BGHZ 48, 193; 50, 93; MDR 1964, 130 — Nr. 11.
[138] BGHZ 31, 1.
[139] BGHZ 30, 338; 58, 124.
[140] BGH, MDR 1964, 661 — Nr. 17.

kehrswertminderung, der Existenzvernichtung, die wirtschaftliche Betrachtungsweise, der Grundsatz des Vertrauensschutzes oder die vergleichende Wertung zum Zivilrecht und die Beeinträchtigung bisheriger Verwendungsmöglichkeiten — all das scheint recht zusammenhang- und beziehungslos nebeneinander zu stehen. Zwar mag es gelingen, bei vielen der anstehenden Fallgestaltungen in etwa die „richtigen" Gesichtspunkte herauszufinden; doch hebt der BGH oft instanzgerichtliche Urteile mit dem Bemerken auf, das Berufungsgericht habe seine Auffassung zu dieser oder jener Frage nicht richtig verstanden, und man wird dann von der Revisionsentscheidung nicht selten „überrascht". Demnach gilt es, die einzelnen Entscheidungsgesichtspunkte zu ordnen, um begründen zu können, warum welche Kriterien im zu beurteilenden Fall heranzuziehen sind[141].

V. Der enteignungsgleiche Eingriff

1. Grundlegung und allgemeine Voraussetzungen

Zu erörtern ist noch das von der Rechtsprechung des BGH entwickelte Rechtsinstitut des enteignungsgleichen Eingriffs. Bereits im Beschluß des Großen Zivilsenats gewährte der BGH in entsprechender Anwendung des Art. 14 GG Entschädigung nach Enteignungsgrundsätzen für rechtswidrige Eingriffe in als „Eigentum" geschützte Rechte[142]. Entscheidender Gesichtspunkt war dabei, daß eine rechtswidrige hoheitliche Maßnahme für den Betroffenen die gleiche Wirkung haben könne wie ein rechtmäßiger als Enteignung zu qualifizierender Hoheitsakt[143]; diese Begründung wich von den Vorstellungen des Bestehens einer „Lücke" im öffentlich-rechtlichen Ersatzleistungsrecht ab — nämlich einer Lücke zwischen Aufopferung und Enteignung einerseits und der Amtshaftung nach § 839 BGB/Art. 34 GG andererseits bezüglich rechtswidrig-schuldloser Schädigungen, die es zu schließen gelte[144]. Mit dem Argument der „Gleichheit der Opferlage" hinsichtlich rechtmäßiger und rechtswidriger Beeinträchtigungen hat der BGH so das Institut des enteignungsgleichen Eingriffs auch auf rechtswidrig-schuldhafte Eingriffe angewandt, bezüglich deren wegen der

---

[141] Beachtlich ist übrigens die Kumulierung in BGHZ 54, 293: Gehalt und Zweck der Maßnahme, Schwere, Opfergrenze, Verstoß gegen den Gleichheitssatz und „Pflichtigkeit"; weiter kann man den „Theoriensynkretismus" (vgl. *Leisner*, Sozialbindung, S. 31 ff.) kaum treiben.

[142] BGHZ 6, 270 (290 f.).

[143] Ebd., S. 290.

[144] s. dazu die zahlreichen Nachw. bei *Heidenhain*, Amtshaftung, S. 68 ff. Fn. 7 ff.; Heidenhain, S. 84 ff., bestreitet mit Nachdruck das Bestehen einer „Lücke", da Enteignung und Amtshaftung wesensverschieden seien und deshalb von einem „System" des Entschädigungsrechts, in dem eine „Lücke" bestehe, nicht gesprochen werden könne.

Ersatzmöglichkeit im Wege der Amtshaftung keine „Lücke“ vorlag[145]. Der enteignungsgleiche Eingriff ist demnach nicht auf die Rolle eines „Lückenfüllers“ beschränkt, sondern ein selbständiges Rechtsinstitut[146].

Seine Voraussetzungen entsprechen zunächst denen der Enteignung: Es muß ein „Eingriff“[147] vorliegen in eine durch Art. 14 GG geschützte Rechtsposition[148, 149]. Modifiziert wird das Erfordernis, daß der enteignende Eingriff nur zum Wohle der Allgemeinheit zulässig ist (Art. 14 III S. 1 GG), dahingehend, daß bezüglich der Förderung des allgemeinen Wohls nur Intentionalität nicht Effektivität verlangt wird[150]. Damit wird dem Umstand Rechnung getragen, daß es sich hier um rechtswidrige Hoheitsakte handelt, bei denen nicht nur zweifelhaft sein kann, ob sie dem Wohl der Allgemeinheit effektiv dienen; mit der Feststellung der Rechtswidrigkeit muß vielmehr unter der Herrschaft rechtsstaatlicher Ordnung angenommen werden, daß die betreffende Maßnahme den Zweck, das öffentliche Wohl zu fördern, verfehlt hat[151].

2. Das Sonderopfermerkmal

Die entscheidende Frage ist jedoch auch beim enteignungsgleichen Eingriff die nach dem Sonderopfer. Hat die Tatsache, daß der Eingriffsakt rechtswidrig ist, Auswirkungen auf die Prüfung dieses Merkmals, anhand dessen entschädigungspflichtige von entschädigungslosen Beeinträchtigungen unterschieden werden, oder ist diese Abgrenzung auch bei Rechtswidrigkeit nach den oben aufgezeigten, für die Enteignung aufgestellten Regeln vorzunehmen? Im letzteren Sinne schien die Frage der Beschluß des Großen Zivilsenats vom 9./10. 6. 1952 zu beantworten; der BGH begründete die Entschädigung für die unrechtmäßigen Mietereinweisungen damit, daß diese für die betroffenen Wohnungseigentümer enteignungsgleiche Wirkung hätten, wenn die Verfügungen für den Fall ihrer gesetzlichen Zulässigkeit eine Ent-

---

[145] BGHZ 13, 88; die „erst-recht-Argumentation“ (vgl. BGHZ 7, 296 [298]) tritt dagegen in den Hintergrund.

[146] Zutreffend *Heidenhain*, S. 70.

[147] Dieser mußte anfangs zweckgerichtet, gezielt im Hinblick auf den Betroffenen sein (BGHZ 12, 52 [57]; 23, 235 [240]); das Element der Finalität wurde jedoch fallengelassen und jede unmittelbare hoheitliche Beeinträchtigung für ausreichend erklärt (ausdrücklich seit BGHZ 37, 44 [47]).

[148] Vgl. dazu oben A I Fn. 5.

[149] Bei Eingriffen in nicht-vermögenswerte Rechtsgüter, für die Entschädigung aus Aufopferung zu leisten ist, gilt entsprechendes; d. h. der BGH gewährt auch hier bei Rechtswidrigkeit Entschädigung, spricht in diesen Fällen aber nicht vom „aufopferungsgleichen Eingriff“, sondern wendet den Aufopferungsanspruch unmittelbar an (vgl. BGHZ 36, 379; *Bender*, StaatshaftungsR, N. 43).

[150] BGHZ 6, 270 (294); 13, 88 (92 f.); 13, 395 (398); vgl. ferner *Bender*, Staatshaftungsrecht, Rdnr. 28; *Ossenbühl*, JuS 1971, 575 (577) und JuS 1970, 276 (dort bezüglich der Aufopferung).

[151] So auch *Bender*, Staatshaftungsrecht, Rdnr. 28.

eignung darstellen würden[152]. Dies wurde überwiegend dahin aufgefaßt, daß es für die Sonderopferprüfung ohne Belang sei, ob der eingreifende Hoheitsakt rechtmäßig oder rechtswidrig sei, die Bestimmung der Entschädigungspflicht habe in jedem Fall nach den allgemeinen Abgrenzungsgrundsätzen zu erfolgen[153]. Die Voraussetzungen von Enteignung und enteignungsgleichem Eingriff waren demnach identisch, „enteignungsgleicher Eingriff" war nur der Name des Entschädigungsinstituts bei rechtswidrigen Beeinträchtigungen.

Inwieweit dieses Verständnis jenes Urteils zutreffend ist, wird noch zu untersuchen sein; einige folgende Entscheidungen des BGH sind diesen Weg ebenfalls gegangen. So wird im Beschluß vom 12. 5. 1954 ausgeführt, der rechtswidrige Abbruch des Lagerhauses der Klägerin und die Wegnahme der Baumaterialien verwirklichten einen Tatbestand, der im Fall seiner Zulässigkeit nach Inhalt und Wirkung eine Enteignung darstellen würde[154]. Des weiteren wurde einem Bezirksschornsteinfegermeister, für dessen Bezirk ein zweiter Schornsteinfegermeister bestellt worden war, Entschädigung zugesprochen mit der Begründung, er sei gegenüber anderen Bezirksschornsteinfegermeistern ungleich belastet[155]. Dieses Argument vom Sonderopferbegriff der Enteignung ist hier jedoch von der Rechtswidrigkeit geprägt, da die „Ungleichbehandlung" daraus folgt, daß die Bestellung des zweiten Schornsteinfegermeisters gegen § 1 der SchornsteinfegerVO verstieß; die Begründung des Sonderopfers erfolgte demnach begrifflich wie bei der rechtmäßigen Enteignung, die Annahme der zur Bejahung des Sonderopfers führenden „Gleichheitsverletzung" beruhte aber auf der Rechtswidrigkeit der Maßnahme.

Eine Abweichung von der bisherigen Rechtsprechung — oder nur eine Klarstellung? — brachte dann das Urteil des III. Senats vom 25. 4. 1960[156]. Danach darf der rechtswidrige Eingriff nicht mit dem rechtmäßigen derart verglichen werden, daß allein auf die Rechtswidrigkeit und Rechtmäßigkeit abgehoben und gefragt wird, ob der rechtswidrige Akt auch dann eine enteignende, dem Betroffenen ein Sonderopfer auferlegende Maßnahme gewesen wäre, wäre er rechtmäßig ergangen; mit der Feststellung, daß ein Eingriff rechtswidrig sei, stehe gerade als das dem enteignungsgleichen Eingriff Eigentümliche fest, daß das dem Einzelnen durch den Eingriff auferlegte Opfer jenseits der gesetzlichen allgemeinen Opfergrenze liege, also ein entsprechend

---

152 BGHZ 6, 270 (290, 292).

153 Vgl. *Bettermann*, GR III/2, S. 857; *Fischer*, Verh. des 41. DJT, Bd. II, C 50; typisch auch *Drews / Wacke*, Allg. Polizeirecht, S. 475; eingehend dazu *Wagner*, NJW 1967, 2333 (2334).

154 BGHZ 13, 88 (90).

155 BGH, NJW 1956, 1109 (1110).

156 BGHZ 32, 208.

dem Gebot des Gleichheitssatzes zu entschädigendes Sonderopfer darstelle[157].

Damit ist eine Klärung hinsichtlich des Verhältnisses Rechtswidrigkeit und Sonderopfer erfolgt: Rechtswidrige Hoheitsakte begründen ein Sonderopfer, für das aus enteignungsgleichem Eingriff Entschädigung zu leisten ist, ohne daß auf die allgemeinen Abgrenzungskriterien betreffend die Grenzziehung zwischen Enteignung und Sozialbindung einzugehen ist[158]. Die Tatbestände der Enteignung und des enteignungsgleichen Eingriffs differieren demnach bezüglich des Merkmals Sonderopfer, das bei letzterem nach Feststellung der Rechtswidrigkeit regelmäßig anzunehmen ist. Der enteignungsgleiche Eingriff ist daher ein genereller Entschädigungsanspruch für rechtswidriges Hoheitshandeln und verwirklicht eine Haftung des Staates neben der überwiegend für reformbedürftig angesehenen Amtshaftung[159], deren Mängel weitgehend in ihrer historischen Konzeption begründet sind.

3. Exkurs: Entwicklung der Haftung des Staates für rechtswidrige Eingriffe

Zu diesen Fragen ist hier nicht näher Stellung zu nehmen; da unausgesprochener Beweggrund für die Schaffung des enteignungsgleichen Eingriffs in der praktizierten Form aber auch die immer deutlicher zutage tretenden Unzulänglichkeiten des Amtshaftungsrechts waren[160], sollen doch einige Bemerkungen bezüglich der Entwicklung und Ausgestaltung dieses Instituts — und damit der Haftung des Staats für Unrecht überhaupt — angefügt und diese Aussagen dem enteignungsgleichen Eingriff gegenübergestellt werden.

Ausgangspunkt war die Mandatstheorie[161], die das Beamtenverhältnis als Mandatskontrakt auffaßte — mit der Folge, daß dem Staat zwar rechtmäßiges Handeln seiner Beamten zugerechnet wurde, nicht aber rechtswidriges Verhalten des Staatsdieners, der dann contra mandatum handelte. Wenn der Staat eine Handlung verbiete, dann könne eben diese verbotene Handlung nicht seine Handlung sein; die Vollmacht des Beamten sei niemals darauf gerichtet, rechtswidrig zu han-

---

[157] Ebd., S. 211 f.

[158] Wie dies das OLG Celle als Vorinstanz zu BGHZ 32, 208 tat, als es nach der Zumutbarkeit fragte (vgl. ebd., S. 212).

[159] Vgl. nur *Bender*, Staatshaftungsrecht, Rdnrn. 68, 141 („überholtes, rechtshistorisches Relikt"), m. weit. Nachw.; auch BGHZ 42, 176 (181) („antiquiert").
Über den Stand der Änderungsbestrebungen unterrichtet der *Kommissionsbericht* 1973, „Reform des Staatshaftungsrechts".

[160] Bei rechtswidrig-schuldhaften Maßnahmen gibt die Rechtsprechung dem Geschädigten die Wahlmöglichkeit, ob er Ansprüche aus enteignungsgleichem Eingriff oder aus Amtshaftung geltend macht; BGHZ 13, 88 (94 f.).

[161] Vgl. dazu und zum folgenden v. a. *Bender*, Staatshaftungsrecht, Rdnrn. 127 ff.; *Heidenhain*, Amtshaftung, S. 28 ff., m. weit. Nachw.

deln; infolgedessen hafte für den von einem Beamten einem Dritten rechtswidrig zugefügten Schaden niemals der Staat, sondern nur der Beamte persönlich[162]. Diese Ansicht setzte sich trotz heftiger Kritik schon im 19. Jahrhundert[163] bei den Beratungen des BGB-Gesetzgebers durch, so daß § 839 BGB die Haftung des Beamten statuierte und die Beamtenbezogenheit auch in die Tatbestandsvoraussetzungen einging, indem nicht auf die Rechtswidrigkeit einer Maßnahme, sondern darauf abgestellt wurde, ob der Beamte schuldhaft eine ihm obliegende Amtspflicht verletzt hatte[164]. Eine Haftung des Staates trat erst aufgrund des Beamtenhaftungsgesetzes von 1910, fortgeführt durch Art. 131 WRV ein und ist heute geltendes Recht nach Art. 34 GG. Daß die Verantwortlichkeit für Amtspflichtverletzungen statt des Beamten den Staat trifft, bedeutet aber nichts anderes als lediglich eine privative Schuldübernahme der an sich den Beamten belastenden Verbindlichkeit durch die öffentlich-rechtlichen Körperschaften[165]; dies begründet keine originäre „Staatshaftung", sondern ist abgeleitete „Amtshaftung"[166] und läßt die zugrunde liegende Negierung der Zurechnung rechtswidrigen Organhandelns an den Staat unberührt[167].

Argumente gegen die Annahme eines Unrecht tuenden Staates und damit gegen eine Staatshaftung sind auch in neuerer Zeit aus rechts- und staatstheoretischer Sicht vorgetragen worden. Nach der „Reinen Rechtslehre"[168] ist der Staat die Verkörperung des Rechts, ein Staatsunrecht demzufolge begrifflich ausgeschlossen, und die gesetzwidrige

[162] Besonders eingehend *Loening*, Die Haftung des Staates, S. 106 ff.

[163] s. etwa *Zoepfl*, Grundsätze des Staatsrechts, S. 307; *Pfeiffer*, Practische Ausführungen, Bd. II, S. 361; *H. A. Zachariae*, ZgesStW 19 (1863), 582 ff.; *Sundheim*, Schadensstiftung, §§ 6, 7, S. 10 ff.

[164] Dies hebt z. B. noch BGH, NJW 1959, 1629, hervor; hinsichtlich der Bedeutung des Unterschiedes rechtswidrig/amtspflichtwidrig vgl. *Bender*, Staatshaftungsrecht, Rdnr. 195.

[165] h. M.: BGHZ 34, 99; *Rupp*, NJW 1961, 811; *Schleeh*, AöR 92 (1967), 58 (87); *Tietgen*, DVBl. 1955, 549 (552); diese Feststellung ist praktisch bedeutungsvoll hinsichtlich der Frage, ob der Geschädigte materiell-rechtlich aus § 839 BGB/Art. 34 GG Naturalrestitution (§ 249 S. 1 BGB) verlangen kann, wenn zur Beseitigung des Schadens die Vornahme einer hoheitlichen Handlung erforderlich wäre; da der an sich als Privatperson haftende Beamte dazu nicht in der Lage wäre, kann auch der übernommene Anspruch gegen den Staat grundsätzlich nur auf Geldersatz gerichtet sein (BGH, ebd. und NJW 1963, 1203).

[166] Der so differenzierenden Terminologie von *Heidenhain*, Amtshaftung, S. 38 ff. (40 Fn. 34), soll hier gefolgt werden. Die Amtshaftung wurde übrigens „erfunden" in § 12 GBO von 1897; s. *Mugdan* II, S. 1162 (Prot. S. 4831 ff.).

[167] So mit Recht *Bartlsperger*, NJW 1968, 1697 (1701); abw. etwa *Flume*, NJW 1953, 585 f., der die Amtshaftung mit § 278 BGB vergleicht; die „Amtspflichten" sind jedoch nicht Pflichten des Staates gegenüber dem Bürger, die der Beamte wahrnimmt, sondern zunächst Pflichten des Beamten gegenüber dem Staat; dazu eingehend *Bender*, Staatshaftungsrecht, Rdnrn. 188 ff.; *Plog / Wiedow / Beck*, BBG, § 78 Anm. 8; § 151 Anm. 14.

[168] *Kelsen*, GrünhZschr 40 (1914), 1; *ders.*, Reine Rechtslehre, S. 304 ff.; kritisch dazu z. B. *Herzog*, Staatslehre, S. 90.

Ausübung der Staatsgewalt kann sich als Beamtendelikt darstellen. Das Dogma von der Unfehlbarkeit des Staates liegt auch dem Satz des englischen Rechts „the king can do no wrong“ zugrunde, das bis zum Inkrafttreten des Crown Proceeding Act 1947 eine Haftung des Staates für Unrecht nicht kannte[169]. Nach der Staatstheorie *Krügers*[170] wird die Realität des Staates als Repräsentationsvorgang begriffen; die staatliche Repräsentation, etwa durch Amtsträger und Gesetze, soll dabei der Weg zur Richtigkeit von Sein und Handeln des Staates sein; damit wird die Richtigkeit ein Element der Staatsexistenz, rechtswidrige Staatsakte sind nicht denkbar, sondern nur als privates Handeln des Amtswalters[171].

Über all dies setzt sich die Rechtsprechung mit der Schaffung des enteignungsgleichen Eingriffs hinweg, der eine originäre Staatshaftung darstellt und nicht mehr bei den Kautelen der auf den Beamten zugeschnittenen Amtshaftung verharrt: Haftungsauslösendes Element ist die *Rechtswidrigkeit* des Eingriffsaktes[172], unabhängig von einem Verschulden des betreffenden Beamten, und nicht dieser, sondern der Staat haftet unmittelbar. Damit ist auch haftungsrechtlich der idealisierende Standpunkt einer Ablehnung der Zurechnung rechtswidrigen Beamtenhandelns an den Staat aufgegeben; denn wenn dieser originär für gesetzeswidriges Verhalten der Amtswalter haftet, so muß ihm dieses Verhalten zuzurechnen sein[173]. Die Annahme von Staatsunrecht hat im heutigen Verständnis keinen Einfluß auf die Existenz des Staates[174], dieser bekennt sich vielmehr auch zu Unrechtsakten, indem er dem Bürger die Möglichkeit gibt, deren Korrektur etwa im Wege der Anfechtungsklage gegen die öffentlich-rechtliche Körperschaft zu verfolgen[175].

Diese dem modernen Rechtsstaat gemäße Auffassung, nach der eine Haftung für unrechtmäßige Hoheitsakte nur eine Haftung des Staates sein kann[176], liegt somit auch dem enteignungsgleichen Eingriff zu-

---

[169] s. dazu *Hampe*, AöR 76 (1950/1), 297 f.; *Böhmer*, Grundlagen I, S. 231.
[170] Staatslehre, S. 232 ff.
[171] *Krüger*, S. 333 ff.
[172] Vgl. *Bender*, DÖV 1968, 156 (160).
[173] Vgl. *Maunz / Dürig / Herzog*, GG, Art. 14 Anm. 87.
[174] Dazu auch *Bartlsperger*, NJW 1968, 1697 (1703).
[175] Grundlegend hierfür ist die Anerkennung eines öffentlich-rechtlichen Rechtsverhältnisses zwischen Staat und Einzelnem (vgl. *Bartlsperger*, S. 1700; *Hampe*, AöR 76 [1950/1], 297 [299]; *Heidenhain*, JZ 1968, 487/489), der dem Staat heute als mit eigenen Grundrechten ausgestattetes Rechtssubjekt gegenübertritt. Das bei einem staatlichen Eingriff in diese Rechtssphäre entstehende Rechtsverhältnis bleibt auch dann bestehen, wenn der Eingriffsakt rechtswidrig ist, und Zurechnungsobjekte dieser Rechtsbeziehung sind stets Staat und Bürger, der einzelne Amtswalter tritt dabei völlig in den Hintergrund.
[176] Ob das Rechtsstaatsprinzip eine solche Haftung gebietet, d. h. Legitimation der Staatshaftung sein kann, wie verschiedentlich behauptet wird

grunde. Mit ihm und der Amtshaftung stehen demnach im deutschen Entschädigungsrecht zwei Rechtsinstitute nebeneinander, die sich schon im konzeptionellen Ausgangspunkt widersprechen, indem die Amtshaftung die Zurechnung rechtswidrigen Organhandelns an den Staat negiert, der enteignungsgleiche Eingriff diese bejaht, und bei denen der darauf beruhende Unterschied sich bei den Tatbestandsvoraussetzungen fortsetzt. Der enteignungsgleiche Eingriff ist demzufolge Haftung für Rechtswidrigkeit, unabhängig von schuldhafter (Beamten-)Amtspflichtverletzung und damit die „modernere" Lösung des Staatshaftungsproblems.

4. Grenzen des enteignungsgleichen Eingriffs

Gleichwohl ist der enteignungsgleiche Eingriff kein Institut, nach dem Entschädigung für rechtswidrige hoheitliche Beeinträchtigungen schlechthin gewährt wird. Zwar ist die Frage nach dem Sonderopfer mit der Feststellung der Rechtswidrigkeit regelmäßig positiv beantwortet, erforderlich ist aber weiterhin, daß die übrigen Voraussetzungen vorliegen, die sich aus der Anlehnung an den Enteignungstatbestand ergeben[177]. In diesem Sinne kann der Satz aus dem Beschluß vom 9./10. 6. 1952[178] jedenfalls aufrechterhalten werden, daß der rechtswidrige Eingriff dann zu entschädigen ist, wenn er für den Fall seiner Rechtmäßigkeit eine Enteignung dargestellt hätte; diese Verweisung auf die Elemente der Enteignung bezieht sich — wie oben festgestellt — nicht auf das Sonderopfer, jedoch auf die Kriterien „Eingriff", „Eigentum" und die Gemeinwohlmotivation; die in Frage stehende Maßnahme muß „ihrer Art nach"[179] einen enteignenden Eingriff darstellen können.

So hat der BGH wiederholt Entschädigungsansprüche versagt, obwohl die Beeinträchtigung rechtswidrig war, weil er eine der drei genannten Voraussetzungen für nicht gegeben erachtete. An der Ge-

(vgl. *Luhmann*, Entschädigung, S. 51 ff., 69 ff.; ihm folgend *Bartlsperger*, NJW 1968, 1697 [1704]), erscheint hingegen zweifelhaft.

Daß im Rechtsstaat (vgl. insbesondere Art. 20 III GG) rechtswidrige Hoheitsakte mißbilligt werden, besagt nichts über die Sanktion, vor allem, ob diese Entschädigung bzw. Schadensersatz heißt (s. zum Folgenentschädigungs- bzw. Folgenersatzanspruch auch *Weyreuther*, Gutachten zum 47. DJT, 1968, Verhandlungen Bd. I, Teil B, der letzteren befürwortet); kritisch etwa auch *Heidenhain*, Amtshaftung, S. 73 f.; *Hoffmann-Becking*, JuS 1972, 509 (510), m. weit. Nachw.

Im übrigen ist auf die einleitenden Ausführungen zu verweisen, wonach Haftungsgrund das Lastengleichheitsprinzip — begründet freilich auch anhand von Aussagen des Rechtsstaatsprinzips — ist; vgl. oben A I.

[177] Aus diesem Grunde wird die vom BGH geschaffene Rechtswidrigkeitshaftung aus enteignungsgleichem Eingriff auch weitgehend für nicht ausreichend angesehen; vgl. „*Kommissionsbericht*", S. 38 ff., 112 f.

[178] BGHZ 6, 270 (290).

[179] BGHZ 32, 208 (211).

meinwohlmotivation fehlt es in den Fällen, in denen der Staat zur Verfolgung eines Individualanspruches tätig wird, so daß die Benachteiligungen infolge rechtswidrigen Steuerarrestes oder fehlerhafter Zwangsvollstreckung zwar Sonderopfer für den Betroffenen sein können, ihm aber nicht zum Wohl der Allgemeinheit auferlegt werden[180]; ein Entschädigungsanspruch scheidet deshalb aus. Ebenso wenig, wie ein rechtmäßiges Unterlassen als „Eingriff" angesehen wird[181], gibt die Rechtsprechung bei unrechtmäßigem Untätigbleiben der Verwaltung einen Entschädigungsanspruch[182]. Dieses Ergebnis wird häufig allerdings auch mit dem Fehlen einer geschützten Rechtsposition begründet, weil dem Betroffenen etwa mit der Versagung einer bestimmten Genehmigung nichts, was bereits zu seinen Rechten zählte, „genommen", ihm vielmehr nur etwas vorenthalten worden sei[183]. In diesen Zusammenhang gehören auch die Urteile, in denen offengelassen wurde, ob das beeinträchtigende Verhalten rechtmäßig oder rechtswidrig war und letzterenfalls ein Sonderopfer zu bejahen, da jedenfalls nicht in eine vermögenswerte Rechtsposition eingegriffen sei[184].

Die Ausgestaltung des enteignungsgleichen Eingriffs, insbesondere seine Anlehnung an Art. 14 III GG, führt demnach nicht zu einer uneingeschränkten Haftung des Staates für Rechtswidrigkeit, sondern zu Differenzierungen, die vielfach als nicht sachgerecht angesehen werden[185]. Nachzutragen ist hier noch das umstrittene Urteil vom 19. 2. 1961[186], das einen Aufopferungsanspruch wegen rechtswidriger Unfruchtbarmachung aufgrund Entscheids des Erbgesundheitsgerichts betraf. Nachdem der BGH die Kriterien aus seiner bisherigen Rechtsprechung zur Bestimmung der Opfergrenze genannt hatte, fuhr er fort, die Annahme eines entschädigungspflichtigen Sonderopfers liege wegen der Rechtswidrigkeit des Eingriffs nahe[187] — die Voraussetzungen nach dem Erbgesundheitsgesetz waren nicht gegeben —, ein Sonderopfer sei jedoch zu verneinen, weil die Anordnung der Unfruchtbarmachung durch ein (Erbgesundheits-)Gericht erfolgt sei; dessen Er-

---

[180] Vgl. BGHZ 30, 123; 32, 240; ferner LM, GG Art. 14 Nr. 12 (Cc).
[181] BGHZ 12, 52 (56).
[182] Vgl. BGHZ 32, 208 (211).
[183] Vgl. z. B. BGH, LM, GG Art. 14 Nrn. 18 (Cc), 39 (Ce); ferner BGHZ 56, 40; abweichend aber bei rechtswidriger Verweigerung der — gebundenen — Bauerlaubnis, da insofern nicht nur der status positivus, sondern auch der status negativus verletzt, d. h. die Position des Betroffenen verkürzt wird (BGH, NJW 1959, 1775; 1966, 884); insofern gilt dasselbe wie bei unzulässigem Widerruf einer erteilten Baugenehmigung (BGHZ 26, 10; mit der weiteren Erwägung, die Verwertbarkeit des angefangenen Bauwerks sei beeinträchtigt).
[184] BGH, LM, GG Art. 14 Nrn. 30 (Bb), 22 (Cf).
[185] s. bereits Fn. 177 sowie etwa *Kessler*, DRiZ 1967, 374 (375).
[186] BGHZ 36, 379.
[187] Ebd., S. 391.

kenntnis sei zwar unrichtig gewesen, doch bestehe eine allgemeine, alle Bürger treffende Gefahren- und „Opferlage“, durch objektiv unrichtige Gerichtsurteile Nachteile zu erleiden, was jeder wegen der der Rechtsordnung innewohnenden Forderung, sich dem gerichtlichen Erkenntnisverfahren und den in ihm durch Richter ergehenden Urteile zu unterwerfen, entschädigungslos hinzunehmen habe[188]. — Mit Kritik wurde zunächst bedacht, daß der BGH die Erbgesundheitsgerichte als Gerichte im Sinne der Art. 92, 97 GG ansah[189]. Hiervon abgesehen ist das eigentlich Bemerkenswerte der Entscheidung jedoch, daß der BGH überhaupt nach der „allgemeinen Opferlage“ hinsichtlich gerichtlicher Fehlurteile fragte, nachdem die Rechtswidrigkeit der Sterilisation feststand. Wenn hier gleichwohl ein Sonderopfer verneint wird, so bedeutet dies, daß der BGH von dem Grundsatz, die Rechtswidrigkeit führe stets zu einem Sonderopfer, in Einzelfällen doch Ausnahmen macht[190].

Weitere Bedenken, den enteignungsgleichen Eingriff als Haftungsinstitut für Rechtswidrigkeit zu bezeichnen, ergeben sich daraus, daß der BGH — wie verschiedentlich behauptet wird — diesen auf Sachverhalte angewandt hat, bei denen von rechtswidrigen Maßnahmen oder Beeinträchtigungen nicht gesprochen werden könne[191]. Daran ist zutreffend, daß der BGH zwar einerseits wiederholt die Unterscheidung: bei Rechtmäßigkeit Entschädigung aus Enteignung, bei Rechtswidrigkeit aus enteignungsgleichem Eingriff, ausdrücklich vornimmt[192], andererseits Ausführungen zur Rechtmäßigkeit oder Rechtswidrigkeit überhaupt fehlen[193]. Abschließend kann dies erst geklärt werden, wenn die Einordnung des Rechtswidrigkeitsmoments in die übrige Rechtsprechung zum Sonderopferbegriff versucht wird. Dabei wird nach ihrer Bedeutung innerhalb derselben zu fragen und zu prüfen sein, inwieweit der BGH zwar nicht ausdrücklich von Rechtswidrigkeit spricht, seine Argumentation zur Abgrenzung von Enteignung und Sozialbindung aber inhaltlich zur Beurteilung der Rechtmäßigkeit der betreffenden hoheitlichen Maßnahme dient und damit doch auf den prinzipiell geltenden Satz „Rechtswidrigkeit gleich Sonderopfer“ abzielt.

---

[188] Ebd., S. 393.

[189] Vgl. *Wahl / Soell,* AcP 167 (1967), 1 ff.; sowie *Lewald,* NJW 1962, 1500.

[190] Vgl. dazu *Wahl / Soell,* S. 21 ff., und *Lewald,* die auf den Widerspruch zur bisherigen Rechtsprechung hinweisen.

[191] s. *Wagner,* NJW 1967, 2333 (2334), der auf BGHZ 28, 310; NJW 1959, 1776, 1916; 1966, 1120, verweist (Fn. 18, 19).

[192] Etwa BGHZ 25, 266; 43, 196; LM, GG Art. 14 Nrn. 30 (Bb), 22 (Cf); WRV Art. 153 Nr. 20.

[193] *Wagner,* s. oben Fn. 191; *Bauschke / Kloepfer,* NJW 1971, 1233 (1236).

C. Allgemeine Leitlinien in der Rechtsprechung des BGH

Wenn es nun gilt, den Versuch zu unternehmen, die kaum überschaubare, sogar als nicht verstehbar bezeichnete[1] Rechtsprechung des BGH zum Sonderopferbegriff transparent zu machen, dann ist zunächst die methodische Seite zu klären. Aufgezeigt werden muß der Weg, den der BGH zur Entscheidungsfindung beschreitet, und in diesem Rahmen kann eine Konzentration der verschiedenen genannten Gesichtspunkte auf die eigentlichen Entscheidungskriterien sowie deren methodische Einordnung möglich sein. Aufzuspüren sind die Fragestellungen, die sich hinter dem Merkmal Sonderopfer verbergen, es geht um den Versuch, Oberbegriffe zu finden, unter die die einzelnen Elemente zu gruppieren sind und anhand derer die Systematik der Sonderopferprüfung[2] aufgezeigt werden kann.

Das Schrifttum zur Grenzziehung zwischen Enteignung und Inhaltsbestimmung des Eigentums ist ebenso kaum überschaubar. Zwar lassen sich die genannten Lösungsvorschläge unter einigen schlagwortartigen Formeln zusammenfassen, wie Zumutbarkeit[3], Schutzwürdigkeit[4], Zweckentfremdung[5], Privatnützigkeit[6], wobei die einzelnen Autoren diesen Kriterien unterschiedlichen Stellenwert beimessen, es geht aber letztlich immer nur um Ausdeutungsversuche des überwiegend als entscheidungserheblich angesehenen Elementes der Schwere des Eingriffs[7]. Die Beiträge zeichnen sich meist durch Eindeutigkeit und Geschlossenheit des jeweiligen Lösungsmodells aus; demgegenüber steht die Heterogenität der Rechtsprechung zum von ihr zur Abgrenzung auserkorenen Begriff Sonderopfer. Ist demnach Grund für die Vielzahl der oben dargestellten Gesichtspunkte in den BGH-Urteilen eine dogmatische Fehlposition[8], die er schon im Beschluß des Großen Zivilsenats im Jahre 1952[9] bezog?

---

[1] *Schneider*, NJW 1967, 1750 (1754).

[2] Ob von einer solchen gesprochen werden kann oder ob die Untersuchung die „Systemlosigkeit" der Rechtsprechung ergeben wird, ist freilich noch offen!

[3] So schon *Stödter*, Entschädigung, S. 193 ff.

[4] *Jellinek*, Verwaltungsrecht, S. 413.

[5] BVerwGE 4, 57 (60); *Forsthoff*, Verwaltungsrecht, § 17.

[6] *Reinhard*, in Reinhard / Scheuner, Verfassungsschutz des Eigentums, S. 14, 33.

[7] Hierzu bekennt sich das BVerwG seit BVerwGE 5, 143; vgl. ferner etwa *Leisner*, Sozialbindung, S. 147 ff., der die vorgenannten Kriterien im Zusammenhang mit der Eingriffstiefe erörtert.

Die Rechtsprechung sieht sich jedoch den unterschiedlichsten Fallgestaltungen gegenübergestellt, ebenso mannigfaltig, wie Art und Ausmaß des staatlichen Zugriffs auf die Rechte Privater geworden sind, ist der Charakter der zu entscheidenden Entschädigungsstreitigkeiten — eine Entwicklung, die sich zu Beginn der entschädigungsrechtlichen Rechtsprechung nicht absehen ließ. Wenn der BGH dem jeweiligen Einzelfall gerecht zu werden sucht — und daß ihm dies letztlich gelingt, zeigt schon, daß die Kritik überwiegend die Begründung, seltener aber die Ergebnisse betrifft, zu denen die Rechtsprechung gelangt[10] —, so muß dessen angemessene Beurteilung erstes Ziel sein; Entscheidung in concreto, nicht „lehrbuchhafte allgemeine Ausführungen" sind primäre Aufgabe des BGH[11]. Für umgrenzte, ausgesuchte Fragenkreise wird häufig ein einwandfreies Lösungsmodell aufgestellt werden können, allgemeine Leitlinien hinsichtlich der Entscheidung verschiedenartigster Lebenssachverhalte sind notwendigerweise „dünner" und nicht selten verdeckt. Oft sind die Erwägungen zu einem Teilproblemkomplex so auf diesen zugeschnitten und spezialisiert, daß die grundlegende Fragestellung und die Einordbarkeit jener Gesichtspunkte nicht mehr zu erkennen sind. Zum Aufspüren des der Rechtsprechung zugrunde liegenden „Systems" im Merkmal Sonderopfer wird aber wenig beigetragen, wenn man nur Teilaspekte herausgreift und aufzeigt, wie hier wohl zu entscheiden sei. Um die Rechtsprechung erklärbar, durchschaubar und damit verständlich und vorhersehbarer zu machen, muß von der Kasuistik *insgesamt* ausgegangen werden. Nur aus einer Gesamtschau aller Einzelentscheidungen können — wenn überhaupt — ein System und die übergeordneten Grundprinzipien erarbeitet werden, auf die die Rechtsprechung aufbaut. Wird im folgenden vor allem auch als methodischer Beitrag ein Grundschema, d. h. die primäre Fragestellung der Sonderopferprüfung gesucht, dann hat das Resultat zunächst thesenartigen Charakter, dessen Richtigkeit und Allgemeingültigkeit sich zu erweisen hat, indem die Einordnung der einzelnen zur Lösung von Teilproblemen herangezogenen Elemente versucht wird.

I. Das Merkmal der Rechtswidrigkeit

1. Der Grundsatz „Rechtswidrigkeit gleich Sonderopfer"

Als erster Leitgedanke soll die Rechtswidrigkeit behandelt werden. Dies scheint zunächst nicht sehr originell; daß der BGH für unrechtmäßige Hoheitsakte Entschädigung aus enteignungsgleichem Eingriff

[8] *Schneider*, NJW 1967, 1750 (1755); *Schmidt*, NJW 1968, 791.
[9] BGHZ 6, 270.
[10] Vgl. *Pagendarm*, in Kreft, Aufopferung und Enteignung, S. 37 f.
[11] Ebd.

gewährt, ist bekannt und bereits erörtert worden. Die Verpflichtung des Staates zur Ersatzleistung bei rechtswidrig zugefügten Schäden ist jedoch nicht mehr ein Rechtsinstitut nur zur Abdeckung von Ausnahmefällen, wie es dies ursprünglich gewesen sein mag. Denn indem der BGH das Sonderopfer als entscheidendes Anspruchselement des Entschädigungsrechts bei Rechtswidrigkeit des Eingriffsakts als stets gegeben erachtete, wurde aus enteignungsgleichem Eingriff gehaftet, nicht mehr *obwohl*, sondern *weil* die betreffende Maßnahme rechtswidrig war[12]. Gegen diese vom BGH in der Entscheidung vom 25. 4. 1960[13] ausdrücklich getroffene Feststellung ist im Schrifttum Kritik geäußert worden; zwar wird teilweise zugestanden, auch eine rechtswidrige Maßnahme vermöge — ausnahmsweise — ein Sonderopfer zu begründen, doch sei dann Entschädigung nicht wegen, sondern trotz der Rechtswidrigkeit des betreffenden Hoheitsakts zu leisten; eine Entschädigung für Rechtswidrigkeit lasse sich aus dem Sonderopferprinzip nicht herleiten[14].

Der BGH tut dies gleichwohl und macht damit die Rechtswidrigkeit zur entscheidenden Tatbestandsvoraussetzung[15]. Dies geschieht allerdings selten so ausdrücklich wie in dem genannten Urteil aus dem Jahre 1960; häufig wird vom für unrechtmäßige Eingriffe geschaffenen enteignungsgleichen Eingriff gesprochen, bezüglich der Zulässigkeit des Eingriffs aber abschließend nichts ausgeführt, oder der BGH gewährt Entschädigung „nach Enteignungsgrundsätzen“[16]. Schien der BGH das Verhältnis von Rechtswidrigkeit und Sonderopfer vor dem 25. 4. 1960 in der Schwebe zu lassen[17], so griff er auch nach der Klarstellung in BGHZ 32, 208 nur selten ausdrücklich auf die Formel „Rechtswidrigkeit gleich Sonderopfer“ zurück[18]. Es wäre demnach denkbar, daß der BGH den enteignungsgleichen Eingriff auch auf nicht rechtswidrige Beeinträchtigungen anwendet und damit die terminologische Unter-

---

[12] So zuerst *Bettermann*, 41. DJT, Bd. II, C 82 f.; vgl. ferner bereits *Kleinhoff*, DRiZ 1958, 167 (168); im übrigen: *Bender*, 47. DJT, Bd. II, L 1 ff. (20); *Weyreuther*, Gutachten, ebd., Bd. I, B 161.

[13] BGHZ 32, 208.

[14] s. *Bender*, *Weyreuther* (s. jeweils oben Fn. 12); ferner *Heidenhain*, Amtshaftung, S. 118 ff.; vgl. auch § 15 S. 1 des Entwurfs eines Staatshaftungsgesetzes (*„Kommissionsbericht“*), dazu ebd., S. 112.

[15] s. schon oben B V 2; auch *Wagner*, NJW 1967, 2333 f.; *Michaelis*, Larenz-Festschrift, S. 927 ff. (948).

[16] Vgl. *Wagner*, NJW 1967, 2333 f., mit Hinw.; ferner *Bauschke / Kloepfer*, NJW 1971, 1233 (1235); *Peter*, JZ 1969, 549 (557).

[17] Daß *wegen* der Rechtswidrigkeit (des Widerrufs einer Baugenehmigung) ein entschädigungspflichtiger enteignungsgleicher Eingriff vorliege, ist aber wohl bereits dem Urteil vom 28. 10. 1957 (BGHZ 26, 10) zu entnehmen.

Dazu, inwieweit dies allgemein schon vor BGHZ 32, 208 galt, wird noch näheres ausgeführt.

[18] BGHZ 40, 49 (unzulässiger Widerruf einer Baugenehmigung); 58, 124 (rechtswidrige Veränderungssperre); LM, GG Art. 14 Nr. 16 (Cc) (rechtswidriges Verbot, Dachfläche zu Werbezwecken zu vermieten).

scheidung von der Enteignung verwischt — oder daß er die Unrechtmäßigkeit nicht ausdrücklich feststellt, zur Bestimmung des Sonderopfers jedoch Merkmale anführt, die zu den Rechtmäßigkeitsvoraussetzungen gehören, also eine verdeckte Rechtswidrigkeitsargumentation vornimmt.

2. Einzelne Rechtswidrigkeitskriterien

a) Die Prinzipien des Vorbehalts des Gesetzes und der Gesetzmäßigkeit der Verwaltung

Ebenso, wie das Rechtswidrigkeitsurteil bei jeder hoheitlichen Maßnahme aus verschiedenen rechtlichen Gründen gefällt werden kann, gilt dies für die hier in Frage stehenden Beeinträchtigungen des Eigentums. Das Postulat materieller Rechtmäßigkeit jeden staatlichen Handelns folgt aus dem Rechtsstaatsprinzip des Art. 20 GG. Es hat einmal zum Inhalt, daß Eingriffe in Freiheit und Eigentum des Einzelnen nur auf gesetzlicher Grundlage und unter Beachtung der durch diese gezogenen Grenzen (Art. 20 III GG) zulässig sind[19]. Die Gebote, daß der betreffende Hoheitsakt überhaupt auf eine gesetzliche Norm gestützt werden kann und daß er nicht gegen bestehende Gesetzesvorschriften verstoßen darf, sind demnach die zuerst bei der Rechtmäßigkeitsprüfung zu beachtenden. Werden sie verletzt, so ist die Maßnahme rechtswidrig. Es waren überwiegend Fälle dieser Art, in denen der BGH die Rechtswidrigkeit ausdrücklich statuierte, um eine Entschädigung zu gewähren[20].

b) Die Postulate der Erforderlichkeit und Verhältnismäßigkeit staatlichen Handelns

Neben den substantiellen Rechtmäßigkeitsmerkmalen des Vorbehalts des Gesetzes und des Gesetzmäßigkeitsgrundsatzes ist übergreifende, aus dem Rechtsstaatsprinzip folgende Leitregel die der Erforderlichkeit und Verhältnismäßigkeit staatlichen Handelns[21]. Die Verwaltung ebenso wie der Gesetzgeber dürfen in die Rechte der Bürger nur insoweit eingreifen, als dies zur Verfolgung des erstrebten öffentlichen Interesses notwendig ist, und auch bei gegebener Erforderlichkeit nur dann, wenn das gewählte Mittel und die Beeinträchtigungen

[19] BVerfGE 2, 329; 8, 166; *Leibholz / Rinck*, GG, Art. 20 Anm. 30, Art. 70 Anm. 1; *Wolff*, VerwR I, § 30 I, II.

[20] Vgl. die beiden Vorlagefälle in BGHZ 6, 270, in denen das Wohnungsgesetz unzutreffend angewendet worden war; ferner BGHZ 26, 10; 40, 49 (Verstoß gegen Vorschriften des Baurechts); BGH, NJW 1956, 1109 (Verstoß gegen § 1 SchornsteinfegerVO); BGHZ 58, 124 (Nichtbeachtung der §§ 14 ff. BBauG).

[21] BVerfGE 6, 439; 16, 201; 17, 117; 19, 348; 20, 49; 23, 133; vgl. ferner nur *Wolff*, VerwR I, § 30 II b 1.

des Betroffenen im Verhältnis zum verfolgten Zweck angemessen sind. Wenn die Voraussetzung der Erforderlichkeit und Verhältnismäßigkeit für eine Beschränkung der Freiheitsrechte sowohl durch Gesetz[22] als auch durch administrative Maßnahmen im Rahmen der Gesetze gilt, so scheint damit für die Abgrenzungsfrage betreffend Enteignung und Sozialbindung nichts gewonnen zu sein; enteignende Regelungen und in gleicher Weise solche, die Inhalt und Schranken des Eigentums festlegen, müssen, um rechtmäßig zu sein, notwendig und verhältnismäßig sein[23]. Demnach wäre bei Verletzung dieser Grundsätze die sonst rechtmäßige Enteignung rechtswidrig, eine Sozialbindung unzulässig und je nach dem, ob der Eingriff durch Gesetz oder Verwaltungsakt erfolgt, dieser nichtig oder aufhebbar. Die Begriffe Erforderlichkeit und Verhältnismäßigkeit hätten demnach für die Qualifizierung eines Hoheitsakts als Enteignung oder Sozialbindung keine Bedeutung[24, 25].

Der BGH zieht diese Merkmale in ständiger Rechtsprechung zur Beurteilung in Entschädigungsfällen heran. Die Forderung, die Eigentumsbeeinträchtigung müsse notwendig und verhältnismäßig sein, wird aber nicht nur als Rechtmäßigkeitsvoraussetzung von Enteignung oder Sozialbindung erhoben. Schon im „Stuttgarter Bausperrenurteil" wird die Art der Durchführung der Bauplanung insofern für bedeutsam erklärt, als die Schranke der (entschädigungslosen) Bindung des Grundeigentums überschritten sei, wenn eine Bausperre über das für eine geordnete Verwaltung notwendige Maß hinaus ausgedehnt werde[26]. Im grundlegenden „Freiburger Bausperrenurteil" des III. Zivilsenats[27] wurde die Abgrenzung von Enteignung und Sozialbindung bei Bausperren zwar gegenüber dem Urteil des V. Senats in BGHZ 15, 268 etwas modifiziert, doch hielt der BGH daran fest, daß die Sperre nur dann eine Eigentumsbeschränkung als Konkretisierung der sich aus der Situationsgebundenheit ergebenden Pflichtigkeit des Grundstücks sei, soweit sie, was ihre Dauer anlange, notwendig sei[28]. In diesen Zu-

---

[22] Dies ergibt sich bereits aus dem grundlegenden Urteil BVerfGE 6, 32 zu Art. 2 I GG; ein die allgemeine Handlungsfreiheit einschränkendes Gesetz gehört nur dann zur „verfassungsmäßigen Ordnung", wenn es den Geboten der Rechtsstaatlichkeit, also nicht zuletzt den Prinzipien der Erforderlichkeit und Verhältnismäßigkeit, entspricht.

[23] Vgl. *Leisner*, Sozialbindung, S. 157 ff.

[24] So *Leisner*, ebd.

[25] Als „enteignungsgleicher Eingriff" ließe sich dann wiederum nur eine solche Maßnahme bezeichnen, die auch bei Rechtmäßigkeit enteignenden Charakter hätte. So wurde ja in der Tat BGHZ 6, 270 (290) verstanden. Vgl. ferner ebd., S. 279, wo es heißt: „Das Überschreiten der gezogenen Grenzen macht den gesetzgeberischen Akt nichtig. Erst der rechtswidrige Einzelvollzug könnte enteignungsgleich wirken."

[26] BGHZ 15, 268 (283).

[27] BGHZ 30, 338.

[28] Ebd., S. 347; ferner neuestens BGH, WM 1973, 1215; sowie *Zinkahn / Bielenberg*, BBauG, § 18 Rdnr. 16.

sammenhang ist auch die weitere Erkenntnis zu stellen, es handle sich stets um einen entschädigungspflichtigen Eingriff in das Eigentum, wenn eine Bausperre länger als drei Jahre aufrecht erhalten werde[29]; denn dies wird damit begründet, daß eine hier in Betracht kommende Bauplanung selbst unter schwierigen Verhältnissen bei einer von der Verwaltung zu fordernden Anspannung ihrer Kräfte und bei der gebotenen Umsicht und intensiven Bearbeitung innerhalb von drei Jahren zu Ende geführt werden könne. Dies aber heißt nichts anderes, als daß eine Bausperre von längerer Dauer als drei Jahren nicht erforderlich ist. Der BGH spricht nicht ausdrücklich aus, die Bausperre werde nach Ablauf von drei Jahren oder schon früher, falls die Planung in kürzerer Zeit zu bewältigen ist, rechtswidrig. Nur dies kann aber das Ergebnis sein, da jeder staatliche Eingriff unrechtmäßig ist, falls oder — auf die Zeitdauer bezogen — sobald er dem Prinzip der Notwendigkeit nicht entspricht.

Die Entschädigungsgewährung in diesen Fällen beruht demnach, noch bevor dies deutlich in BGHZ 32, 208 festgestellt wurde, auf dem Gedanken, der wegen Verletzung des Erforderlichkeitsprinzips rechtswidrige Eingriff stelle nie Sozialbindung, sondern immer eine Enteignung dar. Auch in den Entscheidungen nach BGHZ 32, 208 wird wiederholt das Notwendigkeitskriterium als Grenze entschädigungslos zulässiger Eigentumsbindungen herangezogen; ersichtlich geht es dabei um eine Entschädigung für Rechtswidrigkeit, d. h. um eine Praktizierung des Grundsatzes „Rechtswidrigkeit gleich Sonderopfer“, der zwar im Ergebnis konsequent angewendet wird, auf den die Rechtsprechung in diesem Zusammenhang aber keinen Bezug nimmt, sondern auf den sie nur vereinzelt indirekt hinweist, indem das Institut des enteignungsgleichen Eingriffs genannt wird[30].

Das Erforderlichkeitsmerkmal betrifft einmal das zeitliche Ausmaß der Eigentumsbeeinträchtigungen. Die bereits erwähnten Bausperren sind nur solange (entschädigungslos) zulässig, wie ihre Aufrechterhaltung zur Sicherung der beabsichtigten Bauplanung unumgänglich ist, wobei nach Ablauf von drei Jahren ihre Rechtswidrigkeit unwiderleglich vermutet wird[31].

---

[29] BGHZ 30, 338 (348).

[30] Vgl. etwa BGH, LM, GG Art. 14 Nrn. 16, 24 (Cf).

[31] BGHZ 15, 268; 30, 338; NJW 1972, 1946. Wenn demgegenüber § 18 BBauG Entschädigung erst nach vierjähriger Dauer der Veränderungssperre gewährt, so ist zu berücksichtigen, daß die Ausgestaltung des Planungsverfahrens und die Beachtung der in §§ 1 ff. BBauG aufgeführten Aspekte eine längere Dauer der Sperre erforderlich machen können. Die Vereinbarkeit von § 18 BBauG mit Art. 14 GG ist demnach wohl nicht zu bezweifeln (vgl. auch BGHZ 58, 124 [130]; *Stich*, JuS 1961, 346 [350], m. weit. Nachw.). Dem Erforderlichkeitsprinzip wird übrigens weitgehend in § 17 IV BBauG entsprochen.

Ebenso sind Umlegungsverfahren — die Umlegung als solche stellt ja keine Enteignung dar[32] — unter Beachtung insbesondere der zeitlichen Notwendigkeit abzuwickeln[33]. Desgleichen reicht die Sozialbindung des Anliegers an einer Straße, die aus der Pflichtigkeit folgt, alle Maßnahmen hinzunehmen, die sich aus deren Zweck und Charakter als öffentlicher Verkehrsweg ergeben, nur so weit, wie diese Nachteile — etwa infolge Straßenbauarbeiten — zeitlich notwendig sind[34].

Darüber hinaus ist als Grenze der Sozialbindung auch allgemein das Gebot der Erforderlichkeit angeführt worden. So muß jede gesetzliche Regelung, die die Eigentumsrechte einschränkt, zur Erreichung des verfolgten Zweckes notwendig sein[35]. Dasselbe gilt für Inanspruchnahmen im Einzelfall — sowohl hinsichtlich ihrer Zulässigkeit allgemein als auch der konkreten Ausgestaltung[36]. Als Kriterien zur Beurteilung werden genannt: der Hoheitsträger müsse sachgemäß, vorausschauend, planvoll und ohne Verzögerung vorgehen[37].

In gleicher Weise werden Eigentumseingriffe dem Verhältnismäßigkeitsprinzip unterstellt[38]. Hauptanwendungsgebiet sind wiederum die Fälle der Beeinträchtigung von Straßenanliegern; diese muß nicht nur von der Zweckbestimmung der Straße her unerläßlich, sondern die Beschränkungen müssen auch verhältnismäßig sein[39]. Die Entschädigungsforderungen der meist betroffenen Gewerbebetriebe werden unter diesem Gesichtspunkt danach beurteilt, ob die Nachteile, insbesondere Umsatzrückgang und Gewinneinbußen, noch zumutbar seien[40].

Nach BGH finden die in der Rechtsprechung entwickelten Grundsätze, namentlich von BGHZ 30, 338, überdies weiterhin Anwendung, sofern § 18 BBauG nicht einschlägig ist, vor allem bei den sog. faktischen Bausperren, die nicht auf den §§ 14 ff. BBauG beruhen.

Teilweise wird erwogen, die Vier-Jahres-Frist des § 18 heranzuziehen, wenn es zwar an einer formellen Veränderungssperre fehlt, aber die sachlichen Voraussetzungen für deren Anordnung vorliegen (vgl. *Bender*, Staatshaftungsrecht, Rdnr. 377; offengelassen in BGH, NJW 1966, 884). Das Argument, in diesen Fällen sei der oben genannte Grund für die längere Frist auch gegeben, verfängt jedoch nicht, da bei Vorliegen dieser sachlichen Voraussetzungen überhaupt erst eine Rechtmäßigkeit der faktischen Bausperre begründet werden kann, die an sich rechtswidrig ist (vgl. *Bender*, ebd.; *Zinkahn / Bielenberg*, BBauG, § 18 Rdnr. 21); es bleibt also bei der Drei-Jahres-Frist (so nun auch BGHZ 58, 124).

[32] s. insofern schon oben B III 3 b) bb).

[33] BGH, LM, GG Art. 14 Nr. 33 (Ce).

[34] BGH, LM, GG Art. 14 Nr. 16 (Cf).

[35] Vgl. etwa BGHZ 43, 196; 53, 226.

[36] s. etwa noch BGH, LM, GG Art. 14 Nr. 37 (Cf), betr. Straßensperrung wegen Bau eines Hauses, also wiederum ein „Anliegerfall“.

[37] BGH, LM, GG Art. 14 Nr. 33 (Ce).

[38] So allgemein zuletzt BGHZ 56, 40 (betr. Unterlassen des Gesetzgebers, die Wohnraumbewirtschaftung aufzuheben).

[39] BGH, LM, GG Art. 14 Nrn. 24, 27 (Cf); sowie BGHZ 55, 261 (266).

[40] s. auch BGHZ 57, 359 (366), wo die Zumutbarkeit allerdings in vergleichender Wertung zu § 906 BGB herangezogen wird; s. dazu schon oben B III 3 b) dd) (5).

Einen Verstoß gegen den Grundsatz der Verhältnismäßigkeit nimmt der BGH vor allem dann an, wenn für den Betrieb die Gefahr der Existenzvernichtung hervorgerufen worden ist[41]. So seien etwa erforderliche Aufwendungen zur Abwendung dieser Gefahr mit dem sonst eintretenden Schaden — notwendige Schließung des Betriebes — abzuwägen[42].

Somit hat eines der beim Überblick über die Rechtsprechung zum Sonderopferbegriff aufgeführten Elemente, nämlich das der Existenzgarantie[43], eine Zuordnung erfahren: Es gehört in den Rahmen des Verhältnismäßigkeitsprinzips und stellt damit einen Teil der Rechtswidrigkeitsargumentation beim Sonderopfer dar. Allerdings ist die Rechtsprechung hier nicht ganz eindeutig: Im Fall „Bärenbaude“[44] wird der Gedanke der Existenzvernichtung nur im Zusammenhang mit der Verhältnismäßigkeit erörtert; die Verbindung dieser beiden Elemente wird ausdrücklich im Urteil „Buschkrugbrücke“[45] vorgenommen. Die Entscheidung betreffend den Bau der Frankfurter Untergrundbahn[46] beurteilt unsachgemäße Bauausführung expressis verbis als rechtswidrig[47] und stellt damit die Zugehörigkeit des Prinzips der Erforderlichkeit zum Bereich der Rechtswidrigkeit klar. Den Fall nicht sachgerechter Vornahme der Bauarbeiten hält der BGH in concreto aber nicht für gegeben und behandelt im folgenden ersichtlich nur die Entschädigungspflicht wegen rechtmäßiger Beeinträchtigungen[48]. Wenn dann der Gedanke der Existenzgefährdung von Gewerbebetrieben diskutiert wird, so scheint dieser nicht mehr in den Rahmen der Rechtswidrigkeitsprüfung gestellt zu werden. Dem widerstreitet jedoch, daß dabei auf die Art des Eingriffs und die Verhältnisse des einzelnen betroffenen Anliegers Bedacht genommen werden soll[49]; denn dieser Hinweis auf die Relation von Maßnahme und Auswirkung für den Betroffenen enthält nichts anderes als die Bemühung des zur Rechtswidrigkeitsfrage zu zählenden Grundsatzes der Verhältnismäßigkeit[50]. Der BGH argumentiert hier demzufolge anhand Gesichtspunkten, die zur Unrecht-

---

[41] Vgl. die in den beiden vorigen Fußn. zit. Entscheidungen.

[42] BGH, LM, GG Art. 14 Nr. 27 (Cf).

[43] s. oben B III 3 b) dd) (4).

[44] BGH, LM, GG Art. 14 Nr. 24 (Cf), Bl. 3.

[45] BGH, LM, GG Art. 14 Nr. 27 (Cf), Bl. 5; übereinstimmend BGHZ 55, 261 (266).

[46] BGHZ 57, 359.

[47] Ebd., S. 363.

[48] Ebd.; das Urteil spricht nur noch vom Begriff der „Enteignung“, nicht vom enteignungsgleichen Eingriff!

[49] Ebd., S. 367.

[50] Fraglos mag der Gedanke der Existenzvernichtung seinen Ursprung auch in anderen Erwägungen haben; dies wird noch zu erörtern sein; mindestens teilweise ergibt er sich — auch und gerade nach der Argumentation des BGH — aus dem Verhältnismäßigkeitsprinzip.

mäßigkeit der Beeinträchtigung führen müßten, ohne dies zu erkennen oder zumindest ohne dies auszusprechen.

Die vorstehenden Ausführungen haben gezeigt, welche Bedeutung dem Element der Rechtswidrigkeit in der entschädigungsrechtlichen Rechtsprechung zukommt[51]. Die in BGHZ 32, 208 getroffene Folgerung, aufgrund der Rechtswidrigkeit des Eingriffs stehe fest, daß er dem Betroffenen ein Sonderopfer auferlege, wird selten ausdrücklich wiederholt; vor allem in Ansehung des Postulats der Erforderlichkeit und Verhältnismäßigkeit staatlichen Handelns begründet der BGH jedoch die Zusprechung einer Entschädigung in vielen Fällen in einer eben diesem Grundsatz entsprechenden Weise. Die Merkmale Erforderlichkeit und Verhältnismäßigkeit sind demnach nicht bedeutungslos für die Beantwortung der Frage, ob eine Sozialbindung vorliegt oder nicht. Eine nicht notwendige oder unverhältnismäßige „Sozialbindung" ist keine rechtswidrige Sozialbindung, sondern nach der Rechtsprechung des BGH als enteignungsgleicher Eingriff zu entschädigen, da unter diesen Umständen stets ein Sonderopfer gegeben ist.

All dies berücksichtigt *Leisner*[52] zu wenig, wenn er meint, bei der Bestimmung der Grenzen der Sozialbindung spiele die Rechtswidrigkeit keine Rolle, die Grundsätze der Erforderlichkeit und Verhältnismäßigkeit hülfen nicht weiter. Daß nicht jede rechtswidrige Sozialbindung eo ipso dogmatisch zur Enteignung wird, mag durchaus erwägenswert sein, nur verfolgt die Rechtsprechung die entgegengesetzte Auffassung — mit der Einschränkung, daß die Rechtswidrigkeit auf einem sachlich-rechtlichen Fehler — wozu die hier erörterten Kriterien sämtlich zählen — beruhen muß, während ein formeller Mangel nicht notwendig zu einer Entschädigungspflicht führt[53]. Das Institut des enteignungsgleichen Eingriffs und die auf ihn gestützte Entschädigungsgewährung für Rechtswidrigkeit stellt einen beachtlichen Bestandteil des Eigentumsschutzes dar[54]. Letzterer ist auch ein Anliegen *Leisners*[55], doch

---

[51] Wenig einleuchtend scheint es daher, wenn *Kreft*, Ehrengabe Heusinger, S. 167 ff. (179) und Verh. des 47. DJT, Bd. II, L 78, ausführt, die Frage der Rechtmäßigkeit oder Rechtswidrigkeit spiele nur eine untergeordnete Rolle. Dies läßt sich nur halten, wenn er damit darauf hinweisen will, daß der rechtswidrige ebenso wie der rechtmäßig enteignende Eingriff zu entschädigen ist. Wenn „in all' diesen Fällen", in denen die Beeinträchtigung sich nicht mehr als Sozialbindung rechtfertigen läßt, ein enteignender Eingriff vorliegt (ebd., L 78), so ist zu beachten, daß ein rechtswidriger Eingriff nie als Sozialbindung gerechtfertigt werden kann, sondern prinzipiell als enteignungsgleicher Eingriff stets zu entschädigen ist; dies sieht auch *Kreft*, ein Miturheber der BGH-Rechtsprechung, vgl. Aufopferung und Enteignung, S. 25.

[52] Sozialbindung, S. 157 ff., 207.

[53] BGHZ 58, 124 (127).

[54] Darauf weist auch *Kreft* — Mitglied des federführenden III. Zivilsenats beim BGH —, Ehrengabe Heusinger, S. 167 ff. (181), hin.

[55] passim, etwa zuletzt S. 239.

auf seiner Suche nach „festen“ Abgrenzungsgesichtspunkten hinter den „Großformeln“ geht er auf den enteignungsgleichen Eingriff und das mit ihm verbundene Element der Rechtswidrigkeit als einen Versuch, das Problem der Sozialbindung einer Lösung näher zu bringen, nicht ein; er billigt lediglich unter Hinweis auf die Urteile „Bärenbaude“[56] und „Buschkrugbrücke“[57] die Erwägungen zum Gedanken der Existenzsicherung von Gewerbebetrieben, „weil es entscheidend darauf ankommt, wer die Kosten trägt“, und akzeptiert die Existenzvernichtung als feste Schranke der Sozialbindung[58].

3. Weitere Bedeutung der Rechtswidrigkeit in der Entschädigungsrechtsprechung

Die Tragweite des Merkmals der Rechtswidrigkeit als Grund für die Zubilligung einer Entschädigung kann hier, da wir uns noch am Anfang der Untersuchung der Rechtsprechung befinden, nicht abschließend beurteilt werden. Anzufügen ist jedoch, daß die Rechtsprechung des BGH die Frage nach der Zulässigkeit eines Eingriffs in die Eigentumsrechte des Einzelnen — freilich nicht zuletzt wohl auch wegen der zunächst einfach scheinenden Feststellbarkeit der Rechtswidrigkeit — bei der Prüfung der Entschädigungsansprüche als primäre betrachtet und sie deshalb an den Anfang der Untersuchung stellt[59]. Darüber hinaus wird verschiedentlich betont, der entschädigungsrechtliche Schutz des Betroffenen erstrecke sich überhaupt nur auf rechtswidrige Beeinträchtigungen, so besonders hinsichtlich der von Anliegern an öffentlichen Verkehrswegen hinzunehmenden Nachteile[60].

Als Resümee dieses Abschnitts ist daher festzuhalten: Indem der BGH das Merkmal Sonderopfer bei Rechtswidrigkeit stets als gegeben ansieht, wird dieses Element, sei es unter dem Gesichtspunkt des Vorbehalts des Gesetzes und der Gesetzmäßigkeit der Verwaltung oder in Ausprägung des Gebotes der Erforderlichkeit und Verhältnismäßigkeit staatlichen Handelns, zu einer bedeutsamen und zum Teil primär behandelten Frage in der Entschädigungsrechtsprechung; hier spielt die Rechtswidrigkeit eine erhebliche Rolle.

II. Die Abgrenzung bei rechtmäßigen Eingriffen: Der Verstoß gegen den Gleichheitssatz

Das Hauptaugenmerk bleibt jedoch auf die Abgrenzung von Enteignung und Sozialbindung hinsichtlich rechtmäßiger Eingriffe gerichtet.

[56] BGH, LM, GG Art. 14 Nr. 24 (Cf).
[57] BGH, LM, GG Art. 14 Nr. 27 (Cf).
[58] Ebd., S. 207.
[59] Besonders deutlich BGHZ 43, 196; 45, 150; LM, GG Art. 14 Nr. 24 (Cf); WRV Art. 153 Nr. 19; auch *Kreft*, Aufopferung, S. 23.
[60] Vgl. BGHZ 48, 58; 49, 231; 55, 261; LM, GG Art. 14 Nr. 16 (Cf); ferner auch *Ganschenzian-Finck*, NJW 1961, 1846.

Auf sie bezieht sich seit jeher die Diskussion, und auch nach Art. 14 GG stellt sich die Entschädigungsfrage nur bei Rechtmäßigkeit. Wenn die entschädigungsrechtliche Rechtsprechung des BGH dem Merkmal der Rechtswidrigkeit wie gezeigt umfassendere Bedeutung zukommen läßt, so bleibt dies in der Auseinandersetzung um die Enteignung eben doch nur „Ausnahme".

Gegenüber dem zunächst eindeutig erscheinenden Element der Rechtswidrigkeit ist die Suche nach einer Leitlinie innerhalb der Rechtsprechung hinsichtlich rechtmäßiger Eingriffe angesichts der Vielfalt der hier angezogenen Kriterien um so schwieriger. Es ist dies das Ergebnis der Anwendung *einer* „Großformel" auf ein Rechtsgebiet, das sich durch verschiedenartigste Sachverhaltskonstellationen auszeichnet[61]. Wann werden Beeinträchtigungen aufgrund Straßenbauarbeiten, Nachteile durch Naturschutzmaßnahmen oder Schädigungen von Gewerbebetrieben durch hoheitliche Veranstaltungen zu einem Sonderopfer, wann ist bei Körperschäden die Opfergrenze überschritten? Bei der Behandlung jeder dieser Fragen mögen unterschiedliche Gesichtspunkte entscheidungserheblich sein, doch sollten sie sich in ein System einordnen lassen, das die grundlegende methodische Fragestellung bestimmt. Eine Differenzierung der Beurteilungskriterien ist unumgänglich; auch bedürfen eindeutige Fälle keiner näheren Erörterung, und die Qualität jedes Lösungsmodells hat sich eben in den schwierigen, den Grenzfällen zu erweisen. Aber im Rahmen welchen Obersatzes nimmt die Rechtsprechung ihre Differenzierungen vor?

Ausschlaggebend für das Sonderopfer sei der Verstoß gegen den Gleichheitssatz, so sagt es der BGH in fast jeder Entscheidung. Kommt dem Gleichheitsprinzip damit entscheidende Bedeutung zu, stellt es die gesuchte allgemeine Leitlinie im Sonderopferbegriff dar?

Angesichts der Häufigkeit der Verneinung oder Bejahung eines Entschädigungsanspruches eben mit der Begründung der Gleich- oder Ungleichbehandlung scheint wirklich umfassendes Prinzip das der Gleichheit zu sein. Die Enteignung als „Verstoß gegen den Gleichheitssatz" zu kennzeichnen ist zunächst jedoch bloßes verbales Bekenntnis, demgegenüber zu fragen ist, was „gleich" und „ungleich" heißt und ob dessen inhaltliche Ausfüllung durch alle Urteile hindurch dieselbe bleibt, also der Gleichheitsgedanke als Prinzip stets identisch ist und nicht nur das Prinzip bei gewandeltem Gehalt in der ständigen Anführung des Wortes besteht.

---

[61] So meint *Wagner*, Jahrreiß-Festschrift, S. 441 ff. (451), verglichen mit dem Zivilrecht wirke das Entschädigungsrecht so undifferenziert wie der Versuch, sämtliche zivilrechtlichen Schadensfragen aus dem Gedanken von Treu und Glauben zu beantworten.

1. Der allgemeine Gleichheitssatz des Art. 3 GG

„Gleichheitssatz", dies lenkt den Blick als erstes auf Art. 3 I GG; die Rechtsprechung zum Sonderopferbegriff könnte Verwirklichung des Postulats dieser Grundrechtsnorm hinsichtlich staatlicher Eingriffe in das Privateigentum sein.

Wenn Art. 3 I GG von der Gleichheit aller *vor* dem Gesetz spricht, so ist dies zunächst die Forderung nach formeller Rechtsgleichheit, nach ausnahmsloser Verwirklichung des bestehenden Rechts ohne Ansehung der Person[62]. Die Bindung an die Grundrechte bezieht sich nach Art. 1 III GG jedoch auch auf den Gesetzgeber, d. h. verlangt wird nicht nur gleiche Anwendung der Gesetze, sondern auch die „Gleichheit der Gesetze"; diese inhaltliche, materielle Rechtsgleichheit bedeutet das Verbot, gleiche Sachverhalte ungleich zu behandeln; Differenzierungen sind nur zulässig, wenn sich ein vernünftiger, sich aus der Natur der Sache ergebender oder sonst sachlich einleuchtender Grund finden läßt[63].

Daß diese Suche nach den Merkmalen zur Unterscheidung gleicher von ungleichen Sachverhalten Hauptproblem bei der Anwendung des Gleichheitssatzes ist, darauf wurde bereits hingewiesen bei der Darstellung der Rechtsprechung des BGH[64]. Es geht darum, welche Umstände als so wesentlich anzusehen sind, daß sie die Kennzeichnung einer Person oder Gruppe, bei der sie vorliegen, gegenüber anderen, bei denen sie nicht gegeben sind, als „ungleich" rechtfertigen. Oder bezogen auf die Fälle der Eigentumsbeeinträchtigungen: Betrifft die konkrete Maßnahme alle Rechtsinhaber in gleicher Weise, so ist die Gleichheit gewahrt, und es handelt sich um Sozialbindung; sind einzelne betroffen, dann ist zu fragen, ob ihre Position in — für den vorliegenden Eingriff — erheblichem Maße sich von den übrigen, nicht herangezogenen Eigentümern unterscheidet[65].

Inwieweit diese Gedanken Ausgangspunkt des BGH bei der Sonderopferprüfung sind und wie er sie gegebenenfalls konkretisiert und ausgestaltet, wird noch näher zu untersuchen sein, zu klären ist vordem, ob mit der Kennzeichnung der Enteignung als Gleichheitsverletzung eine unmittelbare Anwendung des Art. 3 I GG angesprochen ist. In einigen Urteilen hat der BGH unter dem Merkmal Sonderopfer ausdrücklich auf Art. 3 I GG abgehoben oder zumindest im Sinne der zu

---

[62] Vgl. *Hesse*, Verfassungsrecht, S. 174.

[63] BVerfGE 4, 155, st. Rspr.; vgl. *Leibholz / Rinck*, GG, Art. 3 Anm. 2, 9, m. weit. Nachw.; *Maunz / Dürig / Herzog*, GG, Art. 3 I Rdnrn. 331 ff. (338); *Hesse*, Verfassungsrecht, S. 174.

[64] s. oben B III 3 a).

[65] Auf die verschiedenen möglichen Fallgestaltungen und Vergleichskonzepte ist bereits hingewiesen worden; s. oben B III 3 a).

dieser Grundrechtsnorm entwickelten Kriterien argumentiert[66] und sich dabei zum Teil auf die Rechtsprechung des Bundesverfassungsgerichts zu Art. 3 I berufen[67]. Damit wäre Enteignung eine Maßnahme, die in gleiche Sachverhalte ungleich eingreift, eine sachlich nicht gerechtfertigte verschiedene Inanspruchnahme von Eigentum, ein Akt der Willkür.

Bedenken könnten die Folgen verursachen, die die Auffassung der Enteignung als Verstoß gegen Art. 3 I GG hätte; da die Beachtung von Art. 3 I zu den Rechtmäßigkeitsvoraussetzungen jeden staatlichen Handelns zählt und Konsequenz seiner Verletzung die Rechtswidrigkeit der betreffenden Maßnahme ist, wäre dann auch jede Enteignung als rechtswidriger Hoheitsakt anzusehen. Daß dies wenig sinnvoll ist, bedarf kaum näherer Begründung: Jeder Eingriff in das Eigentum, der als Enteignung von Art. 14 III GG zur Förderung eines dem Wohle der Allgemeinheit dienenden Zweckes zugelassen wird, könnte von dem Betroffenen erfolgreich vor den Verwaltungsgerichten angegriffen werden und wäre aufzuheben[68].

Nun mag es gelingen, die Enteignung als Verstoß gegen Art. 3 I GG zu kennzeichnen und gleichwohl im Ergebnis als rechtmäßig zu behandeln, indem die Gleichheitsverletzung durch Gewährung von Entschädigung, wegen der Ausgleichsbereitschaft des Staates für gerechtfertigt erklärt wird[69, 70]. Doch auch wenn es vermieden werden kann, jede Enteignung als an sich unzulässige Maßnahme hinzustellen, ist deshalb noch nichts zugunsten einer unmittelbaren Anwendbarkeit des Art. 3 I GG ausgesagt. Bei Berücksichtigung der inhaltlichen Aussage des allgemeinen Gleichheitssatzes ergibt sich vielmehr, daß die durch den Verstoß gegen ihn begründete Rechtswidrigkeit nicht etwa durch Art. 14 III GG „geheilt" wird[71]. Das Postulat willkürfreier Ausübung der Hoheitsgewalt stellt für staatliches Handeln eine allgemeine Beschränkung auf — ebenso wie etwa die bereits erörterten Grund-

---

[66] BGHZ 9, 390 (Anh.); 22, 1; 23, 30.

[67] BGHZ 23, 30 (32).

[68] s. *Lerche*, JuS 1961, 237 (241 Fn. 32), der Verstoß gegen den Gleichheitssatz kennzeichne nicht die Enteignung, sondern mache diese verfassungswidrig.

[69] Vgl. etwa *Schulz-Schäffer*, Verh. des 47. DJT, Bd. II, L 75 f., auch bei der Enteignung liege logisch zunächst ein Erfolgsunrecht vor, das durch Entschädigungsgewährung gerechtfertigt werde. Ferner *Maercks*, NJW 1960, 1988 f.; sowie vor allem *Dürig*, JZ 1954, 4 (5), und in Maunz / Dürig / Herzog, GG, Art. 3 I Rdnrn. 56 ff.

[70] Die sog. Junktimklausel des Art. 14 III 2 GG wäre demnach nicht nur Auswirkung des durch das GG beabsichtigten verstärkten Eigentumsschutzes, nämlich entschädigungslose Enteignungen gegenüber Art. 153 II WRV nicht mehr zuzulassen, sondern hätte Bedeutung auch dahin, daß Enteignungen nur wegen der zwingend vorgeschriebenen Entschädigungsgewährung und -regelung rechtmäßig sind.

[71] So aber *Dürig*, ebd. (Fn. 69).

sätze der Erforderlichkeit und Verhältnismäßigkeit[72]. Wie die Beachtung dieser ist die des Willkürverbots Rechtmäßigkeitsvoraussetzung auch der Eigentum betreffenden Hoheitsakte; Eingriffe in durch Art. 14 GG geschützte Rechte sind nur zulässig, soweit sie den Betroffenen nicht übermäßig belasten, nicht im Verhältnis zum erstrebten Zweck ein unangemessenes Mittel darstellen und, was die Auswahl der getroffenen Maßnahmen und des Kreises der Adressaten anbetrifft, auf sachgerechten willkürfreien Erwägungen beruhen[73]. Ein Verstoß gegen Art. 3 I GG macht einen solchen Eingriff in gleicher Weise wie eine Verletzung des Erforderlichkeits- oder Verhältnismäßigkeitsprinzips rechtswidrig. Dies ist entschädigungsrechtlich bedeutsam, als dann wegen der Rechtswidrigkeit der Beeinträchtigung ein Sonderopfer regelmäßig zu bejahen und Entschädigung aus enteignungsgleichem Eingriff zu leisten ist[74]; bei der Abgrenzung von Enteignung und Sozialbindung hilft dies bezüglich rechtmäßiger Eingriffe aber nicht weiter. Deutete man den Satz „Der Verstoß gegen den Gleichheitssatz kennzeichnet die Enteignung" dahingehend, daß damit eine unmittelbare Anwendung des Art. 3 I GG angesprochen sei, so hieße dies, Entschädigung nur bei Rechtswidrigkeit gewähren zu wollen.

Hinzu kommt, daß der Eigentumsschutz weitgehend ausgehöhlt würde, bestimmte man den Enteignungstatbestand anhand des Merkmals der Willkür. Die Forderung an den Hoheitsträger, nach sachgerechten Erwägungen vorzugehen, läßt diesem einen weiten Gestaltungsspielraum[75] und stellt nur eine äußerste Grenze für seine Aktivitäten dar — noch jenseits der Gebote der Erforderlichkeit und Verhältnismäßigkeit. Der Nachweis der Willkür dürfte im hier interessierenden Zusammenhang kaum gelingen, wenn der Staat sich darauf beruft, den jeweiligen Eingriff in die Eigentumsrechte zum Wohl der Allgemeinheit — wie in Art. 14 III S. 1 GG vorgesehen — vorgenommen zu haben. Wird jedoch festgestellt, daß die Maßnahme nicht einmal dieser Anforderung genügt, dann ist sie ohnehin rechtswidrig und kann dem Wohl der Allgemeinheit überhaupt nicht dienen, während die rechtmäßige „Enteignung"[76] notwendigerweise immer sachgerecht ist. Die Aussage des Art. 3 I GG, nach der für eine ungleiche Behandlung ein sachlicher Differenzierungsgrund gegeben sein muß, kann demnach für die Abgrenzung von Enteignung und Sozialbindung hinsichtlich rechtmäßiger Eingriffe nicht fruchtbar gemacht werden. Dies hat auch die Recht-

---

[72] Etwa *Wolff*, VerwR I, § 30 II b 1.

[73] Vgl. *Maunz / Dürig / Herzog*, GG, Art. 14 Rdnr. 109, m. Nachw.

[74] s. dazu oben C I 2 b).

[75] Vgl. *Leibholz / Rinck*, GG, Art. 3 Rdnr. 10, m. zahlr. Nachw. aus der Rechtsprechung des BVerfG.

[76] Ob es eine solche ist, wäre anhand des Merkmals der Willkür des Art. 3 I GG zu bestimmen!

sprechung des BGH praktisch nie versucht[77]; wenn auch vereinzelt Art. 3 I GG im Rahmen der Sonderopferprüfung genannt wird, so wird doch nicht im Sinne einer Untersuchung, ob die Beeinträchtigung willkürlich sei, argumentiert. Eine Ausnahme bildet nur die Entscheidung des I. Zivilsenats vom 2. 10. 1956[78]; wenn dort mangels Willkür eine Enteignung verneint wird, dann ist hinsichtlich der Möglichkeit einer rechtmäßigen Enteignung nichts ausgesagt. Denn daß überhaupt nach sachlichen Kriterien vorgegangen wurde, kann, wenn innerhalb dieses weiten Rahmens nicht gegen weitere Rechtmäßigkeitsvoraussetzungen verstoßen worden ist, die Zulässigkeit der betreffenden Maßnahme begründen und einen Entschädigungsanspruch aus enteignungsgleichem Eingriff ausschließen. Weiter reicht die Bedeutung der nach Art. 3 I GG vorzunehmenden Prüfung nicht. Insbesondere kann zur Konkretisierung des Sonderopferbegriffs Art. 3 I GG in unmittelbarer Anwendung nicht herangezogen werden[79].

2. Das spezielle entschädigungsrechtliche Gleichheitsprinzip

Damit scheidet zwar eine direkte Berufung auf Art. 3 I GG aus, dies bedeutet aber nicht, daß bei der Enteignungsprüfung nicht doch Gleichheitserwägungen relevant sein können. Denn der allgemeine Gleichheitssatz des Art. 3 I GG ist nur eine Ausprägung des ungeschriebenen Verfassungsprinzips der Gleichheit, das aus dem Wesen des Rechtsstaates und der mit ihm verbundenen Forderung nach allgemeiner Gerechtigkeit folgt[80]. Aus diesen Gedanken läßt sich in Zusammenhang mit der Eigentumsgarantie das Lastengleichheitsprinzip ableiten, das den Haftungsgrund für die Institute des Entschädigungsrechts darstellt[81]. Dieses gebietet hinsichtlich der in Art. 14 GG geschützten Rechte die Ausgleichung „ungleicher" Belastungen durch Entschädigungsgewährung und ist damit eine gegenüber dem allgemeinen Gleichheitsgrundsatz spezielle Konkretisierung[82]. Wenn der Verstoß gegen den Gleichheitssatz die Enteignung *kennzeichnen* soll, dann wird diese besondere Form der Egalität nicht mehr nur zur Legitimierung der Haftung des Staates herangezogen, sondern zur Voraussetzung des Haftungstatbestandes gemacht. Das spezielle Gleichheitsprinzip hinsichtlich

---

[77] Vgl. auch *Bender*, Staatshaftungsrecht, Fn. 21.

[78] BGHZ 22, 1; vgl. zu dieser Entscheidung auch *Wolff*, VerwR I, § 60 I b 3 a. E.

[79] Im Ergebnis ebenso *Thomä / Wolter*, MDR 1958, 203 (205); *Schäfer*, Verh. des 41. DJT, Bd. II, C 9 f. Vgl. auch *Wolff*, der zwischen gesetzestranszendenter und -immanenter Gleichheit unterscheidet; letztere ist die formelle des Art. 3 I und betrifft nur die Rechtmäßigkeit des Vorgehens.

[80] BVerfGE 21, 372; 23, 24.

[81] s. dazu oben A I.

[82] Vgl. auch *Bender*, Staatshaftungsrecht, Fn. 21; *Thomä / Wolter*, MDR 1958, 203 (205).

vermögensrechtlicher Beeinträchtigungen bestimmt dann den Sonderopferbegriff: Enteignung, wenn der Grundsatz der gleichmäßigen Inanspruchnahme aller für öffentliche Lasten verletzt ist. Die Frage ist dann nur, was als „ungleich" im Sinne dieses Lastengleichheitsprinzips anzusehen ist und auf welchem methodischen Wege dies festgestellt werden soll. Die „Ungleichheit" ist nicht gemäß Art. 3 I GG zu bestimmen, aber welche Gestalt und Inhalt besitzt das besondere, hier angezogene Gleichheitsprinzip?

a) Die Kritik des Schrifttums an der Rechtsprechung des BGH

An dieser Stelle, wo es möglich scheint, zunächst begrifflich Klärendes zum Sonderopfermerkmal in der Rechtsprechung des BGH beizutragen, soll auf die ihm kritisch gegenüberstehenden und abweichenden Versuche der Abgrenzung von Enteignung und Sozialbindung eingegangen werden, nachdem wir uns bisher von dem „Theorienstreit" weitgehend ferngehalten haben.

Als prononcierteste Antipoden zum BGH werden die Verfechter der „Schweretheorie" angesehen. Diese wurde bereits während der Weimarer Zeit entwickelt[83], wird heute in ständiger Rechtsprechung vom Bundesverwaltungsgericht vertreten[84], und alle Kritik, die an der Rechtsprechung des BGH geübt wird, läßt sich beinahe auf diesen einen Punkt konzentrieren: Statt des Sonderopfers soll das Moment der Schwere des Eingriffs für die Bestimmung der Grenze zwischen Enteignung und Sozialbindung maßgebend sein[85]. Dieses ermögliche sachgerechte Entscheidungen, indem bei der Beantwortung der Frage, wie schwer der Eingriff den Einzelnen treffe, ob er ihm noch entschädigungslos zuzumuten sei, die richtigen Wertungen angestellt werden könnten. Diesen Weg der Erkenntnisfindung habe sich der BGH demgegenüber verbaut durch sein Bekenntnis zur formalen Einzelakttheorie, in deren Rahmen materielle Erwägungen nicht paßten. Zwar habe auch der BGH erkannt, daß letztlich auf die Eingriffsschwere abzustellen sei, da er die einmal bezogene „dogmatische Fehlposition"[86]

---

[83] Wesentlich vor allem durch *Stödter*, Öffentlich-rechtliche Entschädigung, insbes. S. 196 ff., m. Nachw.

[84] BVerwGE 5, 143; 7, 297; 11, 68; 15, 1; 19, 94.

[85] Vgl. aus neuerer Zeit nur: *Forsthoff*, JZ 1952, 627 f.; nochmals *Stödter*, DÖV 1953, 97 ff. (jeweils zu BGHZ 6, 270); *Schäfer*, Verh. des 41. DJT, Bd. II, Referat, C 1 ff. (12); *Schneider*, DÖV 1965, 292; NJW 1967, 1750; *Leisner*, Sozialbindung, S. 147 ff.

Wenn andere Kriterien genannt werden, etwa die Privatnützigkeit (*Reinhard* in Reinhard / Scheuner, Verfassungsschutz des Eigentums, S. 33 ff.) oder die Zweckentfremdung (*Forsthoff*, VerwR I, S. 318; *Huber*, Wirtschaftsverwaltungsrecht, Bd. 2, S. 17; BSozG, JZ 1958, 20 f.), so handelt es sich meist um den Versuch, dem Begriff der Schwere einen konkreten Inhalt zu geben; vgl. auch *Diester*, NJW 1954, 1140; *Kimminich*, JuS 1969, 349 (355); *Riegel*, BayVBl. 1973, 403 (404).

[86] *Schneider*, NJW 1967, 1750 (1755); *Schmidt*, NJW 1968, 791.

aber nicht aufgeben könne oder wolle, könne er dies nicht eingestehen; zur Überspielung der Schwächen der Einzelakttheorie sei vor allem die Pflichtigkeitskonstruktion geschaffen worden, anhand derer der BGH beliebige Begriffe aus dem juristischen Niemandsland herbeihole[87]. Die Einzelakttheorie sei festgefahren, das Verdikt von BGHZ 6, 270 bezüglich der Abgrenzung mittels der Zumutbarkeit passe eher auf sie; die Kunstgriffe der Argumentation mit Pflichtigkeiten, die sich auf geheimnisvolle Weise zu Pflichten verdichteten, seien nur Tarnung für die Berücksichtigung des richtigen Elements, der Schwere; die Zuflucht zu dieser Konstruktion, die ebenso wie die des Einzelakts zur Formel erstarrt sei, habe die Rechtsprechung unübersichtlich, mehrdeutig und unberechenbar sowie oft kaum mehr verstehbar gemacht; ein neuer Anfang sei daher erforderlich[88].

Was dem BGH vorgeworfen wird, ist nicht so sehr, die Ergebnisse seiner Rechtsprechung seien unbefriedigend, diese werden vielmehr meist gebilligt; auch wird anerkannt, daß er letztlich doch nach dem „richtigen" Kriterium, der Schwere, entscheide[89]. Die Kritik richtet sich dagegen, daß er an dem dogmatischen Ausgangspunkt der Einzelakttheorie festhalte, obwohl er deren Unzulänglichkeit erkannt habe; da diese Wertungen und insbesondere eine Berücksichtigung der Eingriffsintensität von der Konzeption her nicht zulasse, habe der Versuch, diese Gedanken in die Einzelakttheorie einzubauen, zu einer methodischen Vernebelung geführt.

b) *Formelle und materielle Abgrenzung, Einzelakt und Sonderopfer*

Ausdruck des fundamentalen Gegensatzes soll demnach sein, daß die Einzeleingriffslehre als formale Abgrenzungstheorie bezeichnet wird, der unvereinbar die materiellen Theorien, vor allem die der Schwere, gegenüberstünden[90]. Die zur Prüfung des Vorliegens einer Enteignung möglichen Fragestellungen — „wievielen wird etwas genommen" oder „wieviel wird genommen"[91] — wären demnach konträr. Namentlich soll die Heranziehung des quantitativen Elements, der Zahl der von dem Eingriff Betroffenen, ein Abstellen auf die „Qualität" des Eingriffs ausschließen, denn es sei ein Wesen des Zahlenbegriffs, von dem, was gezählt werde, abzusehen[92, 93]. Dies ist zutreffend, da sonst die Methode,

[87] *Schneider*, DÖV 1965, 292 (294).

[88] So als besonders heftiger Kritiker der Rechtsprechung des BGH: *Schneider*, DÖV 1965, 292; NJW 1965, 1907; 1967, 1750; ferner *Bender*, NJW 1965, 1297 (1299).

[89] *Bender*, NJW 1965, 1297 (1299); *Forsthoff*, JZ 1952, 627 (628); *Schneider*, DÖV 1965, 292; NJW 1965, 1907; 1967, 1750; ferner *Schack*, NJW 1963, 750 (751); *Stich*, JuS 1961, 346 (348 f.).

[90] s. etwa *Schneider*, DÖV 1965, 292; NJW 1965, 1907; 1967, 1750; *Riegel*, BayVBl. 1973, 403.

[91] Vgl. *Leisner*, Sozialbindung, S. 27.

[92] *Wagner*, Jahrreiß-Festschrift, S. 441 ff. (447).

eine Entscheidung von numerischen Registrierungen abhängig zu machen, ihren Sinn verlöre. Dieses hätte dann auch für die Einzelakttheorie zu gelten; insofern sie für die Beurteilung einer Maßnahme unter enteignungsrechtlichen Gesichtspunkten nicht deren Inhalt relevant sein läßt, ist die Lehre vom Einzeleingriff als formale zu kennzeichnen.

Doch hat dies auch für den Sonderopferbegriff des BGH zu gelten? Ist die Berücksichtigung materieller Elemente lediglich ein Bruch in der Argumentation, eine methodisch unzulässige Inkonsequenz, die bereits hier zur Feststellung der „Systemlosigkeit" der Rechtsprechung führen müßte, wie dies weitgehend angenommen wird, oder hat sich mit der Heranziehung qualitativer Eingriffskriterien auch die methodische Fragestellung gewandelt?

Die Ergebnisse der Rechtsprechung des BGH sind in der Tat nicht mehr die der Einzelakttheorie. Als er den Satz aussprach „Der Verstoß gegen den Gleichheitssatz kennzeichnet die Enteigung"[94], erschien dies allerdings als Fortsetzung der reichsgerichtlichen Rechtsprechung, auf die er sich auch berief[95]. Nach dieser war die Grenzziehung zwischen Enteignung und Inhalt und Schranken des Eigentums bestimmenden Maßnahmen danach vorzunehmen, ob der Eingriff allgemein oder einzeln war; nur singuläre, nicht hingegen generelle Eigentumsbeeinträchtigungen konnten eine Enteignung darstellen. Die Einzelakttheorie war zwar ursprünglich eine Fortentwicklung des sog. klassischen Enteignungsbegriffs und von dessen Verwaltungsaktmerkmal geprägt[96], sie wurde jedoch alsbald mit dem Grundsatz der Lastengleichheit — der Haftungslegitimation der entschädigungsrechtlichen Institute Enteignung und Aufopferung — in Verbindung gebracht und der Unterschied zwischen Gleichem und Ungleichem mit dem Gegensatz von Allgemeinem und Individuellem identifiziert[97].

Dafür, daß auch der BGH trotz Nennung und Hervorhebung des Gleichheitssatzes die Einzelakttheorie und „zahlenmäßige Registrierungen"[98] zum Ausgangspunkt der Entscheidungsfindung macht, schei-

---

[93] Umgekehrt hat immerhin das BVerwG im „kuriosen" (*Bender*, NJW 1965, 1297 [1303]) Deichurteil (BVerwGE 15, 1, vollständig abgedr. NJW 1962, 2171) ausgeführt, der Umstand, daß noch andere Eigentümer der gleichen Maßnahme unterworfen seien, mindere deren Schwere („Geteiltes Leid ist halbes Leid", dazu kritisch *Leisner*, Sozialbindung, S. 33 Fn. 55). Innerhalb der materiellen Theorie scheint demnach das formale Element verwendet werden zu können.

[94] BGHZ 6, 270 (280).

[95] Ebd., S. 276 ff.

[96] Vgl. oben A III.

[97] Vgl. bereits oben A III; sowie *Stödter*, Entschädigung, S. 191 ff., der diese Gleichsetzung kritisiert; ebenso *Leisner*, Sozialbindung, S. 30.

[98] So in seiner kritischen Besprechung von BGHZ 6, 270: *Stödter*, DÖV 1953, 97 (99).

nen tatsächlich Anhaltspunkte vorhanden zu sein, wenn er die inhaltliche Bestimmung und Begrenzung des Eigentums ihrem Wesen nach für notwendig von allgemeiner Natur hält[99]. Des weiteren sind wiederholt Entschädigungsansprüche abgelehnt worden, weil es sich um eine Beeinträchtigung handele, die alle in gleicher Weise treffe, die somit kein Einzeleingriff sei und keine ungleiche Belastung darstelle[100].

Daß generelle Eigentumsbeschränkungen stets als Sozialbindungen anzusehen sind, wie es die Konsequenz der Einzelakttheorie wäre, kann jedoch nicht als Auffassung der Rechtsprechung bezeichnet werden. Der BGH setzt vielmehr der Befugnis des Gesetzgebers — allgemeine Regelungen der hier interessierenden Art werden regelmäßig Gesetze sein —, entschädigungslos in die Rechte der Bürger einzugreifen, Grenzen, vor allem die der Wesensgehaltsgarantie nach Art. 19 II GG[101]. Damit führt das Vorliegen allgemeiner gesetzlicher Maßnahmen nicht notwendig zur Ablehnung jeglichen Entschädigungsanspruchs, sondern die Enteignungsfrage stellt sich auch, soweit es sich um generelle Eingriffe in das Eigentum handelt[102]. Das Moment des Einzeleingriffs tritt in der Rechtsprechung somit zurück; ebenso, wie der Umstand, daß eine große Zahl von Eigentümern betroffen ist, die Gewährung einer Entschädigung nicht ausschließen muß[103], steht umgekehrt bei einem Einzeleingriff nicht fest, daß der Betroffene zu entschädigen ist[104]; der BGH fordert vielmehr auch bei singulär treffenden Schädigungen, daß die „Opfergrenze" überschritten ist[105].

Damit ist der Einzeleingriff nicht mehr das ausschlaggebende Merkmal in der Entschädigungsrechtsprechung. Doch ist deshalb die grundlegende Fragestellung im Rahmen des Sonderopferbegriffs keine formelle mehr? Die Abwendung von dem Kriterium des Einzelakts könnte bedeuten, daß dem Gleichheitsgrundsatz eigenes Gewicht zukommt und dieser Basis für eine Leitlinie mit materieller Prüfungsmethodik abgibt. Im Ausgangspunkt wurde das Gleichheitsprinzip jedoch in das Sonderopfer einbezogen, indem die mit ihm mögliche Differenzierung in gleiche und ungleiche Maßnahmen mit der der Einzelakttheorie für

---

[99] Ebd., S. 278 f.

[100] BGHZ 12, 273; 15, 113; 28, 310; 36, 379; 48, 46; 50, 284; LM, GG Art. 14 Nrn. 41 (Bb), 12 (Cc); MDR 1964, 486.

[101] BGHZ 6, 270 (279); 30, 338; 43, 196; 48, 46; 53, 226; 54, 293; 56, 40; LM, GG Art. 14 Nr. 44 (A); MDR 1964, 486.
Zur Bedeutung der Heranziehung von Art. 19 II GG wird noch näher Stellung zu nehmen sein.

[102] Die Möglichkeit von Enteignungen unmittelbar durch Gesetz ist auch in Art. 14 III S. 2 GG anerkannt; vgl. dazu auch BVerfGE 24, 367.

[103] Vgl. schon BGHZ 10, 255; ferner LM, WRV Art. 153 Nr. 19.

[104] So schon — allerdings mit formaler Argumentation — BGHZ 6, 270 (284 f.).

[105] Besonders deutlich wird dies im Aufopferungsrecht, vgl. oben B II; s. auch *Kreft*, Aufopferung und Enteignung, S. 22.

identisch erachtet wurde. Demnach böte auch der Gleichheitsgedanke nur ein formelles Kriterium[106].

c) *Das materielle Gleichheitsverständnis des BGH*

aa) Prinzipielle Aussage

Diese Feststellung gilt aber nur, solange die Prüfung darauf beschränkt wird, ob der zu beurteilende Eingriff ungleich *ist;* fragt man aber, ob der Eingriff ungleich *trifft,* dann ist die Grenzziehung dem materiellen Bereich zuzuordnen. Wenn nämlich materielle Elemente im Gegensatz zu formalen dahingehend bestimmt werden, daß die Entscheidung unter Berücksichtigung des Inhalts der betreffenden Maßnahme gefällt werden soll, so ist auf deren Auswirkungen abzustellen. Bei Beeinträchtigungen unter entschädigungsrechtlichen Gesichtspunkten geschützter Rechte und Rechtsgüter heißt materielle Beurteilung Relevanz nicht nur der den Eingriff als solchen kennzeichnenden Umstände[107], sondern in erster Linie Erheblichkeit der Folgen, die der Eingriff für das getroffene Objekt hat. Ungleiche Belastung bedeutet dann gleichheitswidrige *Auswirkung* des Hoheitsakts auf das Eigentum.

Den Sonderopferbegriff und damit die Gleichheitsverletzung nur auf den Eingriff bezogen zu verstehen, dies war die Auffassung des Reichsgerichts[108]. Der BGH spricht hingegen bereits in der Grundsatzentscheidung des Großen Zivilsenats vom „ungleich treffenden Sonderopfer“[109], und besonders deutlich sagt er im grundlegenden Urteil zum Aufopferungsrecht, bei der rechtlichen Beurteilung könnten nicht der Eingriff und seine Folgen auseinandergerissen werden, beide bildeten vielmehr einen einheitlichen natürlichen Vorgang[110]. Hebt somit der BGH a priori und nicht erst als Akzidens bei der Entscheidungsfindung darauf ab, wie der Eingriff den Einzelnen trifft, welche Folgen er für ihn hat[111], so liegt im methodischen Ansatz eine Frage nicht nach dem Erscheinungsbild des belastenden Hoheitsakts, sondern nach dessen Inhalt vor. Der BGH entscheidet nicht bloß nach materiellen Kriterien, deren Berücksichtigung fragwürdig ist, er faßt den Sonderopferbegriff vielmehr prinzipiell als materiell auf[112].

---

[106] Hiervon geht offenbar noch *Riegel,* BayVBl. 1973, 403 f., aus.

[107] Inwieweit diese beachtlich sein können, bleibe zunächst dahingestellt.

[108] Vgl. *Kreft,* Aufopferung und Enteignung, S. 21.

[109] BGHZ 6, 270 (280).

[110] BGHZ 9, 83 (87), gegen RGZ 156, 305 (311).

[111] Vgl. auch bereits *Hamann,* NJW 1952, 1176 (zu BGHZ 6, 270): Ungleichheit nicht so sehr des Eingriffs als vielmehr der Auswirkungen.

[112] Vgl. auch *Kreft,* S. 22; ferner *Thomä / Wolter,* MDR 1958, 203 (205), der Sonderopferbegriff enthalte Einzelakt und Ungleichbehandlung, mit beiden lasse sich die Zweckentfremdung als eigentliches (materielles) Unterscheidungsmerkmal in Einklang bringen.

Es zeigt sich hier, daß der Gleichheitsgedanke nicht mehr bloß als letztlich identische Umschreibung des Unterschiedes allgemein/einzeln gebraucht wird. Indem das Element des Einzeleingriffs nicht mehr maßgebend die Entscheidungen beeinflußt und in den Hintergrund gedrängt wird, erlangt die Frage nach der Gleichheitsverletzung eigene Bedeutung[113]. Wenngleich der BGH immer noch die Termini der Einzelakttheorie verwendet, so ist deren Kriterium für das Sonderopfer nicht mehr essentiell, sondern nur eines unter anderen Elementen. Die methodische Grundlegung für den Sonderopferbegriff liefert vielmehr ein materiell aufgefaßtes Gleichheitsdenken. Dieses enthält eine wertmäßige Kategorie und läßt die Heranziehung von Wertungsargumenten zu[114]. Deren Berücksichtigung durch die Rechtsprechung kann daher nicht als eigentlich systemwidrig bezeichnet werden, wie dies von jenen geschieht, die dem BGH — zu Unrecht — die Beibehaltung der formalen Abgrenzungsmethode vorwerfen[115].

bb) Inhalt des materiellen Gleichheitssatzes (suum cuique)

Als allgemeines Prinzip wurde das der Gleichheit festgestellt, und dies bedeutet nicht mehr nur eine Paraphrase der Einzelakttheorie. Doch welchen Inhalt hat dieser Grundsatz der Lastengleichheit des öffentlich-rechtlichen Entschädigungsrechts, und wie lautet seine methodische Fragestellung?

Es geht um materielle, nicht um eine numerische Gleichheit, soviel wurde bereits festgestellt. Gegenstand dieses Prinzips kann nicht die Forderung sein, „alles gleich", nämlich in identischer Art und Weise zu behandeln; dies wäre wiederum nur eine formelle Betrachtung. Gleichheit in qualitativer Hinsicht heißt hingegen, Regelungen in Ansehung der Qualität der in Frage stehenden Sachverhalte vorzunehmen, damit Eigenart und Beschaffenheit der betroffenen Personen und Objekte zu berücksichtigen, „Jedem das Seine" zukommen zu lassen[116]. Bezüglich der hier behandelten Eingriffe in das Privateigentum stellt dieser Grundsatz der Gleichheit weitgehend auch ein Differenzierungsgebot auf; denn wenn der Staat in mannigfaltiger Weise die unterschiedlichsten Vermögensobjekte der Bürger in Anspruch nimmt, so ist jeder Gegenstand seiner Art nach differenziert zu behandeln, „Gleichbehandlung" wäre gleichheitswidrig. Aufgrund der Diversifikation staatlicher

---

Auch bezeichnet der BGH seine Auffassung als nicht formale (zuletzt BGHZ 60, 145/147); daß er sich dabei allerdings auf das Reichsgericht beruft, ist unzutreffend; dessen Einzelakttheorie war — wie erörtert — gerade kein „inhaltlich bestimmter Maßstab".

[113] Vgl. *Wagner*, Jahrreiß-Festschr., S. 441 ff. (447 f.).

[114] Vgl. *Wagner*, ebd.

[115] s. *Peter*, JZ 1969, 549 (551 Fn. 27).

[116] Vgl. bereits *Stödter*, Entschädigung, S. 174 ff.; ferner *Hamann*, NJW 1952, 1176.

eigentumsbezogener Maßnahmen ist die Identifizierung der Begriffe gleich/ungleich und allgemein/einzeln nicht mehr zutreffend; sie mochte vorgenommen werden können, solange überwiegend nur *eine* Form des Zugriffs der Hoheitsgewalt auf die Rechte Privater in Betracht kam, die Entziehung des Grundeigentums[117]. Ein materiell verstandener Gleichheitsgedanke konnte hier keine Bedeutung erlangen, wo weder die betroffenen Objekte noch deren Beeinträchtigung verschiedenartig waren. Dies alles gilt heute jedoch nicht mehr; der Staat greift nach dem ganzen Vermögen der Bürger — so daß enteignungsrechtlich jedes einzelne Recht geschützt ist[118] —, und dies geschieht in der unterschiedlichsten Weise, angefangen vom unproblematischen Totalentzug der Rechtsposition bis zu mehr oder minder einschneidenden Beschränkungen, die hinsichtlich des Grundeigentums vor allem in Verboten einzelner Nutzungen ihren Ausdruck finden. In der überwiegenden Zahl der Fälle wird nicht die Inhaberschaft des Rechts als solche getroffen — nur diesbezüglich sind alle gleich! —; während dieses in der Hand des Eigentümers verbleibt, werden aber die aus der Inhaberschaft fließenden, zunächst unbegrenzten Ausübungsbefugnisse beeinträchtigt. Zur Beurteilung, ob diese Maßnahmen eine Verletzung des hier relevanten Gleichheitssatzes darstellen, ist auf den materiellen Gehalt des betroffenen Objekts abzustellen. Der Rückgriff auf die Inhaberschaft ermöglicht nur eine formale Abgrenzung, d. h. kann fruchtbar gemacht werden für die Fälle förmlichen Totalentzugs; handelt es sich hingegen um Regelungen, die das betreffende Objekt insofern formell unberührt lassen, indessen in seinen materiellen Gehalt eingreifen, dann können für die vorzunehmende Wertung als Bezugspunkt nur dessen inhaltliche Eigenschaften herangezogen werden. So sind bei der Prüfung z. B. eines Bauverbotes, ob es eine „Gleichheitsverletzung" und damit ein Sonderopfer und eine Enteignung ist, als entscheidungserhebliche Faktoren zu berücksichtigen, inwieweit das Grundstück bereits bebaut oder bebaubar ist, ob es sich um sog. Bauerwartungsland handelt oder um ein Waldgebiet oder Ackerland, ob es in der Umgebung einer Großstadt liegt oder inmitten einer Mittelgebirgslandschaft etc., — mithin Elemente, die die „Qualität" des Eingriffsobjekts bestimmen[119, 120].

Ebensowenig, wie isoliert nach „gleichen" Eingriffen, im Sinne von allgemein, zu fragen ist, kann eine Gleichheit, eine Identität der Ergebnisse erstrebt werden. Legte man das Egalitätsprinzip dahingehend

[117] s. oben A III zu diesem Ausgangspunkt des „klassischen Enteignungsbegriffs".

[118] Vgl. BGHZ 6, 270 (278).

[119] Vgl. hierzu auch §§ 40 ff. BBauG.

[120] Zu erwarten ist der Einwand, dies habe nichts mit dem Sonderopferbegriff zu tun, sondern gehöre zum Merkmal „Eigentum" im Tatbestandsaufbau des Entschädigungsanspruchs; dazu vgl. unten C II 2 c) cc).

aus, dann wäre die Betrachtungsweise wiederum formal. Denn es hieße materielle Kriterien abermals außer Acht lassen, würde die Gleichheit ohne Rücksicht auf Wesen und Eigenart der betroffenen Personen und Objekte anhand des durch die Maßnahme erreichten Resultats bestimmt. Man brauchte nur den gewünschten Standard, auf den die in Betracht kommenden Eingriffe abzielen, willkürlich — und „tief genug" — festzusetzen, wenn dann alle Rechtsträger auf ihn gebracht würden — mit durchaus unterschiedlichen, von der jeweiligen Rechtsposition abhängigen Beschränkungen —, die Ergebnisse wären jedenfalls gleich. Dies ist jedoch nicht das richtige Verständnis des materiellen Gleichheitssatzes; ihm wird nicht gerecht — und dies gilt für alle Bereiche des Staatswesens, in denen egalitäre Strukturen relevant sind —, wer nach allgemeiner Identität in den Ergebnissen strebt. Zwar mag die Verfassung des Grundgesetzes egalitäre Züge aufweisen[121], nichts destoweniger setzt sie doch eine pluralistische Gesellschaft mit individuellem Gestaltungs- und Freiheitsraum für jeden voraus[122]. Dies bedeutet Gleichheit der Ausgangsposition, aber Entwicklung und Behandlung jedes entsprechend seiner Natur und Eigentümlichkeit, heißt „suum cuique tribuere".

Dieses Prinzip ist auch enger als der allgemeine Gleichheitssatz des Art. 3 I GG[123]. Zwar handeln beide von Gleichheit, Art. 3 I GG stellt aber quasi nur eine negative Forderung und äußerste Grenze auf, indem er willkürliches, d. h. sachlich nicht gerechtfertigtes Handeln untersagt. Das hier erörterte materielle Gleichheitsprinzip des Entschädigungsrechts postuliert demgegenüber in positiver Hinsicht nicht nur sachgemäßes Vorgehen, sondern verlangt, jedes seinem Wesen gemäß zu behandeln, ihm zu gewähren, was ihm gebührt.

Die entscheidende Frage ist somit die nach dem „suum", nach den vorgegebenen Merkmalen des Eingriffsobjekts, ob von diesen aus betrachtet der Eingriff als gerechtfertigt anzusehen ist. Eben diese methodische Auffassung bringt der BGH — seltsamerweise wurde dies kaum bemerkt[124] — bereits im grundlegenden Beschluß des Großen

---

[121] Vgl. zum egalitären Standard des Gleichheitssatzes nunmehr eingehend *Maunz / Dürig / Herzog*, GG, Art. 3 I Rdnrn. 22 ff., insbes. auch 69 ff.

[122] Zu dem Spannungsverhältnis von Freiheit und Gleichheit und der Präponderanz der Freiheit gegenüber unterschiedsloser Egalisierung: *Dürig*, Rdnrn. 120 ff. (135). Vgl. zum Gegensatz von Freiheit und Gleichheit, die sich in den Extremen ausschließen, auch *Sundbom*, Der Gleichheitssatz als politisches u. ökonomisches Problem, S. 21 ff.

[123] Anschaulich hierzu die Unterscheidung von *Wolff*, VerwR I, § 60 I b 3, zwischen immanenter und transzendenter Gleichheit: Erstere betrifft das Verhältnis von Tatbestand und Rechtsfolge, diese darf nicht willkürlich sein; insofern gilt Art. 3 I GG. Davon zu trennen ist die materielle, transzendente Gleichheit, die fordert, daß ein gesetzlicher Tatbestand alle Sachverhalte wesentlich gleicher Beschaffenheit erfaßt.

Zivilsenats aus dem Jahre 1952 zum Ausdruck, wenn er inhaltliche Begrenzungen der vermögenswerten Rechte, die von nun an der betroffenen Gattung von Rechten eigentümlich sein sollen und dem *Wesen des betreffenden Rechts nach* eigentümlich sein können, als Sozialbindung ansieht[125], die Enteignung demgegenüber als weder allgemeine noch gleichwirkende, mit dem *Wesen des betroffenen Rechts nicht vereinbaren* Eingriff[126]. Insofern konnte der BGH dann durchaus zu Recht den Satz aufstellen: „Der Verstoß gegen den Gleichheitssatz kennzeichnet die Enteignung[127].“ In diesem Sinne wurden auch in concreto die Bestimmungen des Wohnungsgesetzes darauf geprüft, ob sie eine Enteignung darstellen, nämlich dem Eigentum eine ihm nicht innewohnende Beschränkung der Herrschaftsbefugnis nur von außen auferlegten[128]. Der Eingriff ist danach am Eingriffsobjekt zu messen, inwieweit er eine schon vorgegebene Belastung konkretisiert, und, da aufgrund der materiellen Abgrenzungsmethode auf seine Auswirkung und Folgen abzustellen ist, lautet die methodische Fragestellung: Ist das, was der Eingriff mit und aus dem Objekt macht, noch mit dessen Wesen vereinbar?

Dies jetzt schon als Leitlinie der Rechtsprechung zum Sonderopferbegriff und als deren Auffassung zum Gleichheitssatz zu bezeichnen, erscheint gewagt; denn daß Regelungen, die dem betroffenen Recht nicht „wesensgemäß“ sind, Enteignungen sein sollen, wird in der späteren Rechtsprechung kaum mehr ausdrücklich gesagt, und die diesbezüglichen Bemerkungen in der Grundsatzentscheidung des Großen Zivilsenats mögen ein zutreffendes Verständnis des materiellen Gleichheitsprinzipes widerspiegeln, lassen aber noch nicht den Schluß zu, dieses werde nun allgemein praktiziert.

cc) Die Pflichtigkeitslehre als Ausprägung des materiellen Gleichheitsprinzips

Mit der hier postulierten Art der Untersuchung, nach der Eingriff und Eingriffsobjekt im Blickwinkel der Beschaffenheit des letzteren in Relation zu setzen sind, stimmt jedoch die Fragestellung der „Theorie“ überein, die der BGH 1956 im sog. Grünflächenurteil[129] erstmals ent-

[124] Vgl. aber etwa *Wolff*, VerwR I, § 62 II b 2; *Pagenkopf*, NJW 1952, 1193 (1195), der jedoch auf S. 1196 ausführt, damit werde der Grundgedanke der reichsgerichtlichen Rechtsprechung über die Enteignung durch Einzeleingriff ausdrücklich bestätigt; bezüglich des Gegensatzes der formalen Einzelakttheorie und des materiellen Gleichheitsgedankens vgl. hingegen oben C II 2 b).

[125] BGHZ 6, 270 (279 oben), (Hervorhebung vom Verf.).

[126] Ebd., S. 279 unten f., (Hervorhebung vom Verf.).

[127] S. 280.

[128] S. 286 f.

[129] BGHZ 23, 30.

wickelte: die Pflichtigkeitskonstruktion. Danach ist dem Grundbesitz unter bestimmten Umständen eine soziale Gebundenheit eigentümlich, indem er seiner Natur nach mit einer Pflichtigkeit belastet ist — mit dem Inhalt, die eine oder andere aus dem Eigentumsrecht fließende Einzelbefugnis zur Nutzung zu unterlassen; werde eine solche Pflichtigkeit durch Normierung in einem Rechtssatz zur Pflicht verdichtet, so liege darin keine Enteignung, weil die Eigentümerbefugnis, die gar nicht so weit reiche, nicht eigentlich verkürzt werde[130]. Wenn aufgrund dieser Erwägungen wegen der besonderen Lage des Grundstücks und seiner sich aus dieser ergebenden Situationsgebundenheit seine Aufnahme in ein Grünflächenverzeichnis und das damit verbundene Bauverbot nicht als entschädigungspflichtig angesehen werden, so heißt dies, daß der BGH diese Maßnahme als vom Wesen des beeinträchtigten Eigentums her für gerechtfertigt hielt; zu den Eigenschaften des Grundstücks gehörte von vornherein, zukünftig eher als Erholungsgebiet denn als Baugelände genutzt zu werden. Die Ausweisung als Grünfläche stellt demnach eine ihm artgemäße Behandlung dar und verletzt nicht den Gleichheitssatz. Die Argumentation des BGH im Rahmen der Pflichtigkeitslehre deckt sich somit mit dem hier aufgezeigten Inhalt des materiellen Egalitätsprinzips.

Die Anwendung des Gedankens der Pflichtigkeit wurde in der Folgezeit zunehmend ausgeweitet[131]. Er wurde neben Maßnahmen des Natur-[132] und Gewässerschutzes[133] herangezogen bei der Beurteilung von Umlegungen[134] und Bausperren[135]. Relevanz erlangte er auch hinsichtlich der Einführung eines Anschluß- und Benutzungszwangs für gemeindliche Einrichtungen und wurde insoweit auf Gewerbebetriebe ausgedehnt[136]. In den zahlreichen Fällen der Beeinträchtigung von Anliegern an öffentlichen Verkehrswegen wurde die Pflichtigkeitslehre nicht ausdrücklich bemüht, jedoch anhand ihr entnommener Gesichtspunkte entschieden[137]; ihre Erwägungen finden sich ferner in anderen Zusammenhängen[138]. Dabei wird stets darauf abgestellt, ob dem Ei-

[130] Ebd., S. 33.

[131] Bezüglich der Einzelheiten vgl. oben bei der Darstellung der Rechtsprechung B III 3 b) bb).

[132] BGH, LM, GG Art. 14 Nr. 60; DÖV 1959, 750; zuletzt BGHZ 57, 178.

[133] BGHZ 60, 126 u. 145.

[134] BGHZ 27, 15; 31, 49; LM, GG Art. 14 Nr. 33 (Ce).

[135] BGHZ 30, 338.

[136] BGHZ 40, 355 (Müllabfuhr); LM, GG Art. 14 Nrn. 42, 44 (A) (öffentl. Schlachthof).

[137] BGHZ 48, 65; 49, 231; 57, 359; LM, GG Art. 14 Nrn. 25 (Ba), 15 a (Cc), 24, 27 (Cf).

[138] BGHZ 30, 281 (Berücksichtigung dem Objekt anhaftender Aktiva und Passiva bei der Entschädigungsberechnung); 37, 44 (betr. von vornherein bestehender Belastung des Eigentums auf Truppenübungsplatz gelagerten Holzes mit der Möglichkeit der Schädigung); 43, 196 (potentielles Gefahren-

gentumsobjekt „seiner Natur nach“ diese oder jene Belastung von vornherein anhafte, mit der Folge, daß die konkrete Benachteiligung als Sozialbindung oder Enteignung einzuordnen ist. Gefragt wird demnach zunächst nach der Beschaffenheit der betroffenen Rechtsposition, um sodann den Eingriff und seine Auswirkungen in Relation zu ihr zu setzen, wobei die Entschädigungspflicht bejaht werden muß, wenn die Beeinträchtigung nicht als Realisierung dem Objekt vorgegebener, sein Wesen prägender Merkmale erscheint. Maßgebendes Kriterium zur Beantwortung der Frage nach dem Gleichheitsverstoß ist demnach die Pflichtigkeit: Indem unter diesem Begriff die Eigenart des jeweiligen Eigentumsrechts bestimmt wird, liefert die Pflichtigkeitslehre die Gründe zur Beurteilung, wann etwas entsprechend seinen Eigentümlichkeiten und damit „gleich“ behandelt worden ist und wann der Eingriff vom Wesen des Objekts nicht zu rechtfertigen und deshalb „ungleich“ ist: „Das Maß, bis zu dem eine entschädigungslose Begrenzung des Eigentums zulässig ist, ist in den einzelnen Fällen verschieden und weithin abhängig von den ‚Pflichtigkeiten‘, denen es in der jeweils in Betracht kommenden Beziehung seiner Natur nach unterworfen ist[139].“

Die Heranziehung der Pflichtigkeitskonstruktion scheint jedoch primär gar nicht zu dem Begriff Sonderopfer als vielmehr zum Tatbestandsmerkmal „Eigentum“ im Sinne des Art. 14 GG innerhalb der Voraussetzungen des Entschädigungsanspruches zu gehören. Indem mit Hilfe der Pflichtigkeiten der Umfang und die Reichweite der jeweiligen Rechtsposition, des Eingriffsobjekts, bestimmt werden, dienen sie zur Konkretisierung der Qualität des betroffenen Eigentums, und die Eigentumsfunktion wird bei einem von der Pflichtigkeit gedeckten Eingriff nicht eigentlich beeinträchtigt oder verkürzt, „weil sie gar nicht so weit reicht“[140]. Die Pflichtigkeitslehre als grundlegenden Ausgangspunkt für die Abgrenzung von Enteignung und Sozialbindung zu betrachten, dies hätte danach zur Folge, daß die Entscheidung über die Entschädigungsforderungen stets im Merkmal „Eigentum“ fiele und dem Sonderopfer keine Bedeutung mehr zukäme[141].

Ohnehin ist eine Verlagerung der für die Beurteilung relevanten Elemente in den Eigentumsbegriff tendentiell festzustellen[142], wenngleich vom BGH gebrauchte Formulierungen in diesen Fällen zum Teil noch

moment einer Erkrankung von Hunden mit Tollwut belastet Eigentum von vornherein sozial).

[139] *Kreft*, Ehrengabe Heusinger, S. 167 ff. (176).

[140] BGHZ 23, 30 (33).

[141] Vgl. auch *Peter*, JZ 1969, 549 (551), der BGH habe Grenzen entwickelt, die eine Enteignung mangels Eingriff in als Eigentum geschütztes Recht — also unabhängig von der Sonderopferfrage — ausschlössen, der in diesem Zusammenhang auf die Pflichtigkeitslehre eingeht.

[142] Etwa BGHZ 23, 235; NJW 1968, 293; LM, GG Art. 14 Nr. 21 (Cc).

darauf hindeuten, es handle sich um eine Begründung der Bejahung oder Verneinung des Sonderopfers[143]; diese Entwicklung würde durch die Pflichtigkeitskonstruktion weitergeführt. Doch erscheint fraglich, ob ein striktes Trennen der Tatbestandsmerkmale des Entschädigungsanspruchs — vor allem der Begriffe Eigentum und Sonderopfer — und deren isolierte Betrachtung überhaupt als zutreffend anzusehen sind. Denn das richtige Verständnis des materiellen Gleichheitsprinzips besagt, daß jedes Objekt seinem Wesen und seiner Eigenart nach zu behandeln ist; dies führt dazu, daß bei der Prüfung, ob dieser Grundsatz verletzt und damit eine Enteignung gegeben ist, auf die Relation von Eingriff und Eingriffsobjekt abgestellt werden muß. Die einzelnen Kriterien sind nicht losgelöst von den übrigen zu prüfen oder auch nur bestimmbar, die In-Verhältnis-Setzung von Eingriff und Objekt macht vielmehr gerade das Sonderopfer aus. Dieses ist eben kein formales Merkmal mehr, dessen Vorliegen — etwa als Einzelakt — isoliert festgestellt werden könnte. Die Modifizierung der (alten) Sonderopferlehre aufgrund materieller Momente wird nicht durch die Begrenzungen der als Eigentum geschützten Rechtsposition im Wege der Pflichtigkeitskonstruktion *„ergänzt"*[144], diese ist keine Relativierung der Sonderopfertheorie, sondern verwirklicht den materiellen Gleichheitsgedanken.

Sie ist Ausdruck nicht nur einer Abkehr in der Argumentation von dem formalen Merkmal des Einzeleingriffs, sondern einer *Überwindung* der Einzelaktlehre. Man mag den Ergebnissen oder Begründungen, zu denen der BGH in Praktizierung der Pflichtigkeitskonstruktion gelangt, kritisch gegenüber stehen, festzuhalten ist jedoch, daß sie den methodischen Ansatzpunkt für eine materielle Fragestellung bei der Abgrenzung von Enteignung und Sozialbindung darstellt.

Dies erhellt auch aufgrund einer Aussage, die der BGH im Rahmen der Pflichtigkeitslehre macht: Nachdem das Vorliegen einer Enteignung zu verneinen ist, wenn die konkret ausgesprochene Beschränkung nur die Realisierung einer schon vorher „als Pflichtigkeit" quasi latent vorhandenen Eigentumsbindung ist, liegt eine Verletzung des Gleichheitssatzes auch nicht darin, daß diese Bindung nicht gegenüber allen Eigentümern, denen sie auferlegt werden könnte, geltend gemacht wird[145]; die „Ungleichheit" bei der Verwirklichung einer Pflichtigkeit, daß sie

---

[143] s. *Kreft*, Ehrengabe Heusinger, S. 167 ff. (171), m. Nachw.; *ders.*, Anm. bei BGH, LM, GG Art. 14 Nr. 36 (Bb). Kreft stellt die Pflichtigkeiten allerdings in Zusammenhang mit dem „zweiten Problemkreis", der Abgrenzung Enteignung/Sozialbindung, und nicht dem Eigentumsbegriff (vgl. ebd., S. 173).

[144] So *Peter*, S. 551 Fn. 27.

[145] So bereits BGHZ 23, 30 (33 f.); ferner BGHZ 27, 15; 32, 225; 40, 335; LM, GG Art. 14 Nr. 70 („Kapellenfall"). Vgl. auch *Kreft*, Ehrengabe Heusinger, S. 167 ff. (178).

nur bei einigen, nicht bei allen von ihr betroffenen Eigentümern sich zur Pflicht verdichtet, soll demnach nicht die die Enteignung charakterisierende sein. Sollte dieses Ergebnis überraschen[146], so mag man sich auf die Grundlage des materiellen Gleichheitsprinzips, dem die Pflichtigkeitstheorie entspricht, besinnen. Die Feststellung, daß eine bestimmte Maßnahme von der von vornherein bestehenden Pflichtigkeit des Objekts gedeckt ist, besagt, daß der Eingriff vom Wesen der betroffenen Rechtsposition her gerechtfertigt erscheint und damit keine Verletzung des Lastengleichheitsprinzips darstellt; dem Adressaten wird eben nur „das Seine" gewährt. Entscheidend ist abzustellen auf die Eigenart des Eigentumsrechts[147]; trägt die in Frage stehende Beeinträchtigung ihr Rechnung, so liegt keine Enteignung vor. Nur auf die Prüfung dieser Relation kann die Bestimmung des Sonderopferbegriffs ausgerichtet sein. Würde hingegen der Vergleich dahingehend gezogen, ob auch die anderen der gleichen Pflichtigkeit unterliegenden Objekte belastet werden, dann liefe dies wiederum auf eine Untersuchung im Sinne der bereits abgelehnten Gleichheit der Ergebnisse, also eine formale Betrachtung hinaus. Der Enteignungstatbestand würde isoliert anhand des Eingriffs festgelegt, während ausschlaggebend dessen Vereinbarkeit mit dem Wesen des Rechts ist, wobei der Umstand, daß eine Pflichtigkeit „ungleich" im Sinne von nicht allgemein konkretisiert wird, irrelevant bleibt. Der BGH liefert demnach nicht „bedenklich manipulierbare Leerformeln"[148] zweier Gleichheiten, sondern trifft insofern konsequent die Unterscheidung von formaler und materieller Gleichheit, wobei allein letztere Inhalt des Sonderopferbegriffs ist.

Es wird nicht verkannt, daß auch der Auswahl der in Anspruch genommenen Eigentumsrechte Bedeutung zukommt. Können mehrere Rechtspositionen aufgrund ihrer Eigenart in bestimmter Weise beschränkt werden — sei es, daß der Gesetzgeber selbst aus Pflichtigkeiten Pflichten macht oder daß er diese Möglichkeit der Verwaltung eröffnet —, so sind dabei weder Legislative noch Exekutive völlig frei. Eine unzulässige Ungleichbehandlung kommt hier in Betracht im Hinblick auf Art. 3 I GG; dieser verbietet dem Gesetzgeber, bei der Normsetzung von unsachgemäßen Erwägungen auszugehen, wie er in gleicher Weise das administrative Ermessen im Sinne willkürfreier Ausübung begrenzt[149]. Die Beurteilung einer Verletzung des Gleichheitssatzes richtet sich hinsichtlich der Auswahl, bei welchen einer identischen Pflichtigkeit unterworfenen — artgleichen — Rechten diese realisiert wird, demnach nach Art. 3 I GG[150], dem allgemeinen Gleich-

---

146 Etwa *Bender*, Staatshaftungsrecht, Rdnr. 15 a. E.
147 Vgl. auch BGHZ 23, 30 (34).
148 *Bender*, Fn. 30.
149 Zu Art. 3 I GG vgl. oben C II 1.
150 Vgl. auch BGHZ 23, 30 (34).

heitssatz; dies hat aber nichts mit dem das Sonderopfer prägenden speziellen entschädigungsrechtlichen Prinzip der Gleichheit zu tun[151].

Indem die Pflichtigkeitslehre zu einer Begründung von vornherein bestehender Einschränkungen der Eigentumsfunktionen führt, trägt sie zur Beantwortung der Fragestellung des Lastengleichheitsgrundsatzes bei, ob das betreffende Objekt in einer seinem Wesen angemessenen Weise behandelt worden ist; der Umstand, bei welchen und wievielen Eigentümern eine Pflichtigkeit zur Pflicht wird, ist diesbezüglich bedeutungslos und vermag zu einer relevanten „Ungleichheit" allenfalls gemäß dem allgemeinen Gleichheitssatz des Art. 3 I GG zu führen, nicht aber zu einem „Sonderopfer"[152].

[151] Obwohl der BGH in der Sache in diesem Sinne judiziert, scheint er diese Unterscheidung von allgemeinem und speziellem Gleichheitssatz in *diesem* Zusammenhang nicht zu sehen; er spricht (ebd., S. 32 u. 34) in beiden Fällen vom Gleichheitssatz und argumentiert im Sinne von Art. 3 I (s. auch oben — wie in Fn. 149 angegeben).

[152] Dabei ist freilich zu beachten, daß gegebenenfalls ein solcher Verstoß gegen Art. 3 I GG eine Entschädigungspflicht des Hoheitsträgers aus enteignungsgleichem Eingriff nach sich ziehen kann wegen des aufgrund der Rechtswidrigkeit der Maßnahme regelmäßig zu bejahenden Sonderopfers.

D. Die Pflichtigkeitslehre als methodische Grundlage der BGH-Rechtsprechung zum Sonderopfer

Wenn sonach die Pflichtigkeitstheorie als eine Verwirklichung des hier geforderten materiellen Verständnisses des Gleichheitsprinzips erscheint, weil sie die Entscheidung von der In-Beziehung-Setzung von Eingriff und Objekt und in diesem Rahmen von der Qualität der betroffenen Rechtsposition abhängig macht, so ist damit aber noch nicht gesagt, daß sie nun die gesuchte allgemeine Leitlinie in der Rechtsprechung des BGH darstellt. Immerhin ist ein Kriterium aus dieser Rechtsprechung gefunden, das dem Gehalt des Lastengleichheitsgrundsatzes zu entsprechen vermag, und es wäre wünschenswert, daß dies auch die allgemein gültige methodische Grundlegung der Entschädigungsjudikatur ist. Indem der BGH im grundlegenden Beschluß des Großen Zivilsenats[1] die Erwägung heranzog, ob der Eingriff mit dem Wesen des betroffenen Rechts vereinbar ist, argumentierte er bereits im Sinne der Pflichtigkeitslehre, d. h. untersuchte, inwieweit die Beeinträchtigung als lediglich Konkretisierung einer dem Objekt vorgegebenen, ihm von vornherein anhaftenden Beschränkung, eben Pflichtigkeit, zu rechtfertigen ist. „Erfunden" und als solche benannt wurde die Pflichtigkeitslehre hingegen erst im Grünflächenurteil aus dem Jahre 1956[2], und ihre Anwendung erstreckt sich — zumindest ausdrücklich — trotz einiger Ausweitungen immer noch erst auf Teilbereiche des Entschädigungsrechts, und wie bei der Darstellung der BGH-Rechtsprechung aufgezeigt wurde, enthält diese eine Fülle weiterer Elemente, die nicht sofort mit dem Pflichtigkeitsdenken in Verbindung zu bringen sind. Gleichwohl kann dieses Grundlage der Judikatur insgesamt sein; der BGH mag erst nach einiger Zeit bei einer typischen Fallgestaltung seiner gegenüber der formalen Abgrenzung gewandelten Auffassung des Gleichheitsprinzips eine Zusammenfassung und dogmatische Begriffsprägung haben geben wollen; des weiteren kann deren explizite Heranziehung auf der Ausgangskonstellation verwandte Sachverhalte beschränkt worden sein, die in den übrigen zur Beurteilung anstehenden Fällen genannten Gesichtspunkte können aber auf eine Anwendung der Pflichtigkeitslehre auch hier hindeuten, wenn sie in diese einordbar sind. Dies gilt es daher zu untersuchen, um anschlie-

---

1 BGHZ 6, 270.

2 BGHZ 23, 30.

ßend eventuell zu der Feststellung zu gelangen, daß die Kennzeichnung der Enteignung als Verstoß gegen den Gleichheitssatz durchweg meint, es komme darauf an, ob die betreffende Rechtsposition des Bürgers in einer ihrem Wesen entsprechenden Art und Weise behandelt worden ist, daß also Schlüssel zum methodischen Verständnis des Sonderopferbegriffs des BGH die Pflichtigkeitslehre ist.

I. Die verschiedenen Arten rechtmäßiger Eigentumsbeeinträchtigungen

1. Enteignungen durch und aufgrund Gesetzesnorm

Bei dieser Prüfung ist dem Umstand Rechnung zu tragen, daß ebenso, wie die diversen Eigentumsbeschränkungen inhaltlich mannigfaltigen Charakter haben, die Art des Eingriffs in formeller Hinsicht, bezogen auf die Qualität des eingreifenden Hoheitsakts, unterschiedlich sein kann. Nach Art. 14 III S. 2 GG kann eine Enteignung durch Gesetz oder aufgrund eines Gesetzes erfolgen; die Möglichkeit einer Legalenteignung ist somit in Abweichung von Art. 153 II S. 1 WRV ausdrücklich anerkannt, wodurch die Abkehr vom „klassischen Enteignungsbegriff", die bereits das Reichsgericht vorgenommen hatte, bestätigt wird. Gleichwohl kommt der Enteignung unmittelbar durch Gesetz keine entscheidende Bedeutung zu; im Gegensatz zur Administrativenteignung — mit vollem verwaltungsrechtlichem Rechtsschutz — findet bei ihr bezüglich des Gesetzes als Eingriffsakt nur eine verfassungsgerichtliche Kontrolle statt; wegen dieser Beschränkung für den Betroffenen, die enteignende Maßnahme auf ihre Rechtmäßigkeit hin gerichtlich überprüfen zu lassen, können Legalenteignungen nur ausnahmsweise für zulässig gehalten werden, etwa wenn wegen besonderer Umstände eine Eilbedürftigkeit derart vorliegt, daß Einzelenteignungen nicht in für die Erreichung des erstrebten öffentlichen Zweckes angemessener Zeit durchgeführt werden können[3].

Regelfall ist demnach die Enteignung aufgrund Gesetzes. Dabei ist zunächst an die Vollziehung gesetzlicher Ermächtigungen durch Verwaltungsakt zu denken; da aber nicht nur eine rechtliche, sondern auch eine nur tatsächliche Einwirkung einen Entschädigungsanspruch zu begründen vermag[4], können Enteignungen ebenfalls durch Realakte erfolgen[5]. Dies ist um so praktischer geworden, seitdem der BGH das Erfordernis der Finalität des Eingriffs fallenließ und sich mit der Voraussetzung einer unmittelbaren Beeinträchtigung des Eigentums durch

---

[3] s. hierzu BVerfGE 24, 367; ferner *Maunz / Dürig / Herzog*, GG, Art. 14 Rdnr. 82.

[4] So ausdrücklich BGHZ 17, 96 (101), mit Bezug auf RGZ 167, 14 (25) und BGHZ 6, 270 (291).

[5] Vgl. auch *Bender*, Staatshaftungsrecht, Rdnr. 28, m. Nachw.

hoheitliches Handeln begnügte[6], so daß die zahlreichen Fälle der Schädigungen Privater durch — weitgehend unbeabsichtigte — Auswirkungen öffentlich-rechtlicher Veranstaltungen erfaßt werden können[7]. Grundlage für die Beurteilung der Zulässigkeit dieser Maßnahmen und damit Ausgangspunkt auch der enteignungsrechtlichen Fragestellung ist jedoch das „Gesetz", auf das Eingriffe jedweder Art zurückführbar sein müssen[8] und das überwiegend im Sinne der Forderung nach einer formellen Rechtsnorm aufgefaßt wird[9].

Inhaltlich gibt es dabei bei den Gesetzen im Hinblick auf ihre „Vollziehbarkeit" verschiedene Möglichkeiten: Es kann zum einen bereits selbst Voraussetzungen und Art des Eingriffs detailliert und abschließend regeln, so daß bei Vorliegen eines bestimmten Sachverhalts nur eine Rechtsfolge in Betracht kommt, die Behörde somit kein Auswahlermessen besitzt, sondern nur die in der Normierung getroffene Bindung „umzusetzen" hat. Andererseits braucht die gesetzliche Grundlage der Executive ihr Vorgehen nicht eingehend zu determinieren und kann ihr in einem weiteren Rahmen die Befugnis für verschiedene Maßnahmen geben, wobei die Bestimmung, welcher Eingriff im konkreten Fall vorgenommen wird, der Verwaltung obliegt.

Es erhebt sich die Frage, welche Bedeutung diese Unterscheidung für die entschädigungsrechtliche Beurteilung hat. Wenn es sich hierbei um das Verhältnis von allgemeiner gesetzlicher Anordnung und Vollzugsakt im Einzelfall handelt, so scheint es für das Merkmal Sonderopfer wenig Relevanz zu haben, da die Einzelakttheorie überwunden ist. Doch soll hier eine methodische Differenzierung dahingehend vorgenommen werden, an welchem Punkt die Prüfung, ob das materielle Gleichheitsprinzip verletzt ist, anzusetzen hat. Bei der ersten genannten Fallgruppe einer Bindung der Verwaltung durch ein Gesetz, das Art und Ausmaß der Eingriffsmöglichkeit einheitlich fixiert und den Behörden in dieser Hinsicht keinen Spielraum läßt[10], ist der einzelne Verwaltungsakt nicht als eigentlich selbständige Belastung, sondern als Realisierung der gesetzlichen Eigentumsbeschränkung anzusehen, auch wenn diese für den Betroffenen erst durch die Anordnung der Verwaltung verbindlich wird. Der BGH hat bereits in der Grundsatzentscheidung aus dem Jahre 1952 betreffend die Maßnahmen der Wohnraumbewirtschaftung ausgeführt, die Zerlegung der Einschränkung der

[6] Ausdrücklich seit BGHZ 37, 44.

[7] Vgl. etwa die schon erörterten Fälle der Anliegerbeeinträchtigungen.

[8] „Gesetzlose" Eigentum betreffende Maßnahmen wären jedenfalls als enteignungsgleicher Eingriff entschädigungspflichtig.

[9] Vgl. *Maunz / Dürig / Herzog*, Rdnr. 83, m. Nachw. auch zur abw. Meinung.

[10] Nur hierauf kommt es an: nicht ob der Erlaß einer Maßnahme im Ermessen der Behörde steht, sondern ob die Behörde nur in einer, im Gesetz festgelegten *Art* eingreifen kann, ist entscheidend; dies wohl nicht erkennend *Haas*, MDR 1952, 648 (650).

Herrschaftsbefugnisse der Eigentümer in verschiedene Teilakte erfolge nur aus rechtstechnischen Gründen, so daß wegen des inhaltlichen Zusammenhangs von gesetzlicher Regelung und Verwaltungsakt letzterem keine selbständige Bedeutung beigelegt und er nur gemeinsam mit jener betrachtet werden könne; die entscheidende Frage sei demnach, ob das Wohnungsgesetz als Inhalts- und Schrankenbestimmung des Eigentums aufgefaßt werden könne[11].

Dies legt zunächst die Vermutung nahe, der BGH habe damit nur ihm nicht genehmen Ergebnissen der Einzelakttheorie ausweichen wollen, wobei jedoch verkannt würde, daß diese von ihm nicht mehr aufrechterhalten wird[12]. Denn der generelle Charakter einer Normierung hat nicht zur Folge, daß sich die Entschädigungsfrage überhaupt nicht stellt. Es ist anerkannt, daß dem Gesetzgeber hinsichtlich seiner Befugnis, durch allgemeine Regelungen den Inhalt des Eigentums zu bestimmen und dieses sozial zu binden, Schranken gesetzt sind[13].

2. Sozialbindung und Enteignung durch Gesetz

Zu fragen ist, welcher Stellenwert dieser Erkenntnis im Rahmen der auf ihre prinzipielle Geltung zu überprüfenden Pflichtigkeitslehre zukommt. Indem diese von vornherein als Pflichtigkeiten bestehende Belastungen von Eigentumsrechten begründet, dient sie zur Bestimmung des Wesens von Rechtspositionen, das nach dem materiellen Gleichheitssatz entscheidend ist. Dabei ist zu berücksichtigen, daß es in der Regel eine Mehrzahl wesensgleicher Eigentumsobjekte geben wird, die identische, ihre Eigenart kennzeichnende Merkmale aufweisen. Deren Relevanz ergibt sich aus der Art des Eingriffs; denn wenn jedes seinem Wesen entsprechend behandelt werden soll, so sind jeweils nur die Wesenskriterien zu berücksichtigen, die bei dem in Frage stehenden Eingriff angesprochen sind. Es lassen sich so unter dem Gesichtspunkt eingriffsspezifischer Gruppierung Gattungen von Rechten gleicher Art und Eigentümlichkeit aufstellen. Deren Beschaffenheit liegt jedoch nicht ein für allemal unveränderlich fest, sondern ist wandelbar; eine Änderung des Wesens einer solchen Gruppe von Rechten kann aber nur dann angenommen werden, wenn alle dieser angehörenden Eigentumsobjekte davon betroffen sind. Es muß sich mithin um eine Neubestimmung des Wesens dieser Rechtspositionen handeln, die „allgemeiner“ Natur ist. Die mögliche Form dafür stellt demnach das Gesetz dar; eine Normierung, die alle unter dem konkreten Aspekt wesensgleichen Rechte erfaßt, vermag deren Eigenart zu verändern.

---

[11] BGHZ 6, 270 (284 ff.).

[12] s. oben C II 2 c) aa); vgl. auch *Forsthoff*, JZ 1952, 627 (628), zu der Frage, inwieweit dies auf ein materielles Abgrenzungsverständnis schließen läßt.

[13] s. oben B I.

Gesetzliche Regelungen können demzufolge festlegen, welche inhaltlichen Begrenzungen von nun an der betroffenen Gattung von Rechten allgemein eigentümlich sein sollen[14], sie können deren Wesen wandeln und neu festsetzen, im Sinne der Pflichtigkeitstheorie gesprochen: neue Pflichtigkeiten schaffen. Demnach scheint sich die Frage nach einer Gleichheitsverletzung — mit der Möglichkeit, ein Sonderopfer und eine Enteignung anzunehmen — bei Rechtsnormen nicht zu stellen; die auf dem „klassischen Enteignungsbegriff" basierende Auffassung, generelle gesetzliche Maßnahmen könnten niemals Enteignung sein, wäre aufs neue begründet.

Doch gilt dies nur unter bestimmten Voraussetzungen, die sich zum Teil aus dem bereits Gesagten ergeben. Die Wesensänderung von Rechten muß notwendig „allgemeiner Natur" sein, d. h. jedes Eigentum gleicher Art in gleicher Weise beeinflussen[15]. Ferner muß sich die Neufestsetzung von Wesensmerkmalen gemäß dem materiellen Gleichheitspostulat auf solche Bestimmungen beschränken, die sich schon aus den bisherigen Eigenschaften der betroffenen Objekte herleiten lassen, ihnen ihrer Natur nach „eigentümlich sein können"[16]. Dieser Grundsatz wird in der Rechtsprechung, die auf den Beschluß des Großen Zivilsenats gefolgt ist, zwar nicht mehr erwähnt, dafür tritt ein weiteres Element, das bereits der Große Senat angesprochen hatte, in den Vordergrund: auch durch gesetzliche Eigentumsbeschränkungen dürfe nicht der nach Art. 19 II GG geschützte Wesensgehalt der Eigentumsrechte angetastet werden[17]. Die Heranziehung der Wesensgehaltgarantie, die der BGH auch bezüglich Einzelmaßnahmen vornimmt[18], wirft weitere Fragen auf: Kann Art. 19 II GG überhaupt zur Abgrenzung von Enteignung und Sozialbindung dienstbar gemacht werden, wenn Art. 14 III GG — gegen Entschädigung — Eingriffe in die Substanz des Eigentumsrechts gerade zuläßt? Daher könnte zweifelhaft sein, inwieweit Art. 19 II GG hinsichtlich Art. 14 GG gilt, und so wird verschiedentlich auch behauptet, seine Wirkung beschränke sich auf die Garantierung des Eigentums als Rechtsinstitut und er zwinge lediglich zur Beachtung der grundlegenden Wertentscheidung des Grundgesetzes zugunsten des Privateigentums[19]; bezüglich des Einzelrechts komme allenfalls die Gewährleistung der Erhaltung des Eigentumswertes in Betracht, nicht aber der Substanz, die gegen Entschädigung enteignet

[14] So bereits BGHZ 6, 270 (279).

[15] Vgl. auch *Kreft*, Aufopferung und Enteignung, S. 25.

[16] BGH, ebd. (Fn. 14).

[17] BGHZ 30, 338; 43, 196; 48, 46; 53, 226; 56, 40; 57, 375; LM, GG Art. 14 Nr. 44 (A), Art. 19 Nr. 22/23; MDR 1964, 486.

[18] Etwa BGHZ 23, 30; 54, 293; 60, 126 u. 145; LM, GG Art. 14 Nr. 24 (Cf), WRV Art. 153 Nr. 19.

[19] Vgl. *v. Mangoldt / Klein*, GG, Art. 14 Anm. V 1 d; *Maunz*, Staatsrecht, § 21 II 2; *Bender*, NJW 1965, 1297 f.; *Schöne*, DÖV 1954, 552 f.

werden könne[20]. Doch auch wenn man demgegenüber — wie es der BGH ersichtlich tut — davon ausgeht, Art. 19 II GG sei auch hinsichtlich individueller Eigentumsrechte anwendbar[21], so scheint dies nicht weiter zu helfen: Da die zu erörternde Enteignung gerade ein — für zulässig erklärter — Fall einer Wesensgehaltsverletzung ist, sind dann nicht diese und jene identisch, so daß die Frage nach dem Wesensgehalt nichts anderes als die Frage nach dem Begriff der Enteignung ist?

Ob die Berufung auf Art. 19 II GG zur Abgrenzung von Enteignung und Sozialbindung zulässig ist und welche Bedeutung ihr diesbezüglich zukommen mag, wird noch zu erörtern sein; sie ist hier zunächst in dem Sinne zu behandeln, den der BGH ihr als Schranke für die Legislative, den Inhalt des Eigentums allgemein-verbindlich zu bestimmen, gibt. Danach sollen allgemeine Gesetze gegen die Wesensgehaltgarantie verstoßen, wenn sie die betroffenen Eigentumsrechte in einer Art beeinträchtigen, daß dies für den Eigentümer einer Entziehung des Rechts gleich- oder nahekommt[22]; insofern sei zur Beurteilung auf die Tragweite und Schwere des gesetzgeberischen Eingriffs abzustellen[23].

Dem BGH ist verschiedentlich vorgeworfen worden, gerade an dieser Stelle zeige sich, daß seine Sonderopfertheorie, die dann im Sinne der Einzeleingriffslehre verstanden wird, versage; der BGH müsse, um das „richtige“ Merkmal der Schwere zu berücksichtigen, fragwürdigen Rückgriff auf Art. 19 II GG nehmen, weil er eingesehen habe, generelle Maßnahmen seien nicht ausnahmslos als entschädigungslose Sozialbindung zulässig, dies der Einzelakttheorie aber widerspreche[24].

---

[20] *Hesse*, Verfassungsrecht, S. 182; *Maunz / Dürig / Herzog*, GG, Art. 14 Anm. 22.

[21] Daß Art. 19 II GG eine Grenze für die Befugnis des Gesetzgebers aus Art. 14 I 2 GG bildet, wird auch im Schrifttum weitgehend anerkannt — vgl. *Bender*, *Maunz / Dürig / Herzog*, je a.a.O.; *Hamann*, NJW 1953, 1217; *ders.*, NJW 1952, 1176; *Haas*, MDR 1952, 648; *Ipsen*, VVDStRL 10 (1952), 74 (94); freilich immer nur aus der Sicht der Institutsgarantie.

[22] BGHZ 6, 270 (279), spricht von Eingriffen in die „Substanz“; vgl. ferner BGHZ 48, 65 (69); auch in den übrigen (Fn. 17, 18 genannten) Entscheidungen führt der BGH dazu nichts näheres aus; zutreffend weist *Schack*, NJW 1963, 750 (751 mit Fn. 4), aber darauf hin, daß der BGH damit generellen Eigentums*entziehungen* beizukommen sucht. Teilweise leitet der BGH den Grundsatz, daß entschädigungsloser Eigentumsentzug unzulässig ist, allerdings auch direkt aus Art. 14 III GG her (vgl. BGH, LM, GG Art. 14 Nr. 17 [Ca]), zum Teil hebt er allein auf die besondere Schwere ab (etwa BGHZ 10, 255); vgl. dazu auch die folgende Fußn.

[23] *Kreft*, Aufopferung und Enteignung, S. 22; *ders.*, Ehrengabe Heusinger, S. 167 (174); *ders.*, Das Recht der Wasserwirtschaft, Heft 17, 1971, S. 35 (47). Vgl. ferner *Leisner*, Sozialbindung, S. 147 ff., nach dem das Abstellen auf die Schwere notwendig aus dem Grundrechtscharakter des Eigentums folgt, das als Menschenrecht (vgl. dazu *Dürig*, ZgesStW 109 (1953), 326 ff.) einen Kernbereich besitze; deshalb gebe es auch einen Wesensgehalt des Eigentums im Sinne von Art. 19 II GG.

[24] s. *Schack*, NJW 1963, 750 (751 mit Fn. 4), u. NJW 1954, 577 (578).

Wie oben dargestellt faßt der BGH das Merkmal Sonderopfer, das zur Abgrenzung von Enteignung und Sozialbindung dient, jedoch als materielle Gleichheitsfrage auf, was Ausdruck in der Schaffung der Pflichtigkeitslehre gefunden hat. Es ist demnach zu versuchen, den genannten vom BGH der Wesensgehaltsgarantie bezüglich des Eigentums gegebenen Inhalt im Rahmen der Lehre von den Pflichtigkeiten zu erklären.

Daß die Entziehung der betroffenen Rechtsposition regelmäßig eine Enteignung darstellt, war bereits Aussage des „klassischen Enteignungsbegriffs“ und bildet als keiner Abgrenzung bedürftiger Fall einen nach wie vor gültigen Fixpunkt[25]. Nachdem entgegen noch der Bestimmung des Art. 153 WRV entschädigungslose Enteignungen prinzipiell unzulässig sind, ist auch bei generellen Eigentumsbeeinträchtigungen die Beantwortung der Frage, ob sie entschädigungslose Sozialbindung oder entschädigungspflichtige Enteignung sind, von Belang, — die sog. Junktimklausel des Art. 14 III S. 2 GG verpflichtet den Gesetzgeber sogar dazu, sich über den diesbezüglichen Charakter der von ihm getroffenen Maßnahme Klarheit zu verschaffen —, und demgemäß muß auch hier der Entzugsgedanke Anwendung finden[26].

Allgemeine methodische Grundlegung der Abgrenzung soll die Prüfung sein, inwieweit die jeweilige Beschränkung mit dem Wesen des betroffenen Rechts vereinbar ist, ihm eigentümlich sein kann oder — im Sinne der Pflichtigkeitslehre — sie ihm als mögliche Belastung von vornherein anhaftet. Dies betrifft in der Regel jedoch nur Änderungen des Inhalts einer Rechtsposition; zu deren Wesen gehört vor allem und in erster Linie, daß sie bei dem bisherigen Inhaber belassen wird[27]. Zu ihren Eigenschaften zählt, daß ihre Existenz in der Hand des Rechtsträgers gesichert ist, und dies nicht nur im Sinne bloßen Vorhandenseins: Unter einer Rechtsordnung, die sich zur Privatautonomie und auch wirtschaftlichen Entfaltungsfreiheit des Einzelnen bekennt[28], ist dem Eigentumsrecht vielmehr ebenso eigentümlich, daß dem Betroffenen nicht nur dessen formale Inhaberschaft, sondern wenigstens ein Minimum an ökonomischer Verwertbarkeit verbleibt. Geht die Einschränkung über dieses Maß hinaus, so ist sie einer völligen Entziehung gleich zu achten[29]. Demzufolge sind Maßnahmen, die eine Aufhebung oder ihr nahekommende Beeinträchtigung des Eigentums enthalten,

---

[25] BGHZ 4, 10; *Schack*, s. oben Fn. 24; vor allem *Leisner*, S. 199 ff.

[26] Vgl. auch *Kreft*, Aufopferung und Enteignung, S. 21.

[27] Vgl. *Ipsen*, VVDStRL 10 (1952), 74 (95).

[28] *Leisner*, S. 201; prinzipiell *Maunz / Dürig / Herzog*, GG, Art. 2 I Rdnrn. 43 ff.

[29] Bezüglich eines Falles dieser Art s. etwa BVerwG, NJW 1969, 332: „völlige Aushöhlung“ des Eigentums, da die Beschränkungen so weit gehen, daß nicht mehr die am Eigentum haftenden Verpflichtungen erfüllt werden können. Vgl. hierzu wiederum *Leisner*, S. 201.

dem Eingriffsobjekt nie wesensgemäß, mit anderen Worten: Es besteht regelmäßig keine Pflichtigkeit, solche Belastungen (entschädigungslos) zu dulden[30], sie verletzen daher den materiellen Gleichheitssatz und sind Enteignung.

Die vom BGH im Zusammenhang mit der Wesensgehaltgarantie des Art. 19 II GG herangezogenen Gesichtspunkte sind demnach in das für den Sonderopferbegriff maßgebliche Egalitätsprinzip integrierbar. Allgemeine gesetzliche Regelungen sind wegen der Befugnis des Normgebers, Wesen und Inhalt der Eigentumsrechte zu bestimmen und damit neue Pflichtigkeiten und Pflichten zu schaffen[31], weitgehend als entschädigungslos bleibende Sozialbindung anzusehen. Bestimmte Beschränkungen, die den Wesensgehalt des Eigentums antasten, sind jedoch auch dem Gesetzgeber verwehrt[32], nämlich solche, die einen Entzug des Rechts darstellen oder ihm gleichkommen, also Eingriffe von besonderer Schwere. Somit können hier zwei der aus der Rechtsprechung aufgezeigten Kriterien eingeordnet werden: die Intensität der Beeinträchtigung und wiederum — nachdem er bereits bezüglich des Prinzips der Verhältnismäßigkeit Relevanz erlangt hat[33] — der Gedanke der Existenzgarantie, der vor Entziehung der Rechtsposition schützt. Auf diese beiden Elemente scheint der BGH abzustellen, um der im Grundsatzbeschluß des Großen Zivilsenats geforderten Prüfung, ob die inhaltliche Begrenzung durch Gesetz der betroffenen Gattung von Rechten ihrer Natur nach eigentümlich sein könne, Genüge zu tun.

Dies bewegt sich durchaus im Rahmen des für relevant erklärten materiellen Gleichheitssatzes und vermag demzufolge zur Bejahung oder Verneinung eines Sonderopfers wegen „Gleichheit" oder „Ungleichheit" zu führen. Demgegenüber will der BGH offensichtlich zwischen Gleichheits- und Wesensgehaltsverletzung differenzieren, wenn er etwa neuestens ausführt, es komme darauf an, ob in eine als Eigentum im Sinne des Art. 14 GG geschützte Rechtsposition in einer Weise eingegriffen werde, die dem Betroffenen unter Verstoß gegen den Gleichheitssatz ein Sonderopfer auferlege *oder* den Wesensgehalt seines Rechtes antaste[34], oder, regelmäßig sei danach zu entscheiden, ob

---

[30] Auf die bereits angesprochenen Ausnahmen (s. oben B III 3 b) bb)), die mit Hilfe der Pflichtigkeitskonstruktion begründet werden können, wird noch einzugehen sein.

[31] Sofern der Eingriff nicht unmittelbar durch das Gesetz erfolgt, schafft dies erst eine Pflichtigkeit, die für den Einzelnen aufgrund des Vollzugsakts zur Pflicht wird!

[32] Wegen Art. 14 III GG scheinen solche Eingriffe aber nicht per se rechtswidrig und nichtig zu sein, vielmehr unter den Voraussetzungen des Art. 14 zugelassen zu werden (*Kreft*, Aufopferung, S. 23 f.).

[33] s. oben C I 2 b).

[34] BGHZ 60, 145 (147), (Hervorhebung v. Verf.).

der Gleichheitssatz verletzt sei, im übrigen liege stets dann eine Enteignung vor, wenn der Wesensgehalt des Eigentums angetastet werde[35]. Dies mag noch dahingehend aufgefaßt werden können, daß der BGH die Schranke des Art. 19 II GG nur besonders hervorheben wollte. Schwerer wiegt allerdings, wenn *Kreft*[36] als authentischer Interpret der BGH-Rechtsprechung ausführt, auch generelle, *den Gleichheitssatz nicht verletzende* Regelungen verwirklichten Enteignungstatbestände, wenn durch sie der Wesensgehalt des Eigentums angetastet werde. Hier wird nicht nur die grundlegende methodische Bedeutung des Gleichheitsprinzips für die Enteignung in Frage gestellt[37], es erhebt sich der Verdacht, daß die Argumentation, indem allgemeine Regelungen als „gleich" angesehen werden, entgegen allen Beteuerungen eine nur formale ist. Hingegen ergibt eine Besinnung auf das materielle Gleichheitsverständnis und die ihm entsprechende Pflichtigkeitslehre[38] des BGH, daß es sich auch bei den von ihm unter dem Stichwort Wesensgehalt herangezogenen Gesichtspunkten für die Begrenzung der Befugnis des Gesetzgebers, durch generelle Eingriffe den Inhalt des Eigentums zu bestimmen, um solche handelt, die methodisch zur Gleichheitsfrage gehören. Die genannte Unterscheidung ist daher sinnlos, weil es auch bei der Untersuchung einer Verletzung von Art. 19 II GG darum geht, ob die betreffende Regelung mit dem Wesen der jeweiligen Eingriffsobjekte vereinbar ist; zudem bietet sie dem Schrifttum Anlaß zur Kritik, als die unmittelbare Anwendung von Art. 19 II GG nicht bedenkenfrei ist, und weckt den Verdacht, der BGH verstehe den Gleichheitssatz immer noch im Sinne der überwunden geglaubten Einzelakttheorie[39].

Bezüglich der enteignungsrechtlichen Prüfung allgemeiner gesetzlicher Regelungen läßt sich somit zusammenfassen: Bei Normierungen,

---

[35] BGHZ 60, 126 (130).

[36] Aufopferung und Enteignung, S. 25 (Hervorhebung v. Verf.).

[37] *Kreft* fährt fort: „Im Gegensatz zur Aufopferung ist es also nicht so, daß jede Enteignung einen Verstoß gegen den Gleichheitssatz voraussetzt."

Auch *Schack*, NJW 1954, 577 f. u. 1963, 750 (751), meint, daß in Fällen der Entziehung des Eigentums diese der Grund für die Entschädigung sei und nicht die Auferlegung eines Sonderopfers; wenn er ausführt, der BGH habe der Einzelaktlehre einen materiellen Einschlag (!) gegeben, so verkennt er, daß der Sonderopferbegriff des BGH kein formaler mit materiellen Einsprengseln, sondern die ihm zugrunde liegende Fragestellung eine materielle ist.

Vgl. auch *Riegel*, BayVBl. 1973, 403 (404 f.), der ebenfalls die Sonderopfertheorie des BGH als dogmatisch betrachtet formal bezeichnet und die kumulative Heranziehung des Art. 19 II GG als gänzlich verwirrend und inkonsequent ansieht.

[38] Diese erwähnt *Kreft*, ebd. überhaupt nicht, während er ihr in seiner im selben Jahr (1968) erschienenen Abhandlung in der Ehrengabe Heusinger, S. 167 ff. (173, 176 f.) entscheidende Bedeutung für die Abgrenzung von Enteignung und Sozialbindung beimißt.

[39] Vgl. oben Fn. 37.

die nur *eine* Art von Eingriffen der Verwaltung in das Eigentum zulassen und die Executive insoweit binden, ist bei der Beurteilung auf die gesetzliche Eröffnung der Eingriffsmöglichkeit abzustellen und nicht auf den nur rechtstechnische Bedeutung besitzenden Vollzugsakt. Der Gesetzgeber kann dabei gemäß Art. 14 I S. 2 GG Inhalt und Schranken des Eigentums bestimmende Normen erlassen und das Wesen von Eigentumsrechten, nach dem die Abgrenzung von Enteignung und Sozialbindung vorzunehmen ist, neu festsetzen, sofern die Regelung alle ihrer Natur nach gleichen und einer Gattung zugehörigen Objekte erfaßt. Diese Befugnis ist dahingehend beschränkt, als nur solche Belastungen als entschädigungslose Sozialbindung zulässig sind, die den betroffenen Rechten nach Art und Charakter überhaupt eigentümlich sein können. Hierunter fallen demgemäß nicht der völlige Entzug der Rechtsstellung sowie Maßnahmen, die eine sich aus dem der Eigenart des Objekts entsprechenden Zweck ergebende Verwertung des Eigentums vereiteln und deshalb dessen Entziehung gleichzusetzen sind; maßgeblich ist dabei das Kriterium der Schwere sowie der Gedanke der Existenzsicherung. Der BGH leitet dies aus Art. 19 II GG her; es ergibt sich aber schon aus dem materiellen Gleichheitsprinzip und ist in dessen Methodik und die der Pflichtigkeitstheorie integrierbar.

3. Die Abgrenzung im Einzelfall

a) Ausgangslage

Der bisher behandelte Fragenkomplex erfaßte erst einen Teilbereich, dem gegenüber die Vielzahl der Fälle steht, in denen der mögliche Inhalt eines Eingriffs in das Eigentum nicht durch Gesetz abschließend fixiert ist. Insbesondere auf Gebieten, in denen sinnvolle Staatstätigkeit Flexibilität des Vorgehens voraussetzt, um auf sich wandelnde und unterschiedliche Sachverhalte angemessen reagieren zu können, ist die Festsetzung der zur Regelung erforderlichen Maßnahmen durch Rechtsnorm impraktikabel. Der Gesetzgeber muß vielmehr der Verwaltung ein geeignetes Instrumentarium zur Verfügung stellen, damit sie die jeweils notwendige Beschränkung der Eigentumsrechte auszusprechen in der Lage ist. Grundlage ist auch hier eine gesetzliche Ermächtigung, die wegen des formellen Gesetzesvorbehalts unerläßlich ist[40]; sie beschreibt hinsichtlich Art und Inhalt des Eingriffs aber nur einen mehr oder weniger weit gesteckten Rahmen, der unterschiedliche Maßnahmen enthalten kann.

Diese Differenziertheit hat Auswirkungen auch auf die entschädigungsrechtliche Beurteilung, indem möglicherweise ein und dieselbe

---

[40] s. dazu oben D I 1.

Norm zu Belastungen ermächtigt, die teils als Sozialbindung, teils als Enteignung einzustufen sind[41]. Diese Entscheidung kann aber nur anhand und bezüglich des Eingriffs in concreto getroffen werden, nicht für das noch alle Möglichkeiten offenlassende Gesetz. Die im vorigen Abschnitt gemachte Aussage, Rechtsnorm und Vollzugsakt seien als Einheit zu sehen und zu bewerten, gilt hier nicht; denn der Anordnung im Einzelfall kommt nicht bloß rechtstechnische Bedeutung zu, durch sie wird vielmehr erst bestimmt, welche von mehreren zulässigen Beschränkungen für den Betroffenen relevant wird. Die Frage nach dem Vorliegen eines Sonderopfers hat demnach methodisch bei der konkreten Beeinträchtigung anzusetzen[42].

Dies gilt einmal dann, wenn der Gesetzgeber die Möglichkeit gesehen hat, daß die von ihm gegebene Ermächtigung zur Belastung von Eigentumsrechten und deren Enteignung führen kann[43], aber notwendigerweise auch, sofern es sich um nicht finale und nur tatsächliche Auswirkungen handelt, die nach der Rechtsprechung des BGH ebenfalls einen Entschädigungsanspruch zu begründen vermögen[44], da eine Eigentumsbeeinträchtigung vom Gesetzgeber gar nicht beabsichtigt war, als er die Befugnis zu einem bestimmten hoheitlichen Vorgehen erteilte[45].

---

[41] Zu denken ist z. B. an Vorschriften des Bau-, Naturschutz- oder Wasserrechts.

[42] Vgl. auch *Forsthoff*, JZ 1952, 627 (628).

[43] Für diese Fälle wird meist, um der Junktimklausel des Art. 14 III S. 2 GG Genüge zu tun, eine Entschädigung gewährt, „soweit es sich um eine Enteignung handelt"; vgl. z. B. § 16 II LStrG NRW, § 19 III WHG; s. auch *Maunz / Dürig / Herzog*, GG, Art. 14 Rdnr. 126.

[44] Seit BGHZ 37, 44, wonach die Schädigung nur unmittelbar durch eine hoheitliche Veranstaltung veranlaßt sein muß.

[45] Sofern derartige Gesetze überhaupt keine Entschädigungsvorschrift enthalten, müßten sie nach strikter Auslegung des Art. 14 III S. 2 GG als nichtig angesehen werden (s. BVerfGE 4, 219 [230 ff.]); dieses Ergebnis könnte vermieden werden, wenn man die Junktimklausel nur auf Gesetze mit objektiv vorhersehbarer enteignender Wirkung anwendete (vgl. *Hesse*, Verfassungsrecht, S. 183 f., m. Nachw.). Der BGH setzt sich mit dieser Problematik nicht auseinander, gewährt in diesen Fällen aber häufig Entschädigung wegen enteignungsgleichen Eingriffs (z. B. BGHZ 23, 157; s. dazu *Schack*, JZ 1960, 625 [626]); dies läßt darauf schließen, daß der BGH solche Schädigungen als rechtswidrig betrachtet (a. A. wohl *Schack*, a.a.O.); die Rechtswidrigkeit könnte sich einmal daraus ergeben, daß das zugrunde liegende Gesetz doch wegen Verstoßes gegen Art. 14 III S. 2 GG nichtig wäre — der BGH müßte dann allerdings den Weg nach Art. 100 GG beschreiten und diese Entscheidung dem BVerfG überlassen —, oder aus dem Gedanken des Erfolgsunrechts (s. dazu unten D IV 2.).

Besonders kurios mutet hier ein Urteil des OVG Koblenz, NJW 1961, 426, an: Da das Bauverbot nach § 9 I BFStrG, soweit es Bauland treffe, eine Enteignung darstelle, § 9 aber nur eine Sozialbindung wolle, könne die Vorschrift in solchen Fällen nicht angewandt werden. Das Gericht wollte offensichtlich eine Vorlage nach Art. 100 GG vermeiden (dazu kritisch *Körner*, NJW 1961, 797 f.). Vgl. zu § 9 BFStrG ferner BVerwG, DÖV 1964, 489, wo eine Enteignung mit Pflichtigkeitserwägungen (!) verneint wird.

Die Untersuchung muß somit darauf abzielen, ob die Schädigung in concreto „ungleich“ ist. Es soll hier nochmals betont werden, daß die Unterscheidung von generellen und individuellen Eingriffen nicht mehr die ausschlaggebende Begründung für das Vorliegen eines Entschädigungstatbestandes liefert, sondern nur den methodischen Ansatzpunkt beeinflußt. Wie generelle Eigentumsbeeinträchtigungen Enteignungen sein können, so steht umgekehrt der enteignende Charakter von „Einzeleingriffen“ keineswegs fest. Hier wie dort muß es sich um den materiellen Gleichheitssatz verletzende, mit dem Wesen der betroffenen Rechte nicht vereinbare Maßnahmen handeln. Dabei hat deren Singularität oder Allgemeinheit Auswirkungen auf die zur Prüfung heranzuziehenden Kriterien, indem durch generelle Regelungen das Wesen von Eigentumsobjekten neu bestimmt werden kann, wofür als begrenzendes Element der Gedanke der Existenzgarantie gilt. Durch einzelne Belastungen ist dies nicht möglich; sie können die Eigenart einer Gattung von Rechtspositionen nicht verändern, sondern sind daraufhin zu untersuchen, inwiefern sie an diese anknüpfen. Im Sinne der als für die Rechtsprechung des BGH grundlegend postulierten Pflichtigkeitslehre heißt dies: Ist der konkrete Eingriff eine Verwirklichung dem Recht vorgegebener, schon latent vorhandener Belastungen, „Pflichtigkeiten“?

b) Unmittelbare Anwendung der Pflichtigkeitslehre in der Rechtsprechung

Diese Fragestellung ist ohne weiteres in den Entscheidungen erkennbar, in denen der BGH ausdrücklich die Pflichtigkeitstheorie anwendet[46]. Er tut dies vorwiegend bei gegen das Grundeigentum gerichteten Maßnahmen, seien es die Einbeziehung in ein Grünflächenverzeichnis[47] oder Umlegungsverfahren[48], eine Bausperre[49], Anordnungen aus Gründen des Natur-[50] oder Gewässerschutzes[51]. Aus der Situation des jeweiligen Grundstücks, seiner Örtlichkeit und Lage sollen sich Pflichtigkeiten des Inhalts ergeben, die eine oder andere Nutzung, die ein vernünftiger und einsichtiger Eigentümer schon von sich aus nicht ins Auge fassen würde, zu unterlassen; deren Verbot macht daher eine von Natur aus bestehende Beschränkung geltend und stellt keine Enteignung dar.

Die Pflichtigkeiten scheinen demnach weitgehend unter dem Begriff der Situationsgebundenheit faßbar zu sein; doch sind sie nicht mit die-

---

[46] s. zum folgenden bereits die Darstellung der Rechtsprechung oben B III 3 b) bb).

[47] BGHZ 23, 30.

[48] BGHZ 27, 15; 31, 49; LM, GG Art. 14 Nr. 33 (Ce).

[49] BGHZ 30, 338; 58, 124; LM, GG Art. 14 Nr. 24 (Ce).

[50] BGHZ 57, 158; LM, GG Art. 14 Nr. 60; DÖV 1959, 750.

[51] BGHZ 60, 126 u. 145.

sem gleichzusetzen. Denn dies hätte sonst zur Folge, daß jede „situationsbezogene" Maßnahme als pflichtigkeitsgemäß und niemals als Sonderopfer anzusehen wäre — ein unhaltbares Ergebnis, das überdies auch nicht aus der BGH-Rechtsprechung ableitbar ist; damit würde nicht nur die Pflichtigkeitslehre als unbrauchbar gekennzeichnet, sondern auch ihre maßgebliche Bedeutung innerhalb der Rechtsprechung müßte verneint werden. Deutlich wird dies etwa auf dem Gebiete des Gewässerschutzes, z. B. der Schutzanordnungen nach § 19 II WHG: Voraussetzung für deren Rechtmäßigkeit ist gerade ihre Gewässerbezogenheit, daß sie an die Eigenschaft des Grundstücks als Träger eines schutzwürdigen Wasservorkommens anknüpfen[52]; insofern ergibt sich jede mögliche Beschränkung aus der Situationsgebundenheit und wäre, käme es für die Pflichtigkeitslehre allein hierauf an, stets Sozialbindung[53], und damit nicht zu vereinbaren wäre, daß der BGH in Fällen dieser Art gleichwohl eine Enteignung anerkennt[54]. Ähnlich verhält es sich mit Maßnahmen des Natur- und Landschaftsschutzes.

Versteht man die Pflichtigkeitslehre aber als Versuch, zur Klärung der gemäß dem materiellen Gleichheitsprinzip relevanten Frage nach dem Wesen des betroffenen Eigentumsrechts beizutragen, indem sie diesem vorgegebene Belastungen begründet, so erscheint die Situationsbezogenheit als ein mögliches, aber nicht alleiniges Merkmal. Zutreffend ist seine Heranziehung insofern, als örtliche Lage und Umweltbeziehungen die Eigenart des Rechtsobjekts prägen, sie bestimmen diese aber nicht ausschließlich. So hat der BGH ein Verbot der — noch nicht begonnenen — Auskiesung, das auf Gründen beruhte, die den Schutz des auf dem Grundstück befindlichen Wasservorkommens bezweckten, also situationsbezogen war, als Enteignung angesehen, weil dadurch eine von der Natur der Sache gegebene Nutzungsmöglichkeit unterbunden worden sei[55].

Doch unter welchen anderen Gesichtspunkten bestimmt der BGH jene „Natur der Sache"? Zum Wesen des Eingriffsobjekts sind zunächst die Kriterien zu rechnen, die bereits bezüglich genereller gesetzlicher Einschränkungen relevant wurden und quasi eine absolute und primäre Eigenschaft jedes Eigentumsrechts darstellen: die Folgerungen aus dem Gedanken der Existenzgarantie. Dabei dient seine Aussage, es sei jeder Rechtsposition wesensgemäß, daß sie formal in der Hand

---

[52] Vgl. bad.-württ. VGH, ZfW 1970, 262; *Burghartz*, nwLWG, § 26 Anm. 5, die Anordnung müsse zum Schutz des Gewässers unerläßlich sein.

[53] Mit dieser Konsequenz OLG Bamberg, Urteil v. 20. 3. 1970 — 3 U 129/69 —. *Külz*, WuB 1969, 115, und *Salzwedel*, ZfK 1968, Nr. 4, S. 8, halten die Situationsgebundenheit und damit die Pflichtigkeitslehre deshalb für nicht verwertbar und suchen nach anderen Kriterien.

[54] BGHZ 60, 126.

[55] Ebd., S. 133 ff.

des bisherigen Inhabers erhalten bleibe, nur als Ausgangsbasis, die ohnehin unproblematisch ist. Davon abzuleiten ist, daß dem Eigentümer die Möglichkeit funktionaler Verwertung seines Rechts erhalten bleiben muß; Auflagen, die dies unterbinden, sind einer Entziehung der Rechtsposition gleichzuachten. Hierüber macht der BGH jedoch noch einen bedeutsamen Schritt hinaus, indem er nicht nur fordert, daß dem Eigentümer irgendeine Verwendungsart zu belassen ist, sondern den Bestandsschutz dahingehend auslegt, daß der Betroffene darauf vertrauen könne, die bisher zulässige Art der Nutzung seines Eigentums auch künftig ausüben zu können[56]; deren Untersagung wird daher regelmäßig als Enteignung angesehen. Im Rahmen der Gleichheitsprüfung und der Pflichtigkeitslehre heißt dies, daß sich aus der Örtlichkeit, der „Situation" des Eigentumsobjekts ergebende Beschränkungen nicht so weit gehen, daß sie die ihm in erster Linie wesentliche Garantie seiner Existenz — im Sinne funktional-ökonomischer Realität — tangieren. Dies ist erstmals im Gipsbruchurteil angeklungen[57], wo der BGH das Grundeigentum als nicht mit jeder Naturschutzmaßnahme potentiell belastet ansah. Die Einordnung dieser Gedanken in die Pflichtigkeitslehre wurde zunächst jedoch nicht vorgenommen, in Fällen des Verbots bisher gezogener Nutzungen wurde die Gewährung von Entschädigung damit begründet, daß es sich dann um eine Verletzung der Wesensgehaltgarantie des Art. 19 II GG handele[58]. Dies konnte den Eindruck erwecken, daß auf dem Boden seiner Lehre von den Pflichtigkeiten der BGH eben doch nicht zurecht kam und nicht zu den gewünschten Ergebnissen gelangte und so die „Notbremse" des Art. 19 II GG einbauen mußte. Die damit angesprochenen Gesichtspunkte sind aber keine anderen als die für die materielle Gleichheitsfrage maßgeblichen — darauf wurde bezüglich der Heranziehung der Wesensgehaltsgarantie bei generellen gesetzlichen Regelungen bereits hingewiesen[59]. Stets geht es nur darum, die Wesensmerkmale von Eigentumsrechten zu bestimmen; die ursprüngliche Begründung der Pflichtigkeitstheorie, deren sich der BGH hierbei bedient, anhand des Merkmals der Situationsgebundenheit mag die diesbetreffende Erkenntnis erschwert haben, doch auch hinsichtlich „situationsbezogener" Maßnahmen besteht dann keine Pflichtigkeit, wenn diese die jedem Recht eigentümliche Gewährung von Bestandsschutz beeinträchtigen. So hat

[56] Vgl. BGHZ 49, 231; 57, 178; 60, 126, wo S. 131 aber klargestellt wird, daß auch noch nicht ausgeübte Nutzungen geschützt sein können (s. dazu auch *Leisner*, Sozialbindung, S. 217 f.); BGH, NJW 1958, 380.

[57] BGH, DÖV 1959, 750.

[58] Vor allem *Kreft*, Das Recht der Wasserwirtschaft, Heft 17, 1971, S. 35 (47); s. ferner *Pagendarm* — wie Kreft Mitglied des III. Zivilsenats des BGH —, der in seiner Anmerkung zum Freiburger Bausperrenurteil (BGHZ 30, 338), LM, GG Art. 14 Nr. 26 (Ce), Bl. 3, bei längerer Dauer eines Bauverbots als drei Jahre den Wesenskern des Eigentums für angegriffen hält.

[59] s. oben D I 2.

schließlich der BGH in zwei Urteilen vom 25. 1. 1973[60] diese Erwägungen, inwieweit Beschränkungen trotz Situationsbezogenheit als Sonderopfer zu werten sind, im Sinne einer Argumentation angestellt, die auf die Feststellung der dem Objekt wesentlichen, ihm „der Natur der Sache nach“ anhaftenden Eigenschaften gerichtet ist.

Demnach entscheidet der BGH in den Fällen, in denen er ausdrücklich die Pflichtigkeitslehre anwendet, ausnahmslos nach deren Methodik. Im Mittelpunkt steht immer die Frage, ob die konkrete Belastung des Eigentums als Verwirklichung einer ihm — seinem Wesen gemäß — von vornherein anhaftenden Beschränkung erscheint. Dies wird meist bejaht bei dem Verbot noch nicht realisierter Nutzungsarten, das sich aus der Örtlichkeit des Grundstücks sowie seinen Umweltbeziehungen ergibt; eine solche Beeinträchtigung der Eigentümerbefugnisse wird als dem Objekt seiner Natur nach vorgegeben angesehen[61]. Dagegen können Maßnahmen, die bisher zulässige Nutzungen, auf deren Fortbestand der Betroffene sich verlassen durfte, unterbinden, regelmäßig nicht als Ausformung einer schon vorher bestehenden Belastung gerechtfertigt werden. Der Umstand, daß der Eigentümer die Nutzung ungestört ausgeübt hat, bringt vielmehr zum Ausdruck, daß *diese* Art der Verwertung dem Recht eigentümlich ist und sie nicht unter Berufung auf eine vorgegebene Pflichtigkeit entschädigungslos untersagt werden kann.

c) Die Maßgeblichkeit der „Wesensfrage“ im übrigen

aa) Die Fälle der „Anliegerbeeinträchtigungen“

Der Bereich der direkten Anwendung der Pflichtigkeitstheorie durch den BGH ist damit beschrieben. Ihn kennzeichnet, daß es sich um gezielt ausgesprochene Nutzungsbeschränkungen handelt, bezüglich derer gefragt wird, ob sie nicht schon aus der Sicht eines „vernünftigen und einsichtigen Eigentümers“ der Natur der Sache nach zu unterlassen sind. Es wurde bereits darauf hingewiesen[62], daß der BGH in zahlreichen weiteren Entscheidungen in ähnlichem Sinne argumentiert, allerdings ohne sich auf die Lehre von den Pflichtigkeiten zu berufen. Vor allen sind hier die Urteile betreffend die Beeinträchtigung von Anliegern an öffentlichen Verkehrswegen zu nennen. Dabei geht es nicht um Eingriffe, die darauf gerichtet sind, den Eigentümern der Grundstücke oder den Inhabern der Anliegerbetriebe eine bestimmte Verwertung ihres Rechts zu verbieten; sie werden hingegen genötigt, Benachteiligungen infolge tatsächlicher Auswirkungen hinzunehmen,

[60] BGHZ 60, 126 u. 145.

[61] BGH, LM, GG Art. 14 Nr. 25 (Ce); NJW 1958, 380; vgl. aber auch BGHZ 60, 126 (131).

[62] Bei der Darstellung der Rechtsprechung, s. oben B III 3 b) bb).

die ihre Ursache in auf den öffentlichen Weg bezogenen hoheitlichen Maßnahmen haben[63].

Der BGH knüpft hier an die Eigenschaft der jeweils betroffenen Rechtsposition — Grundeigentum oder Gewerbebetrieb — an, daß der Eigentümer Anlieger einer öffentlichen Straße ist. Als solcher müsse er, wenn er deren Vorteile wahrnehme, insbesondere die Kontaktmöglichkeit „nach außen", die Nachteile, die naturgemäß aus der Zweckbestimmung der Straße entstünden, entschädigungslos dulden. Die Auswirkungen durch den Gemeingebrauch anderer, von Ausbesserungs- und Modernisierungsmaßnahmen, Verkehrsregelungen und Arbeiten an im Straßenkörper verlegten Leitungen und Röhren, ja sogar infolge des Baues einer Untergrundbahn werden demnach nur als Realisierung dem Objekt vorgegebener, ihm seiner Natur nach anhaftender Belastungen angesehen. Der BGH hat insofern einen Standard einer „Pflichtigkeit" des Anliegers an öffentlicher Straße geschaffen, indem er die auch sonst aus der Örtlichkeit des Eigentumsobjekts hergeleiteten Beschränkungen der Nachbarschaft zu einem Verkehrsweg entnimmt, die das Wesen des Rechts beeinflußt und prägt.

Ebenso wie mithin die Duldungspflicht des Anliegers auf dem Boden der Pflichtigkeitstheorie begründet wird, ergeben sich auch deren Grenzen aus dem Abstellen auf das Wesen der betroffenen Rechtsposition. Denn auch hier werden Beeinträchtigungen dann als entschädigungspflichtig angesehen, wenn sie die Existenz insbesondere von Gewerbebetrieben gefährden[64]. Dies folgt daraus, daß an sich von der Anliegereigenschaft gedeckte Belastungen nicht der Pflichtigkeit zuzurechnen sind, wenn sie mit dem Gedanken des Bestandsschutzes kollidieren, der jedem Recht wesensmäßig „am nächsten" ist[65].

bb) Das Schwereelement, insbesondere das Verhältnis der Rechtsprechung des BGH zu der des BVerwG

Abgrenzungsmaßstab ist insofern die Schwere der Auswirkungen, die bei besonderer Intensität zur Enteignung werden[66]. Die Heranziehung des Elementes der Schwere durch den BGH erfolgt somit eben-

[63] Vgl. v. a. betr. Änderung des Straßenniveaus und dadurch bedingter Anfahrtverschlechterung: BGHZ 30, 241; 48, 65; NJW 1974, 53; Straßenbauarbeiten: BGHZ 57, 359; LM, GG Art. 14 Nrn. 25 (Ba), 24, 27, 37 (Cf); bezügl. Hemmung des Fischzuges an Bundeswasserstraßen: BGHZ 49, 231.

[64] BGH, LM, GG Art. 14 Nrn. 15 a (Cc), 24, 27 (Cf); BGHZ 49, 231; 57, 359 (365).

[65] Diese Begründung nach der Pflichtigkeitstheorie ist in diesen Fällen somit eine zweite Möglichkeit, während die Argumentation der Rechtsprechung meist auf eine Einordnung unter das Prinzip der Verhältnismäßigkeit schließen läßt, vgl. oben C I 2 b; die Vereinbarkeit dieser beiden methodischen Ansätze wird noch zu erörtern sein.

[66] Vgl. die in Fn. 64 zitierten Entscheidungen, ferner etwa noch BGHZ 30, 241.

falls im Rahmen der Pflichtigkeitstheorie. Nachdem der BGH es zunächst abgelehnt hatte[67], entschied er in der Folge doch wiederholt verdeckt oder offen anhand dieses Kriteriums[68], nur daß er nicht allein — im Sinne ausschließlicher Praktizierung der Schweretheorie — auf Intensität und Ausmaß eines Eingriffs abstellt, sondern bei seiner methodischen Fragestellung, ob die betreffende Maßnahme mit dem Wesen des in Anspruch genommenen Rechts vereinbar ist, bestimmte Beeinträchtigungen von besonderer Schwere, ohne daß es dabei aber nur auf den Gedanken des Existenzschutzes ankommt, als aus der Eigenart der betroffenen Rechtsposition nicht ableitbar ansieht.

Damit scheinen sich die ursprünglich konträren Standpunkte von BGH und BVerwG weitgehend angenähert zu haben[69], nachdem dieses in seine „Schweretheorie" Gedanken aus der Judikatur des BGH einbezogen hat, so Erwägungen der Pflichtigkeitslehre und das Kriterium der Zahl der von dem Eingriff Betroffenen[70]. Die Methodik der Abgrenzung und der Anwendung dieser Elemente bleibt jedoch verschieden: Das BVerwG stellt in den Mittelpunkt nach wie vor das Moment der Schwere der Beeinträchtigung[71] und integriert die genannten Gesichtspunkte, indem es ausführt, die Ortsbezogenheit einer Maßnahme mindere deren Schwere, ebenso der Umstand, daß eine große Zahl von Eigentümern von ihr erfaßt werde. Der BGH beginnt seine Untersuchung hingegen im Sinne des materiellen Gleichheitssatzes und fragt nach dem Eigentumsrecht seiner Natur nach vorgegebenen Beschränkungen, wobei er diese Pflichtigkeiten zum großen Teil aus dessen Örtlichkeit und Lage herleitet und Belastungen von besonderer Schwere hiervon als trotz Situationsbezogenheit dem Recht nie eigentümlich und von vornherein anhaftend ausnimmt. Die auf beiden Wegen zu gewinnenden Ergebnisse werden in etwa identisch sein: „Situationsbedingte" Eingriffe sind erst bei einer gewissen Tragweite Enteignungen.

Ähnlich verhält es sich bezüglich der Unterscheidung allgemeiner und individueller Maßnahmen. Wenn gemäß dem Deichurteil des BVerwG[72] die Zahl der Betroffenen zu berücksichtigen ist, so heißt dies, daß die Beeinträchtigung um so schwerer sein muß, je größer der Kreis

---

[67] BGHZ 6, 270 (282 f.).

[68] Vgl. außer den bereits angeführten Urteilen etwa noch BGHZ 8, 273; 60, 126 (132); LM, GG Art. 14 Nr. 15 a (Cc).

[69] s. auch die Mitteilung über eine gemeinsame Aussprache der Mitglieder des IV. Senats des BVerwG und des III. Zivilsenats des BGH in DRiZ 1967, 163.

[70] BVerwG, NJW 1961, 2077; 1962, 2171 (= BVerwGE 15, 1; dort aber nicht vollständig abgedruckt, insbes. ohne die Passagen, in denen Bezug auf die BGH-Rspr. genommen wird); DÖV 1964, 489.

[71] So betont auch BVerwG, NJW 1962, 2171, ausdrücklich das Festhalten an der Schweretheorie.

[72] BVerwGE 15, 1 = NJW 1962, 2171.

der erfaßten Eigentumsobjekte ist, um nicht mehr als entschädigungslose Sozialbindung gekennzeichnet werden zu können. Der BGH hat sich nicht eindeutig in diesem Sinne geäußert, sein Ansatzpunkt ist wiederum die Pflichtigkeitslehre. Danach können durch „allgemeine“, d. h. alle vergleichbaren Rechte treffende Regelungen neue Pflichtigkeiten geschaffen werden, während bezüglich der Belastung Einzelner zu fragen ist, inwieweit diese von einer vorher bestehenden, allgemein gültigen Pflichtigkeit, die sich aus dem Wesen der jeweiligen Rechtsposition ergibt, gedeckt sind. Die Befugnis des Gesetzgebers zum Erlaß genereller Beschränkungen wird aber begrenzt durch die Wesensgehaltgarantie, die der BGH als Verbot von Substanzeingriffen auffaßt; demzufolge sind Maßnahmen, die den Bestand der betroffenen Eigentumsrechte antasten, diese aushöhlen, keine Sozialbindung mehr. Maßstab, dies zu bestimmen, soll die Schwere sein, so daß auch der BGH bei generellen Eigentumsbeeinträchtigungen eine außerordentliche Tragweite fordert, bevor er sie als Enteignung ansieht. Bezüglich singulärer Inanspruchnahmen wird dieser Gedanke zwar meist mit dem gleichen Inhalt — des Bestandsschutzes — verwendet, doch zeigen einige Entscheidungen, daß der BGH sich hier mit einem geringeren Ausmaß betreffend die Schwere der durch den Eingriff verursachten Nachteile begnügt[73]. Auch insofern nähern sich die Auffassungen von BGH und BVerwG und die mit ihnen zu erzielenden Ergebnisse.

Gleichwohl bleibt die methodische Gegensätzlichkeit bestehen. Insbesondere hat der BGH, indem er teils ausdrücklich, teils verdeckt das Moment der Schwere heranzieht, nicht den Boden der materiellen Gleichheitsprüfung und der Pflichtigkeitslehre verlassen und sich der Schweretheorie des BVerwG angeschlossen. Die Intensität des Eingriffs und seiner Auswirkungen spielt unbestreitbar in der Rechtsprechung des BGH eine Rolle, aber nicht als ausschließliches Abgrenzungskriterium, sondern als ein Element bei der Untersuchung im Rahmen der Pflichtigkeitslehre: Beeinträchtigungen besonderer Tragweite können regelmäßig nicht als von Pflichtigkeiten gedeckt erscheinen.

cc) Die Generalisierung der Pflichtigkeiten

Als methodische Aussage der Pflichtigkeitslehre des BGH gilt die Fragestellung festzuhalten, ob die betreffende Maßnahme das Eigentumsrecht in einer Weise belastet, die ihm vorgegeben ist. Die Bestimmung der danach maßgeblichen Pflichtigkeiten sucht der BGH oft in allgemeinerer, nicht nur auf das konkret betroffene Objekt beschränk-

---

[73] Vgl. v. a. die Urteile zu den Niveauänderungen öffentlicher Straßen, wo darauf abgestellt wird, ob für die Neuschaffung einer Zugangsmöglichkeit erhebliche Aufwendungen zu treffen sind: BGHZ 30, 241; LM, GG Art. 14 Nr. 32.

ter Form vorzunehmen. Dies ist insbesondere dann möglich, wenn die in Frage stehende Rechtsposition einer Gruppe gleichartiger zuzuordnen ist. Nicht zuletzt ist dies auch Kennzeichen der bisher als Anwendungsbereich der Pflichtigkeitskonstruktion erörterten Fallgestaltungen. Regelungsgegenstand mögen Belange des Natur- oder Gewässerschutzes, der Bauplanung oder eines Umlegungsverfahrens sein, potentiell tangiert ist eine Mehrzahl von Eigentümern und Rechtspositionen, je nach deren Beschaffenheit und Eignung, für den jeweiligen Zweck in Anspruch genommen zu werden. Für jede Gruppe vergleichbarer Eigentumsrechte wird eine prinzipielle Pflichtigkeit angenommen — etwa des Inhalts, die Zerstörung von Naturdenkmalen oder gewässerbezogene Maßnahmen zu unterlassen, aus Gründen der Erschließung ergehende Bauverbote hinzunehmen oder, wenn vom BGH auch nicht ausdrücklich hierzu gezählt, die Duldungspflicht des Anliegers bezüglich aus dem Charakter des öffentlichen Verkehrsweges folgender Benachteiligungen. Wird gegenüber einzelnen eine solche Beschränkung konkretisiert, so liegt darin kein Sonderopfer[74], es werden nur die für diese „Art" von Eigentum spezifischen Bindungen geltend gemacht. Der Betroffene muß sich entgegenhalten lassen, daß die ihm widerfahrene Behandlung den Eigenarten der Gattung von Rechten, der auch das seine angehört, entspricht und diese jeder entschädigungslos hinzunehmen habe.

Dieses Abstellen auf eine generell gültige Beschränkung findet sich in zahlreichen Entscheidungen, in denen der BGH eine Heranziehung der Pflichtigkeitstheorie nicht vorgenommen hat, aber eben doch methodisch in ihrem Sinne argumentierte. Zum Teil beruft er sich hier auf eine allgemeine Opferlage, die z. B. hinsichtlich unrichtiger richterlicher Urteile bestehe[75]. Die Pflicht, diese entschädigungslos hinzunehmen, soll jeden treffen und dabei auch den Grundsatz, daß Rechtswidrigkeit stets zu einem Sonderopfer führt[76], außer Kraft setzen[77]. Desgleichen ist niemand davor geschützt, daß von ihm wahrgenommene tatsächliche Vorteile einer besteheneden Gesetzeslage durch deren Änderung entfallen[78]; der Betroffene hat insofern auf eigenes Risiko gehandelt. Mit dieser Begründung, daß sich nur ein allgemeines privates Risiko realisiert habe, sind auch Entschädigungsansprüche abgewiesen worden, wenn ein Mietverhältnis wegen bevorstehender oder vollzogener Enteignung des Mietobjekts nicht fortge-

---

[74] Daß „ungleiche" Verwirklichung der Pflichtigkeiten keinen Verstoß gegen den materiellen Gleichheitssatz darstellen, wurde bereits ausgeführt; vgl. oben C II 2 c) cc).

[75] BGHZ 36, 379 (389 ff.); vgl. ferner auch BGHZ 50, 14.

[76] s. oben C I 1.

[77] Vgl. BGH, ebd. (Fn. 75).

[78] BGH, NJW 1966, 877; 1968, 293; vgl. ferner BGHZ 40, 355; LM, GG Art. 14 Nrn. 42, 44 (A).

setzt wird[79], ein im Rahmen der Wohnraumzwangsbewirtschaftung eingewiesener zunächst liquider Mieter später zahlungsunfähig wird[80], wie es allgemein die von jedem Gläubiger selbst zu tragende Gefahr sei, daß sein Schuldner in Schwierigkeiten gerate oder wegfalle[81]. In diesem Zusammenhang sind auch die Urteile zu nennen, in denen der BGH bezüglich der hoheitlichen Beeinträchtigungen vergleichend die Regelungen des Zivilrechts heranzog[82]. Insbesondere die Vorschriften des Nachbarrechts[83], aber auch die Bestimmungen über den Erwerb und Verlust von Eigentum[84] werden als nicht die Substanzgarantie des Art. 19 II GG verletzende[85] Inhaltsbestimmungen des Eigentums im Sinne von Art. 14 I S. 2 GG angesehen, die Beschränkungen für jeden Eigentümer festlegen. An diese durch das bürgerliche Recht gesetzten sozialen Bindungen knüpft der BGH etwa in den Fällen von Immissionen als Folge hoheitlicher Veranstaltungen an und verneint Entschädigungsansprüche, soweit der Einzelne lediglich Nachteile erleidet, die er nach Zivilrecht sanktionslos hinzunehmen gezwungen ist[86]. Es wird also auch insoweit darauf abgehoben, daß die singuläre Beeinträchtigung nur Ausdruck einer generellen In-Pflicht-Nahme ist, und zwar durch bürgerlich-rechtliche Eigentumsbegrenzungen.

Ebenso wie der BGH bestimmte Belastungen — insbesondere solche von besonderer Schwere — im Rahmen der Pflichtigkeitstheorie regelmäßig als dem Eingriffsobjekt nicht vorgegeben betrachtet, stellt er somit andererseits allgemeine Pflichtigkeiten auf, deren Realisierung im Einzelfall nicht als Enteignung zu werten ist. Diese vorgegebenen Eigentumsschranken können dabei so weit gehen, daß unter Umständen auch der Grundsatz des Bestandsschutzes aufgehoben wird. Das wurde deutlich in der Entscheidung über den Anspruch eines Müllabfuhrunternehmers, der seinen Betrieb nach Einführung einer gemeindlichen Müllabfuhr mit Anschluß- und Benutzungszwang schließen mußte[87]. Das Vorliegen einer Enteignung verneinte der BGH mit der Erwägung, daß dem gesamten Gebiet der Müllabfuhr von der Sache her ganz allgemein die Pflichtigkeit anhafte, daß das Eigentum insoweit unbeschränkt nur solange genutzt werden könne, bis die Gemeinde dieses Sachgebiet in eigene Verantwortung übernehme[88]. Desgleichen wurde die Entschädigungsforderung eines Metzgers zurückgewiesen,

[79] BGHZ 50, 284; LM, GG Art. 14 Nr. 41 (Bb).
[80] BGHZ 12, 273.
[81] Vgl. diesbezüglich auch BGHZ 31, 1.
[82] Bezüglich der Zulässigkeit dieses Vorgehens s. bereits oben B V 1.
[83] BGHZ 48, 46.
[84] BGH, MDR 1964, 486.
[85] Vgl. hierzu oben D I 2.
[86] BGHZ 16, 366; 48, 98; 57, 359; 57, 370; NJW 1974, 53.
[87] BGHZ 40, 355.
[88] Ebd., S. 365.

dessen Betrieb wegen der Schließung eines öffentlichen Schlachthofes nicht mehr rentabel war; dies begründe kein Sonderopfer, weil er mit dem jederzeitigen Widerruf der kommunalen Schlachthaussatzung und der Beendigung seines Benutzungsrechts habe rechnen müssen, sein Eigentum daher hiermit von vornherein potentiell belastet gewesen sei[89].

Der BGH geht in Anwendung der Pflichtigkeitslehre davon aus, das Wesen von Eigentumsrechten könne unter Umständen derart bestimmt sein, daß ihnen selbst ihre Aufhebung vorgegeben sei. Während einerseits unter Annäherung an die Auffassung des BVerwG Eingriffe von erheblicher Schwere von den als Pflichtigkeiten begründeten entschädigungslos hinzunehmenden Belastungen ausgenommen werden, nimmt der BGH hier dementgegen Pflichtigkeiten an, die selbst die schwerstmögliche Schädigung, indem der Eigentümer zur Aufgabe seines Objekts genötigt wird, als Sozialbindung erscheinen lassen. Ein solches Ergebnis wäre mit der reinen „Schweretheorie" nicht zu erzielen; denn im Sinne eines absoluten Kriteriums könnte ihre Aussage nur lauten, daß eine mehr oder minder feste Grenze der Eingriffsintensität existiere, bei deren Überschreiten eine Eigentumsbeeinträchtigung stets zur Enteignung werde[90]. Zwar wäre eine breitere Zone der Abgrenzung denkbar, innerhalb derer weitere Gesichtspunkte berücksichtigt werden könnten, grundlegender Ausgangspunkt müßte jedoch sein, daß eine Belastung, die vom Eigentum des Einzelnen nichts mehr übrig läßt, — sozusagen von 100 %iger Schwere — immer Enteignung ist; sonst ist das Element der Schwere im strengen Sinne aufgegeben.

dd) Die Verneinung von Entschädigungsansprüchen des polizeilichen Störers

Es gibt eine Fallgruppe, bei der nach allgemeiner Ansicht Entschädigungsansprüche nicht in Betracht kommen, selbst wenn die jeweilige Maßnahme zur Entziehung oder Zerstörung des Eigentumsobjekts führt: die Inanspruchnahmen des polizeilichen Störers. Auch das Bundesverwaltungsgericht folgt dieser Auffassung, doch kann es dies nicht mit Hilfe der Schweretheorie, die dann unbeschränkter Relativierung verfiele; es verweist vielmehr auf die Pflichtigkeitskonstruktion des BGH, wonach das polizeiliche Einschreiten nur eine dem Eigentum anhaftende Belastung zum Ausdruck bringe[91]. In der Tat scheint die

---

[89] BGH, LM, GG Art. 14 Nr. 44 (A); vgl. ferner ebd., Nr. 42, betr. Erlaß einer Schlachthofsatzung mit Benutzungszwang; dort wird gleichfalls — parallel zur Müllabfuhrentscheidung, ohne allerdings den Pflichtigkeitsgedanken ausdrücklich zu erwähnen — betont, jeder Metzger habe damit rechnen müssen, sein Betrieb sei von vornherein mit dem Risiko belastet gewesen.

[90] Vgl. *Kreft*, Ehrengabe Heusinger, S. 167 (176); *Leisner*, Sozialbindung, S. 234 ff., der die Schaffung solcher fester Grenzen anstrebt.

Pflichtigkeitslehre den zutreffenden methodischen Weg aufzuzeigen, diese Fälle zu lösen. Dabei sind die polizei- und ordnungsrechtlichen Normen, die zum Vorgehen gegen „störendes" Eigentum ermächtigen, als Inhalts- und Schrankenbestimmungen nach Art. 14 I S. 2 GG anzusehen[92], mit der Folge, daß die Pflicht, von den Befugnissen des Eigentums nur unter Beachtung dieser Vorschriften Gebrauch zu machen, zu den vorgegebenen Merkmalen jeder Rechtsposition gehört[93]. Dem einzelnen Eigentümer gegenüber wird lediglich diese Pflichtigkeit geltend gemacht; er erleidet deshalb kein Sonderopfer und kann keine Entschädigung fordern, weil die Polizeigesetze allgemeine, auch sein Eigentum treffende Bindungen aufstellen und daher bei einer Überschreitung der dort gezogenen Grenzen der Rechtsausübung die Ordnungsmaßnahmen nur eine jedem Eigentum wesensmäßige, ihm seiner Natur nach anhaftende Belastung darstellen. Diese Ableitung anhand der Pflichtigkeitstheorie nimmt der BGH in Fällen dieser Art zwar nicht immer vor, jedoch spricht er von „Polizeipflichtigkeit"[94], fragt bezüglich der Rechtmäßigkeit ordnungsrechtlichen Vorgehens, ob die Grenze der Pflichtigkeit verletzt ist[95] oder argumentiert im Sinne der Pflichtigkeitslehre, wenn er Ausführungen betreffend von vornherein bestehender sozialer Belastung des Eigentums, ihm immanent anhaftender Schadenslage macht[96]. Wenn der BGH dem polizeilichen Störer grundsätzlich eine Entschädigung versagt[97], dann ist dies somit in der Pflichtigkeitstheorie und der entscheidenden Fragestellung nach Wesen und Beschaffenheit des betroffenen Rechts begründet. Die jeweiligen Maßnahmen mögen von erheblicher Intensität sein, Zerstörung oder Entziehung des Objekts enthalten, jedenfalls sind sie Ausprägungen der jedem Recht innewohnenden Schranke — Pflichtigkeit — des Polizeirechts, so daß das „störende" Eigentum nur in einer ihm gemäßen Art und Weise, d. h. nicht „ungleich" behandelt wird.

d) Die Pflichtigkeitslehre als allgemeine Leitlinie

In all diesen Fällen, bei denen der sonst im Entschädigungsrecht gültige Grundsatz des Bestandsschutzes nicht zur Anwendung gelangt,

---

[91] BVerwG, NJW 1961, 2077 (2080).

[92] BGHZ 5, 144; 55, 366; ferner *Drews / Wacke*, Polizeirecht, S. 467; *Dürig*, JZ 1954, 4 (10); *Sellmann*, NJW 1965, 1689 (1691), mit teilweise unterschiedlicher Begründung: Nach Drews / Wacke wird „gar nicht in die Rechte des Eigentümers eingegriffen", Sellmann zieht den Mißbrauchsgedanken heran.

[93] Vgl. bereits *Ackermann*, Enteignung und Eigentumsschranken, S. 64 f., das Eigentum werde mit der Schranke der Polizeipflichtigkeit (!) geboren, diese hafte ihm von Natur aus an.

[94] BGHZ 55, 366.

[95] BGH, LM, GG Art. 14 Nr. 29 (Ba).

[96] BGHZ 43, 196; so bereits *Ackermann*, s. oben Fn. 93.

[97] s. außer den bereits angeführten Urteilen etwa noch BGHZ 45, 23; NJW 1958, 1441; hierzu auch *Nissen*, NJW 1962, 849 (851).

liegt diesem Ergebnis demnach die Pflichtigkeitskonstruktion des BGH zugrunde. Sie vermag, während die Schweretheorie versagt, wenigstens methodisch zu erklären, daß den Betroffenen eine Entschädigung versagt bleibt, weil ihr Eigentum nicht „polizeifest“, ihr Betrieb entschädigungsrechtlich „auf Sand“ gebaut ist. Hinzu tritt — ähnlich wie bei Nutzungsverboten, auf die der BGH die Pflichtigkeitslehre ausdrücklich anwendet — der Gedanke des Vertrauensschutzes, mit Hilfe dessen der Umfang der Pflichtigkeiten bestimmt wird. In gleicher Weise, wie man auf den Fortbestand der bisherigen Grundstücksnutzung muß haben vertrauen dürfen, wobei es darauf ankommt, ob diese nicht nur rechtmäßig war, sondern auch nicht als bloße Wahrnehmung einer Spekulationschance zu bewerten ist, kommt eine Entschädigung des Betroffenen nicht in Betracht, weil seine Position nicht schützenswert erscheint, wenn ihm gegenüber eine allgemein geltende Bindung verwirklicht wird, so die Schranke der Polizeipflichtigkeit, oder, daß die von ihm ausgeübte Tätigkeit durch eine öffentliche Einrichtung übernommen bzw. durch die Schließung einer solchen erschwert oder unmöglich gemacht wird. Da insofern kein schutzwürdiges Vertrauen des Einzelnen anerkannt wird, ist sein Recht seiner Natur nach mit diesen potentiellen Beschränkungen als Pflichtigkeiten von vornherein belastet.

Die oft geschmähte Pflichtigkeitslehre des BGH besitzt somit erhebliche Bedeutung für ein Verständnis der enteignungsrechtlichen Rechtsprechung. Zum einen entspricht sie der Fragestellung des materiellen Gleichheitssatzes; nach diesem ist entscheidend für die Untersuchung des Sonderopfers, ob die jeweilige Maßnahme von Eigenart und Wesen des betroffenen Rechts gerechtfertigt ist; der Beitrag der Pflichtigkeitskonstruktion besteht darin, daß dem Objekt vorgegebene, ihm seiner Natur nach anhaftende Belastungen als Pflichtigkeiten angegeben werden, mit denen der Eingriff sodann in Beziehung zu setzen ist: Ist er von einer Pflichtigkeit gedeckt, dann kein Sonderopfer, überschreitet er deren Grenzen, so muß ein entschädigungspflichtiges Sonderopfer bejaht werden.

Des weiteren können in der Methodik der Pflichtigkeitslehre die Kriterien eingeordnet werden, die der BGH in den Fällen außerhalb des verhältnismäßig schmalen Bereichs, in dem er sie ausdrücklich heranzieht, als entscheidungserheblich nennt. Seien es der Gedanke des Existenz- oder Vertrauensschutzes, die Erwägung, daß bisher zulässige und ausgeübte Nutzungen erhalten bleiben müssen, daß Beeinträchtigungen von erheblicher Intensität die Grenze der Sozialbindung überschreiten, stets geht es um die Festlegung, welche Beschränkungen dem Eigentumsobjekt wesensgemäß und welche diesen entgegenstehenden Eigenschaften ihm „näher“ sind.

Bestimmte Belastungen werden als „allgemeine Pflichtigkeit" angesehen, so daß ihre Realisierung im Einzelfall nicht zu einem Sonderopfer führt; hierzu zählen insbesondere die polizeirechtlichen Vorschriften, ferner die Fälle, in denen der BGH eine vergleichende Wertung zum Zivilrecht vornimmt. Sie sind somit letztlich der Gruppe genereller Beeinträchtigungen zuzuordnen. Sowohl die Normen des Polizeirechts als auch die bürgerlich-rechtlichen Regelungen sind Inhaltsbestimmungen des Eigentums nach Art. 14 I S. 2 GG und prägen dessen Wesen und Eigenart. Neben dieser allgemeinen Eigentumsbindung kommt der Realisierung im Einzelfall keine Bedeutung mehr zu.

Denn auch die Unterscheidung von generellen und individuellen Eigentumsbeeinträchtigungen gliedert sich in die Pflichtigkeitstheorie ein. Nachdem sie mit der Überwindung der Einzelakttheorie ihre grundlegende Bedeutung verloren hat, beeinflußt sie doch die jeweilige methodische Untersuchung. „Allgemeine" Regelungen — in dem Sinne, daß sie alle Objekte gleicher Eigenart treffen — können das Wesen einer solchen Gattung von Rechten verändern und damit neue Pflichtigkeiten schaffen, wobei die Grenze für den Gesetzgeber hier weiter zu ziehen ist, als wenn es um die Konkretisierung von Pflichtigkeiten im Einzelfall geht.

Bei Anwendung der Pflichtigkeitslehre wird schließlich ein häufig genannter Gesichtspunkt relevant, — daß die Beurteilung nach wirtschaftlicher Betrachtungsweise vorzunehmen sei[98]. Dieser kommt dabei zweifache Bedeutung zu: Einmal sollen wertmäßige Feststellungen und Differenzierungen Inhalt und Eigenart des Eingriffsobjekts bestimmen helfen, indem dessen Preis und Wert als Indiz für das Bestehen und den Umfang von Pflichtigkeiten herangezogen werden[99]. „Vernünftige wirtschaftliche Betrachtungsweise" erschließt damit, was der „vernünftige und einsichtige Eigentümer" zu unterlassen hat und schon von sich aus unterläßt[100]. Ferner dient die wirtschaftliche Betrachtungsweise dazu, das Ausmaß des wertmäßig durch den Eingriff Genommenen zu bestimmen, um dann diesbezüglich die Pflichtigkeitsprüfung anzustellen; die Frage lautet dann: Ist diese Wertminderung noch als vom Wesen des betroffenen Rechts gerechtfertigt anzusehen? Die wirtschaftliche Betrachtung hat demnach zunächst das Objekt vor dem schädigenden Eingriff zu erfassen — mit der Erwägung, ob die Belastung sich als vorgegebene schon in dessen Wert niedergeschlagen habe. Weiterhin ist die Tragweite der Beeinträchtigung wertmäßig festzustellen und

[98] BGHZ 30, 241 u. 338; 31, 1; 48, 193; 50, 93; 58, 124; MDR 1964, 130 Nr. 11 u. 661 Nr. 17; s. auch oben B III 3 b) dd) (6).

[99] Vgl. ferner BGHZ 37, 44.

[100] s. oben B III 3 b) dd) (6).

zu untersuchen, ob die betreffende Wertminderung[101] von einer Pflichtigkeit gedeckt ist.

Die Pflichtigkeitslehre hat sich somit als Element erwiesen, das die Rechtsprechung des BGH zum Merkmal Sonderopfer bezüglich der Enteignung methodisch durchdringt. Ihre ausdrückliche Anwendung erstreckt sich zwar nur auf einen Teilbereich des Entschädigungsrechts, doch findet sich in einer weiteren Gruppe von Urteilen die Argumentation der Pflichtigkeitstheorie, ohne daß der BGH sich ausdrücklich auf sie bezieht; und die anderen vom BGH angeführten Gesichtspunkte mögen keinen deutlichen Zusammenhang mit der Pflichtigkeitslehre erkennen lassen, dienen aber letztlich keinem anderen Zweck, als Umfang und Grenzen von Pflichtigkeiten zu bestimmen. Indem der BGH mit Hilfe dieser das Wesen der jeweils betroffenen Rechtsposition zu umschreiben und die Frage zu beantworten sucht, ob der Eingriff in das Eigentum von jenem her zu rechtfertigen ist, geht er nach der Methodik des materiellen Gleichheitssatzes vor. Wenn auch die Formulierungen an manchen Stellen noch auf die formale Einzelakttheorie oder ein anderes Egalitätsprinzip — etwa des Art. 3 I GG — hindeuten, so verbirgt sich dahinter doch fast immer ein materielles Gleichheitsverständnis hier postulierten Inhalts.

II. Die Rechtsprechung zum Aufopferungsrecht

1. Die methodische Grundlegung

Die bisherige Untersuchung erstreckte sich auf den Sonderopferbegriff der Rechtsprechung hinsichtlich der Enteignung, also der Eingriffe des Staates in vermögenswerte Rechte des Einzelnen. Auf Beeinträchtigungen immaterieller Rechtsgüter — der Schutzgüter des Art. 2 II GG: Leben, Freiheit, körperliche Unversehrtheit — wendet der BGH den Aufopferungsanspruch an, der auf § 75 EinlPrALR zurückgeht, und fordert auch hier als Tatbestandsmerkmal des Entschädigungsanspruchs das Vorliegen eines Sonderopfers[102]. Von der Verschiedenheit der Schutzobjekte abgesehen sind die Voraussetzungen von Enteignung und Aufopferung grundsätzlich identisch — dies vor allem, weil der BGH das in § 75 EinlALR normierte Aufopferungsprinzip als allgemei-

[101] Bezüglich der häufigen Relevanz dieses Merkmals in der Rechtsprechung vgl. BGHZ 30, 241; 31, 238; 39, 198; 48, 65; 60, 126; LM, GG Art. 14 Nr. 32 (Ea); NJW 1958, 380; 1974, 53; DÖV 1959, 750.

[102] Grundlegend BGHZ 9, 83 (86 f.); vgl. *Bender*, Staatshaftungsrecht, Rdnr. 12; *Kleinhoff*, DRiZ 1957, 225 (226); *Ossenbühl*, JuS 1970, 276 (277). *Schack*, JZ 1960, 262 f., behauptet gar, das Schwergewicht des Aufopferungsbegriffes habe sich auf die Tatsache der Erbringung eines Opfers verlagert, nachdem der BGH bezüglich des hoheitlichen Zwangsmomentes ein „psychologisches Abfordern“ für ausreichend halte; vgl. BGHZ 24, 45; 31, 187; LM, § 75 EinlALR Nr. 32.

nen entschädigungsrechtlichen Grundsatz betrachtet, von dem die Enteignung der bedeutsamste Sonderfall ist[103]. Wenn der BGH dementsprechend auch bei der Aufopferung für das Merkmal Sonderopfer auf die Verletzung des Gleichheitssatzes abstellt und diesen als Legitimierung der Haftung des Staates heranzieht[104], dann erhebt sich die Frage, ob damit wiederum das bei der Enteignung festgestellte materielle Egalitätsverständnis gemeint ist und die Sonderopferprüfung dahingehend vorgenommen wird, ob die konkrete Schädigung als Konkretisierung einer dem Objekt vorgegebenen, ihm wesensgemäßen Belastung erscheint.

Die Rechtsprechung des BGH mag dafür auf den ersten Blick keinen Anhalt bieten. Von der für die Abgrenzung von Enteignung und Sozialbindung als methodisch grundlegend festgestellten Pflichtigkeitslehre ist hier nicht die Rede, und die Vorstellung, das Recht auf Leben und körperliche Unversehrtheit sei mit „Pflichtigkeiten" belastet, kann als zumindest begrifflich fremd bezeichnet werden. Im Unterschied zu den vielgestaltigen vermögensrechtlichen Beeinträchtigungen zeichnen sich die Aufopferungsfälle ferner durch meist identische Struktur aus, nämlich daß bei Einzelnen eine Schädigung eintritt, die Folge einer Zwangsmaßnahme oder -lage ist, die an sich alle oder einen größeren Personenkreis trifft[105]. Dabei wird ein Sonderopfer anerkanntermaßen nicht durch den — generellen — Zwang, den eigentlichen „Eingriff", begründet[106], sondern regelmäßig erst durch die in concreto eingetretene Zwangsfolge[107].

Deshalb könnte dem Gleichheitssatz in diesem Zusammenhang keine Bedeutung zukommen, und er könnte durch andere spezifisch auf die Aufopferungsproblematik zugeschnittene Kriterien verdrängt werden, so daß der Sonderopferbegriff hier mit dem bei der Enteignung verwendeten nicht in Einklang zu bringen wäre. Das erste Bedenken ist, daß das besondere Opfer nicht in der allgemeinen Inanspruchnahme an

---

[103] Ebd., S. 90.

[104] Ebd., und etwa noch BGHZ 45, 58 (76).

[105] Dies gilt einmal für die Impfschadensfälle: BGHZ 9, 83; 24, 45; 31, 187; LM, § 75 EinlALR Nr. 32; aber auch für Ansprüche wegen Tötung oder Verletzung von Strafgefangenen oder in Heil- und Pflegeanstalten untergebrachter Personen: BGHZ 17, 172; 60, 302; LM, GG Art. 14 Nr. 24 (Cd); oder bei Turnunfällen: BGHZ 46, 327; NJW 1963, 1828; vgl. ferner BGHZ 25, 238 (Zwangsbehandlung gegen Geschlechtskrankheiten). Eine Ausnahme stellt etwa BGHZ 20, 61 dar (Zwangsbehandlung eines Soldaten zu Forschungszwecken), ferner der BGHZ 20, 81 zugrunde liegende Sachverhalt (Tötung eines Unbeteiligten bei Schußwaffengebrauch der Polizei durch Querschläger, s. den Tatbestand, ebd., S. 82). Vgl. hierzu auch *Ossenbühl*, JuS 1970, 276 (277/280).

[106] Denn weder die allgemeine Impfpflicht, der Strafvollzug noch gar die Schulpflicht stellen als solche einen entschädigungspflichtigen Tatbestand dar; vgl. jeweils ebd.

[107] Grundlegend und insofern die Rechtsprechung des RG aufgebend: BGHZ 9, 83 (91); vgl. ferner v. a. *Ossenbühl*, JuS 1970, 276 (277/280).

sich, vielmehr in der speziellen Folge des Eingriffs liegt. Besinnen wir uns aber auf die Bestimmung des Inhalts des materiell verstandenen Gleichheitsprinzips zurück[108]: Dort wurde eine Bewertung, die nur an die äußeren Merkmale hoheitlicher Maßnahmen, insbesondere deren Singularität oder Pluralität, anknüpft, als formale gekennzeichnet, wie sie die überwundene Einzelakttheorie enthält. Materielle Betrachtung muß demgegenüber gerade bedeuten, auf den Inhalt des Eingriffs und damit auf die Auswirkungen abzustellen, die er für das betroffene Recht oder Rechtsgut hat. Daher werden auch die Folgen relevant, die zwar nicht Regelungsinhalt des hoheitlichen Einschreitens, aber unmittelbar durch dieses — im Rahmen eines „einheitlichen natürlichen Vorgangs"[109] — verursacht worden sind. Daß sich das Sonderopfer in den Aufopferungsfällen regelmäßig in einer Zwangsfolge konstituiert, schließt demnach die Heranziehung des Gleichheitsgedankens nicht aus, sondern bedeutet, daß diese im materiellen Sinne erfolgt.

Gleiches gilt weiter bezüglich des Umstandes, daß es sich fast stets um individuelle Auswirkungen eines generellen Zwangs handelt. Denn stellte man unter dem formellen Blickwinkel einer fortwirkenden Einzelakttheorie auf Zahl und Häufigkeit des betreffenden Eingriffs ab, so wären diese Fälle nicht lösbar: Angesichts des allgemeinen Zwangs wäre eine Entschädigung immer zu versagen, im Hinblick auf den singulären Folgeschaden dagegen zuzusprechen. Nur untergeordnete, die methodische Fragestellung im Detail betreffende Bedeutung kommt diesem Umstand jedoch im Sinne materieller Egalität zu[110]: Weder der allgemeine Zwang noch die individuelle Folge schließen ein Sonderopfer aus oder bedingen es.

2. Einordnung der Entscheidungskriterien

Zu untersuchen bleibt, inwieweit die Gesichtspunkte, nach denen der BGH im Bereich der Zwangsfolgen über das Merkmal Sonderopfer entscheidet, mit dem materiellen Gleichheitssatz vereinbar sind. Nun mag es bezüglich der Aufopferungsfälle zunächst widerstreben, davon zu sprechen, dem Betroffenen sei mit dem Impfschaden, der Querschnittlähmung oder gar der Tötung in der Strafhaft eine ihm wesensgemäße Behandlung zuteil geworden, weil sein Recht auf körperliche Unversehrtheit und Leben mit einer solchen „Pflichtigkeit" belastet gewesen sei[111].

---

[108] Vgl. oben C II 2 c) bb).

[109] BGHZ 9, 83 (87).

[110] Vgl. oben D I 1.

[111] In den erstgenannten Sachverhalten ist ja auch eine Entschädigung gewährt worden; vgl. etwa BGHZ 9, 83; 25, 238.

Für den Fall der Tötung eines Strafgefangenen meint aber *Tiedemann* (NJW 1962, 1760 [1762]), der BGH (Z 17, 172) habe das Vorliegen eines Son-

Doch muß berücksichtigt werden, daß auf gesetzlicher Grundlage auch die Rechtsgüter des Art. 2 II GG, bezüglich derer der BGH den Aufopferungsanspruch anwendet, Einschränkungen unterworfen werden können[112]. Solches geschieht etwa durch die die Impfpflicht oder Zwangsbehandlung bei Geschlechtskrankheiten anordnenden Normierungen — Eingriffe in die körperliche Unversehrtheit, die kein Sonderopfer darstellen[113]. Dabei beschränkt sich die Duldungspflicht nicht auf den bloßen Zwangseingriff, z. B. die Vornahme der Impfung, sondern sie umfaßt auch die Folgebeeinträchtigungen, die regelmäßig typischerweise auftreten, bei Impfungen etwa leichtes Fieber und Unwohlsein[114]. Diese werden den Betroffenen ebenso wie der Eingriff auferlegt, ohne daß deshalb ein Entschädigungsanspruch entstünde. Ein solcher ist demgegenüber zu bejahen bei Schädigungen, die über die „normalen" Nachteile hinausgehen, wobei deren Umfang mit Hilfe der Intention des Eingriffsgesetzes[115], nach der Natur der Sache[116] und Vernunft und Billigkeit[117] zu bestimmen ist. Danach begründen schwere Impfschäden[118], auch eines Dritten[119], — Querschnittlähmung infolge zwangsweiser Salvarsanbehandlung[120] oder Verletzung einer in einer Nervenklinik nach § 42 b StGB untergebrachten Person[121] — ein Sonderopfer, nicht aber Schädigungen in der Strafhaft durch Mitgefangene[122]. Desgleichen wurden Entschädigungsansprüche wegen des Turnunfalls eines Schulkindes zurückgewiesen, allerdings mit der bezüglich der Einordnung in das Tatbestandsschema des Aufopferungsanspruches problematischen Berufung auf den Gesichtspunkt des allgemeinen Lebensrisikos[123].

---

deropfers verneint, weil alle Gefangenen mit der gleichen Pflichtigkeit belastet seien. Ebenso wie anhand der Pflichtigkeitslehre der enteignungsrechtliche Gedanke des Bestandsschutzes unter bestimmten Voraussetzungen außer Geltung gesetzt wird (vgl. oben D I 3 c) cc)), wäre insoweit auch das Recht auf Leben qua Pflichtigkeit relativiert! Bezüglich Pflichtigkeitserwägungen im Aufopferungsrecht vgl. auch *Lieberwirth*, NJW 1959, 796 ff.

112 Art. 2 II S. 3 GG; ferner hierzu etwa *Maunz / Dürig / Herzog*, GG, Art. 2 II Rdnrn. 5 ff.; sowie *Leibholz / Rinck*, GG, Art. 2 Anm. 13, m. Beispielen aus der Rspr. des BVerfG, ohne allerdings auf die Aufopferungsproblematik einzugehen.

113 Bezüglich des Impfgesetzes vgl. das Gutachten BGHSt 4, 375 ff.

114 BGHZ 9, 83 (88); *Ossenbühl*, JuS 1970, 276 f.

115 BGHZ 9, 83 (88); 25, 238; 45, 290.

116 BGHZ 17, 172.

117 BGHZ 17, 172; NJW 1963, 1828; LM, GG Art. 14 Nr. 24 (Cd).

118 BGHZ 9, 83.

119 BGHZ 45, 290 (Erblindung eines Auges der — durch eigene Nachlässigkeit infizierten — Mutter eines Impflings).

120 BGHZ 25, 238.

121 BGH, LM, GG Art. 14 Nr. 24 (Cd); § 42 b StGB a. F. = § 63 AT 1975.

122 BGHZ 17, 172; 60, 302.

123 BGHZ 46, 327; zu dieser umstrittenen Entscheidung s. *Mohnhaupt / Reich*, NJW 1967, 758; *Kötz*, JZ 1968, 285; *Franz*, JZ 1967, 571; *Bosch*, FamRZ 1967, 147; *Giesen*, NJW 1968, 1407; *Forkel*, JZ 1969, 7; zusammenfassend *Ossenbühl*, JuS 1970, 276.

Wird diese Rechtsprechung in Hinsicht auf ihre methodische Ausgangsposition untersucht, dann zeigt sich trotz der sachlichen Unterschiede, daß sie doch dem bei der Enteignung aufgestellten Postulat des materiellen Gleichheitssatzes entspricht. Der BGH sucht auch hier nach den auf Gesetze zurückzuführenden, „allgemeinen", Beschränkungen des Rechtes auf körperliche Unversehrtheit. Solche Normen legen, soweit zulässig, den Umfang der Rechtsgüter der Aufopferung in gleicher Weise fest, wie durch allgemeine Regelungen das Wesen von Eigentumsrechten bestimmt oder verändert werden kann[124]. Gesundheitsbeeinträchtigungen als Folge solcher vom Gesetzgeber angeordneter Maßnahmen erscheinen demnach nur als Konkretisierung der von ihm vorgenommenen Einschränkung des Grundrechtes aus Art. 2 II GG; sie sind in der Tat „wesensgemäß", da solche Belastungen, weil sie jedes Rechtsgut potentiell treffen, auch dem einzelnen vorgegeben sind. Dies gilt nicht mehr für Schäden, die für den Eingriff untypisch sind; denn die Erbringung dieser Opfer fordert der gesetzliche Eingriff gerade nicht. Der Betroffene wird deshalb „ungleich behandelt", wenn er eine das allgemeine Maß übersteigende und somit von der Begrenzung des Schutzbereichs des Rechtsguts nicht erfaßte Beeinträchtigung erleidet.

Das Abstellen auf die Intention des Eingriffsgesetzes bedeutet demnach nichts anderes, als daß nach sich aus allgemeinen Regelungen ergebenden, dem Rechtsgut anhaftenden Beschränkungen gefragt wird und danach, ob diese soweit reichen, die konkrete Schädigung zu rechtfertigen. Nur darum geht es auch, wenn der BGH, wo ein eindeutiger Wille des gesetzgeberischen Eingreifens nicht erkennbar ist oder für den betreffenden Fall nicht fruchtbar gemacht werden kann, die Entscheidung nach der Natur der Sache und Vernunft und Billigkeit trifft. Die so bestimmte „Opfergrenze" gibt an, welche Belastung — naturgemäß und vernünftigerweise — vorgegeben und deshalb kein Sonderopfer ist.

Hierin fügt sich auch das umstrittene Merkmal des allgemeinen Lebensrisikos aus der Turnunfallentscheidung[125] ein. Grund für die Ablehnung eines Entschädigungsanspruchs ist dabei, daß die Schädigung nicht einer besonderen neuen Gefahrensituation entsprungen ist[126], sondern lediglich als Realisierung einer allgemeinen, bereits im privaten Bereich bestehenden möglichen Belastung erscheint, die dem Rechtsgut innewohnt[127]. Diese Argumentation ist vergleichbar der eines Teilbe-

[124] Bereits bei der Darstellung der Rspr. (oben B II) wurde darauf hingewiesen, daß der BGH hier — im Gegensatz zu Eigentum betreffenden Gesetzen — dem Gesetzgeber, in den allerdings regelmäßig unproblematischen Fällen, keine Grenze setzt.

[125] BGHZ 46, 327.

[126] Vgl. auch *Kreft* in seiner Anm. zu dem Urteil bei LM, § 75 EinlALR Nr. 34.

reiches der Enteignungsrechtsprechung. Auch dort hebt der BGH bei der Frage nach dem Wesen der jeweiligen Rechtsposition auf eine allgemeine Betroffenheit ab, so daß solche Beschränkungen als dem Objekt eigentümlich angesehen werden[128]. Ganz ähnlich sind die Rechtsgüter der Aufopferung nicht nur durch die diesbezüglichen Gesetze, sondern weithin durch sich aus deren Intention und ferner aus der Natur der Sache und Vernunft und Billigkeit abgeleiteten Belastungen beschränkt, wobei der Gesichtspunkt des allgemeinen Lebensrisikos zumindest methodisch keinen Bruch mit den übrigen Kriterien bedeutet[129], vielmehr nur solche Schädigungen ausscheidet, die nicht eigentlich durch die hoheitliche Veranstaltung bedingt sind. Auch hinsichtlich des Rechts auf Leben und körperliche Unversehrtheit sucht der BGH nach vorgegebenen Risiken[130], und wenn sich diese infolge Hoheitsakt zum Schaden verdichten, liegt kein Sonderopfer vor.

Relevanz erlangt hier wiederum das Element der Schwere, indem der BGH Folgen von außerordentlicher Schwere als nicht vorgegeben ansieht[131], sie braucht „der Natur der Sache nach" niemand hinzunehmen; andererseits kann jedoch die auferlegte Gefahrenlage auch so weit gehen, daß selbst schwerste Schäden umfaßt sind und entschädigungslos bleiben[132].

Sowohl die Methode als auch die Kriterien, die der BGH zur Bestimmung der Opfergrenze in den Aufopferungsfällen heranzieht, entsprechen sonach dem für das Sonderopfer als maßgeblich postulierten

---

[127] In diesen Zusammenhang ist auch BGHZ 36, 379 zu stellen, betr. rechtswidrige Sterilisation, wegen der allgemeinen Pflicht, unrichtige Gerichtsurteile hinzunehmen — als solches wurde der Ausspruch des Erbgesundheitsgerichts qualifiziert (!) (krit. dazu *Wahl / Soell*, AcP 167 [1967], 1 ff.; *Lewald*, NJW 1962, 1500) —, wurde das Vorliegen eines Sonderopfers verneint.
Umgekehrt wurde einem Soldaten trotz der durch die Wehrdienstgesetze auferlegten Belastung, u. U. sogar den Tod hinzunehmen (BGHZ 9, 83 [87]), Entschädigung für einen Körperschaden gewährt, den dieser bei Behandlung einer Verwundung mit einem zu Forschungszwecken verwendeten Medikament erlitten hatte (BGHZ 20, 61). Die „allgemeine Belastung" wurde hier überschritten und eine „neue Opferlage" geschaffen.

[128] s. oben D I 3 c) cc).

[129] Auf die Vereinbarkeit weist z. B. auch *Ossenbühl*, JuS 1970, 276 (281), hin.

[130] Eben — enteignungsrechtlich gesprochen: „Pflichtigkeiten"; vgl. auch *Forkel*, JZ 1969, 7 (11); *Mohnhaupt / Reich*, NJW 1967, 759.

[131] BGHZ 25, 238 (242); LM, GG Art. 14 Nr. 24 (Cd); s. auch *Mohnhaupt / Reich*, S. 760.

[132] BGHZ 17, 172; 60, 302 (betr. Tötung bzw. Verletzung im Gefängnis). Daß es hier nicht eigentlich auf die Schwere ankommt, vielmehr andere Gründe für die so weit reichende Belastung maßgeblich sind, insbesondere der Gedanke des „Störers", wurde bereits betont (s. oben B II).
Auch hier also eine Parallele zum Enteignungsrecht: Regelmäßig umfaßt die Pflichtigkeit nicht Auswirkungen besonderer Intensität, sie kann aber auch unter Umständen schwerste Beeinträchtigungen enthalten und entschädigungslos lassen (oben D I 3 c) cc)).

materiellen Gleichheitsgrundsatz. Nicht anders als bei der Enteignung lautet die Fragestellung, ob die jeweilige Beeinträchtigung — hier des Rechts auf Leben und körperliche Unversehrtheit — mit dem Wesen des betroffenen Objekts vereinbar ist. Zur Entscheidungsfindung wird dabei auf vorgegebene, dem Rechtsgut anhaftende Beschränkungen abgestellt, die insbesondere aus „allgemeinen" gesetzlichen Regelungen sowie aus der Natur der Sache und Erwägungen von Vernunft und Billigkeit hergeleitet werden.

III. Zwischenergebnis

Grundlage der Rechtsprechung zum Sonderopferbegriff ist somit nicht nur hinsichtlich der Enteignung, sondern auch in den Aufopferungsfällen das materielle Gleichheitsprinzip mit dem ihm hier gegebenen Inhalt. Die zunächst gewagt scheinende Feststellung, der BGH habe den methodischen Grundsatz, ob die Maßnahme mit dem Wesen des betroffenen Rechts vereinbar sei, bereits in der Entscheidung des Großen Zivilsenats aus dem Jahre 1952 aufgestellt und damit die weitere Rechtsprechung geprägt und vorgezeichnet, hat sich bestätigt. Ansatzpunkt ist dabei die vom BGH geschaffene Pflichtigkeitslehre; ausgehend vom Begriff der Situationsgebundenheit führt sie zu weiteren Elementen wie Bestandschutz, Schwere, die immer nur ausdrükken sollen, welche Belastung dem Eingriffsobjekt wesensgemäß, seiner Eigenart entsprechend ist. Dabei werden ferner Gesichtspunkte wie Verkehrswertminderung, Schutz bisher ausgeübter Nutzungen relevant, und auch die Unterscheidung genereller und individueller Beschränkungen findet Raum, allerdings nicht, wie der Terminologie des BGH vielfach entnommen wird, als allein ausschlaggebendes Kriterium, sondern lediglich im Hinblick darauf, ob eine Pflichtigkeit besteht, neu geschaffen worden ist oder ihre Grenzen überschritten sind. Faßt man den der BGH-Rechtsprechung zugrunde gelegten Satz „Der Verstoß gegen den Gleichheitssatz kennzeichnet die Enteignung" in diesem Sinne auf, so ist seine ständige Anführung in den Entscheidungen mehr als eine bloße Floskel, die die Kontinuität der Judikatur vortäuschen soll, vielmehr ergibt sich deren methodische Homogenität aus materiellem Egalitätsverständnis.

IV. Die Einordnung des Rechtswidrigkeitsmerkmals

Gleichwohl ist damit die Einheitlichkeit des Sonderopferbegriffs in der Rechtsprechung des BGH noch nicht vollends nachgewiesen, dies bezog sich bisher nur auf die Institute Enteignung und Aufopferung, also auf Entschädigung für rechtmäßig zugefügte hoheitliche Schädigungen. Als zu Beginn der Würdigung der Rechtsprechung im Rahmen des vom BGH geschaffenen enteignungsgleichen Eingriffs das Merkmal der Rechtswidrigkeit erörtert wurde, zeigte sich, daß diesem innerhalb der entschädigungsrechtlichen Judikatur erhebliche Bedeutung zukommt[133]: Da ausdrücklich seit BGHZ 32, 208 das Vorliegen eines Sonderopfers aufgrund der Rechtswidrigkeit regelmäßig für gegeben erachtet wird, ist sie für die Entschädigungsansprüche konstituierend. Dabei werden nicht nur Verstöße gegen spezialgesetzliche Ermächtigungsnormen, sondern insbesondere auch Verletzungen des Grundsatzes der Erforderlichkeit und Verhältnismäßigkeit staatlichen Handelns relevant. Des weiteren nimmt der BGH die Rechtswidrigkeitsprüfung häufig als primäre vor und scheint in einzelnen Fällen den Schutz des Eigentums auf rechtswidrige Inanspruchnahmen beschränken zu wollen.

1. Rechtswidrigkeit und Sonderopfer

a) Die Rechtsprechung des BGH und die Kritik des Schrifttums

Die grundlegende Frage ist hier jedoch, ob der BGH beim enteignungsgleichen Eingriff denselben Sonderopferbegriff verwendet oder ihm in Fällen unrechtmäßiger Beeinträchtigungen einen anderen Inhalt gibt. Prinzipielle Ausführungen zu dem Problemkreis Rechtswidrigkeit und Sonderopfer finden sich in drei Entscheidungen des BGH[134]. Da er jeweils in anderem Sinne für die Zubilligung des Entschädigungsanspruchs zu argumentieren scheint, spricht *Heidenhain*[135] von drei verschiedenen Begründungen des enteignungsgleichen Eingriffs. Der Satz aus BGHZ 6, 270[136], ein unrechtmäßiger Eingriff sei dann wie eine Enteignung zu behandeln, wenn er sich für den Fall seiner gesetzlichen Zulässigkeit nach Inhalt und Wirkung als Enteignung darstellen und dem Betroffenen ein besonderes Opfer auferlegen würde, ist überwiegend dahingehend verstanden worden, daß der BGH auch bei Rechtswidrigkeit das Vorliegen eines Sonderopfers nach den allgemeinen, d. h. für rechtmäßige geltenden, Regeln bestimmt wissen wollte, die „Ungleichheit" konkret und gesondert prüfte[137]. BGHZ 13, 88[138] hob demgegenüber darauf ab, daß sowohl der rechtmäßige wie der rechtswidrige Eingriff den Betroffenen in ganz der gleichen Weise belaste. Nach BGHZ 32, 208 schließlich steht mit der Feststellung, daß ein Eingriff rechtswidrig ist, gerade das dem enteignungsgleichen Eingriff Eigentümliche fest, daß das dem Einzelnen durch den Eingriff

[133] s. oben C I 2 b).
[134] BGHZ 6, 270; 13, 88; 32, 208.
[135] Amtshaftung, S. 99 ff.
[136] S. 290 (2. Absatz oben).
[137] Vgl. *Fischer*, Verh. des 41. DJT, Bd. II, C 50; *Weyreuther*, 47. DJT, Bd. I, Gutachten, B 156; *Ossenbühl*, JuS 1971, 575 (577); *Heidenhain*, S. 106 ff.; *Drews / Wacke*, Allg. Polizeirecht, S. 475.
[138] S. 92.

auferlegte Opfer jenseits der gesetzlichen allgemeinen Opfergrenze liegt und damit ein Sonderopfer darstellt[139].

Die Kritik, die diese Äußerungen im Schrifttum erfahren haben, ist vielgestaltig. So wird vor allem die letzte Aussage, daß gerade die Rechtswidrigkeit beim enteignungsgleichen Eingriff das Sonderopfer begründe, abgelehnt; eine Entschädigung *trotz* Unrechtmäßigkeit des Eingriffs — also wie BGHZ 6, 270 aufgefaßt wird — sei immerhin denkbar, werde dagegen eine Entschädigung *für* Rechtswidrigkeit gewährt, so sei der Boden der Sonderopfertheorie und des Gleichheitssatzes verlassen[140]. Gegen die Vornahme des konkreten Vergleichs, nach dem es darauf ankommt, ob die rechtswidrige Maßnahme bei Rechtmäßigkeit als Enteignung zu qualifizieren wäre, wird aber eingewandt, die beiden Fallgestaltungen seien eben nicht miteinander vergleichbar, sie unterschieden sich gerade wegen der Unzulässigkeit oder Zulässigkeit des Vorgehens[141], andererseits seien die Opferlagen der von einem rechtmäßigen oder rechtswidrigen Eingriff Betroffenen auch nicht gleich, weil sich diese rechtliche Bewertung meist aufgrund der tatsächlichen — eben jeweils verschiedenen Lage — des Einzelnen ergebe und zudem wegen der Rechtsschutzmöglichkeiten unrechtmäßige Maßnahmen prinzipiell nicht hingenommen zu werden brauchten[142].

Doch wenden wir uns der spätestens seit BGHZ 32, 208 festgefügten Auffassung zu, die Rechtswidrigkeit der hoheitlichen Beeinträchtigung führe stets zu einem Sonderopfer, so wird dem BGH in methodischer Hinsicht vorgeworfen, er habe damit den Inhalt des Sonderopferbegriffs willkürlich verdoppelt[143]. Während er bei rechtmäßigen Eingriffen nach einer besonderen, über das allgemeine Maß hinausgehenden Belastung des Einzelnen frage, komme es bei rechtswidrigen Maßnahmen auf ein *besonderes* Opfer gar nicht an, diese begründeten ein Sonderopfer, eben weil sie unrechtmäßig seien; damit sei kein einheitlicher Sonderopferbegriff bezüglich Enteignung und enteignungsgleichem Eingriff mehr vorhanden.

b) Rechtswidrigkeit und materieller Gleichheitssatz

Ehe diese Annahme für zutreffend erklärt werden kann, ist aber näher zu untersuchen, ob der BGH den Grundsatz „Rechtswidrigkeit gleich Sonderopfer“ nicht aus der allgemeinen Abgrenzung von Ent-

---

139 S. 211 f.

140 *Bender*, DÖV 1968, 156 (160); *ders.*, 47. DJT, Bd. II, L 20; *Weyreuther*, ebd.; *Heidenhain*, S. 118 ff.; *ders.*, JZ 1968, 487 (491); in diesem Sinne auch der „*Kommissionsbericht*“, § 15 StHG-E, wonach die Rechtswidrigkeit einen Anspruch weder begründet noch ausschließt.

141 *Heidenhain*, S. 109 ff., mit Beispielen.

142 *Heidenhain*, S. 101 f.; das letzte Argument zielt auf das Zwangsmoment des Sonderopfers ab, auf das noch einzugehen sein wird.

143 Vgl. v. a. *Heidenhain*, S. 117 f.

eignung und Sozialbindung begründet, ob die genannte Folgerung nicht gerade die Konsequenz seiner Auffassung zum Sonderopfer bei der Enteignung darstellt. Bei rechtmäßigen Belastungen ist entscheidend die Verletzung des materiellen Gleichheitssatzes, die Vereinbarkeit des Eingriffs mit dem Wesen des betroffenen Objekts; zur Beantwortung diser Frage sucht der BGH nach diesem vorgegebenen, die aus der Rechtsposition fließenden Befugnisse einschränkenden Belastungen — Pflichtigkeiten —, die vor allem, indem sie alle wesensmäßig gleichartigen Rechtspositionen erfassen, durch gesetzliche Regelungen festgelegt werden können[144]. Ein Vorgehen, das sich im Rahmen des nach Gesetzesanordnung Zulässigen hält, verwirklicht demnach nur eine durch Rechtsnorm auferlegte, dem Eigentum von vornherein anhaftende Pflichtigkeit und läßt diesem daher eine ihm gemäße Behandlung widerfahren, so daß in diesen Fällen kein Sonderopfer vorliegt. Die vorgegebene Belastung kann sich jedoch nur so weit erstrecken, wie sie inhaltlich durch das Gesetz bestimmt worden ist. Überschreitet eine Maßnahme diese Grenzen, so ist sie rechtswidrig und keine zulässige Sozialbindung[145]. Dies gilt bezüglich aller Gründe, die zur Rechtswidrigkeit eines hoheitlichen Zugriffs auf das Eigentum führen, sei es, daß es sich um eine fehlerhafte Anwendung des konkreten zum Eingriff ermächtigenden Gesetzes handelt — etwa liegen die tatsächlichen von der Rechtsnorm erforderten Voraussetzungen nicht vor oder die Behörde hat den Gesetzestatbestand unzutreffend aufgefaßt —, oder aber, daß die prinzipiellen Postulate staatlichen Handelns, insbesondere die Grundsätze der Erforderlichkeit und Verhältnismäßigkeit, nicht beachtet sind[146]: Stets ist das Vorgehen rechtswidrig und eine wirksame Inhalts- und Schrankenbestimmung des Eigentums nicht gegeben.

Damit könnte es sein Bewenden haben, doch ist zu berücksichtigen, daß auch die unrechtmäßige Inanspruchnahme von Vermögensrechten den Betroffenen zu beeinträchtigen in der Lage ist; er mag diese hinnehmen und durch Versäumung von Rechtsschutzmöglichkeiten bestandskräftig werden lassen, oft wird ihm bereits durch die Notwendigkeit, sein Recht im Klagewege zu verfolgen, und die dadurch bedingte Verzögerung ein Schaden erwachsen, und schließlich kann die Maßnahme ungeachtet ihrer Rechtswidrigkeit gegen ihn in Wirkung gesetzt worden sein, so bei Verwaltungsakten durch deren sofortige Vollziehung und insbesondere bei Realakten, tatsächlichen schädigenden Auswirkungen einer hoheitlichen Veranstaltung. Zu fragen ist daher,

---

[144] s. oben D I 2, auch zu den Grenzen dieser Befugnis des Gesetzgebers.

[145] Soweit übereinstimmend auch *Heidenhain*, S. 116 f.; *Leisner*, Sozialbindung, S. 207.

[146] Vgl. dazu bereits oben C I 2 b), vor allem auch hinsichtlich der Relevanz, die letztgenannten Prinzipien in der entschädigungsrechtlichen Judikatur des BGH zukommt.

ob die rechtswidrige Sozialbindung nicht doch entschädigungsrechtliche Folgen zeitigt. Rekurrieren wir auf die allgemeine Abgrenzung von Sozialbindung und Enteignung: Indem der rechtswidrige Eingriff die Schranken gesetzlich zulässiger Inanspruchnahme verletzt, nach diesen sich aber die als Pflichtigkeit bestehende vorgegebene Belastung der jeweiligen Rechtsposition richtet, erscheint jede unrechtmäßige Maßnahme als von keiner Pflichtigkeit gedeckt. Die dem Eigentum anhaftenden Beschränkungen enthalten immer nur rechtmäßiges gegen es gerichtetes Handeln, rechtswidriges Einschreiten kann dagegen nie als dem Objekt wesensgemäß qualifiziert werden. Nur Belastungen, die überhaupt zulässig sind, zählen zu den Eigenschaften des Eigentumsrechts und können ihm vorgegeben sein; sind sie rechtswidrig, so sind sie als durch die Eigenart des Objekts nicht zu rechtfertigen und daher ungleich im Sinne des materiellen Egalitätsprinzips anzusehen.

Nichts anderes aber bringt der BGH[147] zum Ausdruck, wenn er sagt, das bei Rechtswidrigkeit erbrachte Opfer liege jenseits der gesetzlichen allgemeinen Opfergrenze. Diese Grenze wird eben durch die Gesetzmäßigkeit bestimmt und bei unrechtmäßigem Vorgehen überschritten, weil solche Opfer nicht als dem Wesen des Eigentums entsprechend auferlegt werden können. Im gleichen Sinne sind im übrigen bereits die Ausführungen von BGHZ 6, 270[148] zum enteignungsgleichen Eingriff aufzufassen: Die Maßnahmen der Behörde bildeten bei unzutreffender Gesetzesanwendung mit der gesetzlichen Regelung keine Einheit mehr, griffen vielmehr über die dort vorgesehene Inhaltsbegrenzung hinaus und bildeten einen selbständigen Eingriff in die Rechtssphäre des Betroffenen. Auch hier ist es die Rechtswidrigkeit, die das „Überschreiten der Opfergrenze" begründet, da als Sozialbindung nur die nach dem Gesetz zulässigen Inanspruchnahmen gelten. Demnach ergibt sich aus der Anwendung des materiellen Gleichheitssatzes, daß rechtswidrige Eingriffe, weil insoweit keine vorgegebenen Belastungen anzuerkennen sind, immer ein Sonderopfer darstellen.

Dieses Ergebnis ist somit nicht Ausdruck eines doppelten Inhalts des Sonderopferbegriffs, sondern folgt aus den für rechtmäßige Eingriffe aufgestellten Regeln. Sozialbindung sind nur von Pflichtigkeiten gedeckte Maßnahmen; da rechtswidriges Vorgehen nicht als Ausformung einer Pflichtigkeit, die niemals einen Gesetzesverstoß enthalten kann[149], anzusehen ist, führt es zu einer entschädigungspflichtigen Ungleichbehandlung. Man kann insoweit von einer *„negativen Pflichtigkeit"*

[147] BGHZ 32, 208 (212 oben).

[148] S. 289 f.

[149] Eine Ausnahme von diesem Grundsatz nimmt der BGH in dem Fall von BGHZ 36, 379 an (s. zu diesem Urteil bereits oben B V 4); auch bezüglich unrichtiger richterlicher Urteile besteht demnach eine Pflichtigkeit.

sprechen, die bezüglich rechtswidriger Beeinträchtigungen besteht. Unzulässige Inanspruchnahmen als dem Eingriffsobjekt nicht vorgegeben erfordern im Rahmen der Pflichtigkeitskonstruktion keine nähere Untersuchung, so daß der BGH sie zu Recht häufig an den Anfang der Prüfung stellt. Vorab kann als „feste" Grenze die negative Seite der Pflichtigkeit abgehandelt werden, denn eine „positive", das Eigentumsrecht einschränkende Pflichtigkeit kommt erst in Betracht, wenn der Eingriff als überhaupt zulässig qualifiziert worden ist. Demzufolge ist die Frage nach der Rechtmäßigkeit durchaus die primäre[150]; und in den Fällen, in denen es um die Anwendung einer sozialbindenden Rechtsnorm geht — die eine Pflichtigkeit begründet —, ist sie im Ergebnis sogar die entschädigungsrechtlich ausschlaggebende: Der Betroffene ist dann nur bei unzulässigem Vorgehen der Behörde zu entschädigen. Doch ist die negative Pflichtigkeit nicht nur Gegenpol der positiven, sie erfaßt vielmehr jede rechtswidrige Maßnahme — gleichgültig, ob es sich um fehlerhafte Gesetzesanwendung handelt oder — dies betrifft insbesondere Schädigungen durch Realakte — sich das Rechtswidrigkeitsurteil aus allgemeinen Grundsätzen ergibt.

Diese Aussage ist allerdings auf die Fälle materieller Rechtswidrigkeit zu beschränken. Denn der Grundsatz, daß unrechtmäßige Inanspruchnahmen stets ein Sonderopfer begründen, beruht auf dem Umstand, daß sie zu einem rechtlich mißbilligten Ergebnis führen, das deshalb dem Wesen des Eingriffsobjekts nicht entspricht. Dies gilt aber nur, wenn das Rechtswidrigkeitsurteil aus einer *inhaltlichen* Unzulässigkeit des Eingriffs folgt. Sind hingegen allein formelle Rechtmäßigkeitsvoraussetzungen verletzt, wie Zuständigkeits- und Formerfordernissse, so wird die Rechtsposition des Betroffenen zwar in fehlerhafter Weise beschränkt, jedoch keinen Belastungen unterworfen, die bei rechtmäßigem Procedere der Behörde nicht möglich wären. Bei bloß formeller Rechtswidrigkeit, verstanden in dem Sinne, daß durch die Nichtbeachtung von Rechtsvorschriften der Inhalt der Inanspruchnahme nicht beeinflußt wird, ist demnach das Vorliegen eines Sonderopfers nicht schon wegen der Unrechtmäßigkeit der Maßnahme zu bejahen[151]. Das Prinzip „Rechtswidrigkeit gleich Sonderopfer" findet insoweit keine Anwendung, die negative Pflichtigkeit erstreckt sich nur auf materielle Rechtswidrigkeitsursachen.

Für einen konkreten Vergleich derart, ob der rechtswidrige Eingriff auch im Falle seiner Rechtmäßigkeit ein Sonderopfer begründet hätte, ist kein Raum mehr. Eine solche Gegenüberstellung war bekanntlich aus BGHZ 6, 270[152] herausgelesen worden[153], daß es darauf ankomme,

---

[150] Vgl. auch *Kreft*, Aufopferung und Enteignung, S. 23.
[151] In diesem Sinne auch BGHZ 58, 124 (127).
[152] S. 290 (2. Abs.).

inwieweit die Maßnahme im Fall ihrer gesetzlichen Zulässigkeit eine Enteignung darstellen würde. Die Ausführungen bezüglich des konkreten Vorlagefalles zum enteignungsgleichen Eingriff gehen jedoch dahin, daß ein besonderes Opfer deshalb vorliegt, weil es sich aufgrund der Rechtswidrigkeit um einen selbständigen, den durch das Wohnungsgesetz gesteckten Rahmen der Inhaltsbestimmung des Eigentums überschreitenden Eingriff handelte[154]. Das heißt, die gesetzeswidrige Beeinträchtigung führt um ihrer Rechtswidrigkeit willen zu einem Sonderopfer, und *deshalb* kommt sie nach Inhalt und Wirkung einer Enteignung gleich[155]. Daraus folgt, daß bereits BGHZ 6, 270 von dem Grundsatz „Rechtswidrigkeit gleich Sonderopfer" ausging[156]; eine unrechtmäßige Maßnahme bildet nicht einen Verstoß gegen den Gleichheitssatz, weil und wenn sie wie eine Enteignung wirkt, sondern da sie wegen ihrer Rechtswidrigkeit ein besonders Opfer auferlegt, trifft sie wie eine rechtmäßige Enteignung. Der „konkrete Vergleich" — ein und desselben Eingriffs als rechtmäßig und rechtswidrig — ist von der Rechtsprechung des BGH auch niemals vorgenommen worden, gerade auch nicht in BGHZ 6, 270[157]; er ist zur Abgrenzung in der Tat auch nicht brauchbar, da in den meisten Fällen das Vorgehen der Behörde, wäre es zulässig, eben entschädigungslose Sozialbindung bliebe und ein solcher Vergleich Nicht-Vergleichbares gegenüberstellen würde[158]. BGHZ 32, 208 bedeutete daher nur eine Klarstellung zu der mißverständlichen Formulierung von BGHZ 6, 270, nicht eine sachliche Änderung der Rechtsprechung.

Rechtswidrige Eingriffe in das Eigentum sind sonach nicht bloß keine wirksame Sozialbindung, sondern verletzen — da der Rechtsposition nie wesensgemäß — den materiellen Gleichheitssatz und begründen ein Sonderopfer. Sie können, soweit sie zu einem Schaden des Betroffenen führen, gleichwohl nicht als Enteignung entschädigt werden, weil dieses Institut definitionsgemäß nach Art. 14 III GG die Rechtmäßigkeit des betreffenden Hoheitsakts zur Voraussetzung hat[159]. Der BGH ge-

---

[153] s. oben die Nachweise in Fn. 137.

[154] Ebd., S. 290 oben.

[155] Vgl. ebd., wo der BGH fortfährt: „Hieraus folgt (!), daß ein solcher rechtswidriger Eingriff der Wohnungsbehörde in die private Eigentumssphäre seinem Inhalt und seiner Wirkung nach einer Enteignung gleichkommt."

[156] So auch *Kreft,* Aufopferung und Enteignung, S. 26; zuerst wohl *Bettermann,* 41. DJT, 1955, Bd. II, C 82 f.; ferner *Kleinhoff,* DRiZ 1958, 167 (168).

[157] Vgl. *Heidenhain,* Amtshaftung, S. 107 ff., der dem BGH vorwirft, er wende den von ihm geschaffenen Tatbestand des enteignungsgleichen Eingriffs selbst nicht folgerichtig an; Heidenhain mißversteht jenen aber im genannten Sinne.

[158] BGHZ 32, 208 (212); *Kreft,* Aufopferung und Enteignung, S. 26; zutreffend daher auch die diesbezügliche — aber leerlaufende — Kritik von *Heidenhain,* S. 109 f.

[159] s. auch BGHZ 6, 270 (290).

währt hier in analoger Anwendung des Art. 14 III GG Entschädigung wegen enteignungsgleichen Eingriffs. Maßgebliche Begründung dafür ist, daß der rechtswidrige Eingriff dem Betroffenen in ganz der gleichen Weise wie eine rechtmäßige Enteignung ein Sonderopfer auferlege[160]. Die Argumentation mit der Identität der Opferlage hat demnach nichts mit der Frage zu tun, ob ein Sonderopfer gegeben ist[161], — dies steht aufgrund der Rechtswidrigkeit ohnehin fest; weil der BGH aber rechtswidrige Sonderopfer dem rechtmäßigen gleich erachtet, behandelt er sie „wie eine Enteignung“[162]. Die „gleiche Opferlage“ ist keine weitere Umschreibung des Tatbestandes des enteignungsgleichen Eingriffs, sondern unter Berufung auf sie sollen diese Fälle *entschädigungsrechtlich*[163], d. h. hinsichtlich der Zubilligung eines Entschädigungsanspruchs, wie enteignende Eingriffe behandelt werden. Die Begründung des Sonderopfers ergibt sich — wie vorstehend erörtert — aus dem materiellen Gleichheitssatz, die Identität der Opferlage zieht der BGH heran, um dieses Sonderopfer in entsprechender Anwendung des Art. 14 III GG entschädigen zu können.

c) Das Zwangsmoment

Ob der letztgenannte Gesichtspunkt, daß das rechtswidrige Sonderopfer den Betroffenen ebenso wie das rechtmäßige belastet, zu billigen ist, erscheint indes zweifelhaft. Denn in solcher Allgemeinheit gesprochen, läßt dieser Satz die mit der Einführung der verwaltungsgerichtlichen Generalklausel bestehenden umfassenden Rechtsschutzmöglichkeiten des Einzelnen gegen rechtswidriges Verwaltungshandeln außer acht. Anders als rechtmäßige Eingriffe braucht er dieses nicht hinzunehmen und kann in den meisten Fällen eine Schädigung abwenden oder doch mindern. Der diesbetreffende Unterschied scheint auch entschädigungsrechtliche Relevanz zu erheischen, da nach überwiegender Ansicht nur ein Sonderopfer zu entschädigen ist, das dem Bürger abverlangt wird, ja oftmals die Ausgleichspflicht gerade mit dem Zwang, die Belastung dulden zu müssen, begründet wird[164]. Dies hat Ausdruck gefunden in dem Satz O. *Mayers*[165] vom „dulde und liquidiere“: Weil der Betroffene den Eingriff dulden muß und nichts dagegen unternehmen kann, darf er liquidieren, Entschädigung fordern. Dieser Gedanke traf und trifft nach wie vor zu bezüglich rechtmäßiger Hoheitsakte, die ein Sonderopfer auferlegen. Er galt im Polizeistaat, letztlich bis zur Schaffung der verwaltungsgerichtlichen Generalklau-

---

[160] Ebd., sowie vor allem BGHZ 13, 88 (92).

[161] Unzutreffend insofern *Heidenhain*, S. 99 ff.

[162] BGHZ 6, 270 (290).

[163] BGHZ 13, 88 (92).

[164] Vgl. etwa BGHZ 20, 81 (83); 45, 58 (80 f.); bereits RGZ 140, 276 (286); ferner etwa *Papier*, NJW 1971, 2157 f.; *Scheuner*, JuS 1961, 243 (245).

[165] Deutsches Verwaltungsrecht, S. 53 Anm. 27.

sel, auch für rechtswidriges Hoheitshandeln, da der Rechtsschutz gegen dieses höchst unvollkommen war, so daß O. *Mayer* zu Recht behaupten konnte, da man gegen den Staat selbst nichts ausrichte und der Fiskus nicht mehr tun könne als zahlen, laufe alle Garantie der bürgerlichen Freiheit eben auf das „dulde und liquidiere" hinaus[166]. Heute ist der Schutz der Grundrechte jedoch nicht auf Geldleistungsansprüche gegen den Staat beschränkt, sondern unter Wirkung des Art. 19 IV GG steht dem Bürger ein umfassendes Rechtsschutzsystem gegenüber rechtswidrigen hoheitlichen Maßnahmen zur Verfügung. Die Auswirkungen dieses Umstandes auf das staatliche Ersatzleistungsrecht sind umstritten. So bestimmt § 839 III BGB für die Amtshaftung, daß der Schadensersatzanspruch entfällt, soweit der Schaden durch die Einlegung von Rechtsmitteln hätte abgewendet werden können. Eine Übernahme dieser Regelung in das Entschädigungsrecht wird teilweise abgelehnt[167]. Damit ist aber auch die ursprüngliche Grundlage des „dulde und liquidiere" entfallen[168]; es könnte dahin abgewandelt werden, daß der Bürger liquidieren, Entschädigung verlangen kann, wenn er nur zu dulden *bereit* ist[169]. Es muß jedoch Zweifel hervorrufen, ob es heute noch angemessen erscheint, dem Betroffenen die Möglichkeit zu geben, auf die Anfechtung des unrechtmäßigen Aktes zu verzichten, „sich auf den Boden der Tatsachen zu stellen" und seine Forderung von vornherein auf Entschädigung zu richten[170]. Der material verstandene Rechtsstaat, der dem Bürger die Rechtsweggarantie des Art. 19 IV GG gibt, verlangt vielmehr, daß dieser zunächst die Korrektur des fehlerhaften Staatsakts verfolgt. Ihm ist zuzumuten und abzuverlangen, im Falle des Abgleitens der Staatsgewalt gegen diese vor den Gerichten zu kämpfen, ehe er Geldersatz fordert. Die Zubilligung von Ersatz- oder Entschädigungsansprüchen erscheint demnach als „ultima ratio" des Rechtsstaates[171]. Versäumt der Einzelne, die ihn rechtswidrig belastende Maßnahme anzufechten, und hätte dadurch der Schaden abgewendet werden können, so verspielt er auch jeden Ersatzanspruch[172].

---

[166] Ebd.

[167] Vgl. etwa *Kuschmann*, NJW 1966, 574.

[168] Als historisch und überholt bezeichnen es etwa *Bender*, Staatshaftungsrecht, Rdnr. 299; *Heidenhain*, Amtshaftung, S. 102 Fn. 93.

[169] In diesem Sinne: *Lerche*, JuS 1961, 237 (242); *Pagendarm*, VersR 1960, 878 (882); ferner *Bettermann* u. *Knoll*, 41. DJT, Bd. II, C 94 u. 100.

[170] Vgl. hierzu *Scheuner*, Jellinek-Gedächtnisschrift, S. 331 (335 mit Fn. 14).

[171] *Maunz / Dürig / Herzog*, GG, Art. 34 Rdnr. 4; *Tietgen*, DVBl. 1955, 549.

[172] Diese Auffassung setzt sich immer mehr durch: vgl. *Luhmann*, Entschädigung, S. 87, 211 f.; *Scheuner*, JuS 1961, 243 (250); *Salzwedel*, AöR 87 (1962), 94 (101); *Haas*, 41. DJT, Bd. II, C 84; *ders.*, 47. DJT, Bd. II, L 36 f.; *Heidenhain*, ebd., L 140.

Michaelis, Larenz-Festschrift, S. 927 (insbes. S. 953 ff.), untersucht die Rechtswidrigkeit als Haftungsgrund gerade unter dem Gesichtspunkt des Duldungszwangs kritisch. Nach der Mitteilung in DRiZ 1967, 163 soll dies auch die Auffassung der Richter des IV. Senats beim BVerwG sein.

All dem scheint der BGH wenig Beachtung zu schenken. So wurde in BGHZ 6, 270 keine Differenzierung vorgenommen, obwohl im ersten Vorlagefall erfolgreiche Anfechtungsklage erhoben worden war, im zweiten Fall die Beschwerde erfolglos blieb, im dritten Vorlagefall der Betroffene den Verwaltungsakt formell rechtskräftig werden ließ[173]. Der verwaltungsgerichtlichen Anfechtungsmöglichkeit maß der BGH zunächst offenbar keine Bedeutung zu, er führte sogar aus, der Bürger sei gezwungen, den Hoheitsakt auch bei Rechtswidrigkeit zu dulden, ohne daß ihm die Abwehrmöglichkeiten des Privatrechts (!) zur Seite stünden[174]: daher also die „Gleichheit der Opferlage". Erst in späteren Entscheidungen hat der BGH eine Wandlung seiner Auffassung erkennen lassen und etwa dem Umstand, daß der Betroffene gegen eine Verfügung nicht vorgegangen ist, Relevanz beigelegt, indem er § 254 BGB auf den enteignungsgleichen Eingriff anwandte[175]. Der Zweck der Entschädigung besteht darin, dem Betroffenen einen Ausgleich für das ihm abgenötigte Sonderopfer zu geben; dies stehe auch unter der Herrschaft von Treu und Glauben nach § 242 BGB, der in § 254 BGB nur eine besondere Ausprägung erfahren habe; demnach sei es gerechtfertigt, den Entschädigungsanspruch zu mindern oder ganz auszuschließen, soweit der Betroffene die durch den Eingriff verursachten Nachteile nicht abgewendet oder wenigstens gemildert habe[176]. Somit nimmt nun auch der BGH Einschränkungen der mit der „Identität der Opferlage" begründeten entschädigungsrechtlichen Gleichbehandlung rechtmäßiger und rechtswidriger Eingriffe vor.

d) Negative und positive Pflichtigkeit

Für die Gestaltung des Instituts des enteignungsgleichen Eingriffs waren in der Rechtsprechung des BGH demnach zwei Gesichtspunkte maßgebend. Aus dem materiellen Gleichheitsprinzip folgt, daß rechtswidrige Eingriffe stets zu einem Sonderopfer führen, da insoweit keine dem Eigentum wesensgemäße, ihm als Pflichtigkeit vorgegebene Be-

---

Eine solche Regelung sieht auch § 5 des Entwurfes eines Staatshaftungsgesetzes vor, s. *Kommissionsbericht*, S. 16, 95 ff.

Man kann demnach von einer Fortgeltung des Grundsatzes „dulde und liquidiere" sprechen, sofern man diesen ernst nimmt: Nur wenn der Betroffene die (rechtswidrige) Beeinträchtigung dulden muß und durch Rechtsmittel nicht abwehren kann, darf er liquidieren!

[173] Vgl. ferner etwa das bei *Heidenhain*, Amtshaftung, S. 93 Fn. 50 oben angeführte Zitat aus BGHZ 7, 296 (insoweit in der amtl. Sammlung nicht veröffentlicht).

[174] BGHZ 13, 88 (93).

[175] BGH, LM, GG Art. 14 Nr. 37 (Cf); grundsätzlich dann in BGHZ 56, 57 (64 ff.); hierzu Anm. *Kreft* bei LM, GG Art. 14 Nr. 22 (Cc); vgl. ferner LM, GG Art. 14 Nr. 39 (Cf). Soweit ersichtlich wurde § 254 BGB erstmals in BGHZ 45, 290 (Impfschaden eines Dritten) für anwendbar erklärt; s. ferner die Mitteilung in DRiZ 1967, 163.

[176] BGHZ 56, 57 (65).

lastung anzuerkennen ist, und, weil dieses Sonderopfer den Einzelnen in gleicher Weise wie ein rechtmäßig auferlegtes treffen soll, wird in entsprechender Anwendung des Art. 14 III GG für solche enteignungsgleichen Eingriffe Entschädigung gewährt.

Diese nicht zuletzt aus der Pflichtigkeitslehre abgeleitete Begründung des enteignungsgleichen Eingriffs könnte zu der Annahme verleiten, somit sei eigentlich jede Enteignung „rechtswidrig". Denn wenn jede rechtswidrige Maßnahme als Sonderopfer qualifiziert wird, da sie von keiner Pflichtigkeit gedeckt ist, so scheint dies auf den ersten Blick bei den vermeintlich rechtmäßigen Enteignungen nicht anders zu sein: Sie sollen sich von Sozialbindungen gerade dadurch unterscheiden, daß sie nicht wie jene Konkretisierungen von vornherein bestehender Pflichtigkeiten sind. Wollte man bei Überschreitung der durch diese gesetzten Grenzen das Vorgehen stets als unrechtmäßig ansehen, dann wäre wiederum jede Enteignung als Rechtswidrigkeitstatbestand gekennzeichnet, der eine Rechtfertigung allenfalls aus der vorherigen Entschädigungsbereitschaft des Staates erführe[177].

Doch ist ein solches Ergebnis durch die Heranziehung der Pflichtigkeitslehre keineswegs bedingt. Nicht ohne Grund wurde hier bezüglich rechtswidriger Eingriffe der Begriff der „negativen Pflichtigkeit" geprägt. Diese Maßnahmen verstoßen gegen Gesetzesvorschriften oder allgemeine Rechtsgrundsätze und sind deshalb, wegen ihrer Unzulässigkeit, niemals pflichtigkeitsgemäß; sie können somit in negativer Hinsicht a priori von den vorgegebenen Belastungen ausgenommen werden. Doch darf nicht der Umkehrschluß gezogen werden, das hoheitliche Vorgehen werde schon rechtswidrig aufgrund des Umstandes, daß keine es betreffende Pflichtigkeit besteht. Dies träfe nur zu, wenn die Pflichtigkeiten allein durch Gesetz begründet würden; der BGH bestimmt sie jedoch anhand verschiedenster Gesichtspunkte wie Situationsgebundenheit, Vertrauensschutz usw., wobei die auf Rechtsnorm basierenden Pflichtigkeiten eher die Ausnahme bilden[178], und ihre Grenzen nicht bloß in den Schranken der Rechtswidrigkeit bestehen. Eingriffe in das Eigentum können rechtmäßig sein — gleichgültig, ob sie Pflichtigkeiten verwirklichen oder nicht, sie werden nicht um ihrer Unvereinbarkeit mit dem Wesen der Rechtsposition willen rechtswidrig. Die Korrespondenz von Beurteilung der Zulässigkeit des Hoheitsakts und materiellem Gleichheitssatz besteht indessen nur darin, daß rechtswidrige Maßnahmen die negative Schranke der Pflichtigkeit verletzen und daher ein Sonderopfer darstellen.

---

[177] s. schon die Ausführungen zu Art. 3 I GG oben C II 1.

[178] Beispielhaft BGHZ 23, 30 (33); die Pflichtigkeiten bestünden nicht erst kraft positivrechtlicher Regelung.

2. Der Rechtswidrigkeitsbegriff in der entschädigungsrechtlichen Rechtsprechung

Einer weiteren Erörterung bedarf gleichwohl der Charakter des enteignungsgleichen Eingriffs als Institut der Unrechtshaftung. Der BGH wendet ihn in einigen Fällen an, in denen bezüglich Rechtswidrigkeit kein Anhaltspunkt vorhanden zu sein scheint, und argumentiert ferner im Sinne einer Unrechtsbegründung, wo die Rechtmäßigkeit der hoheitlichen Veranstaltung an sich kaum bezweifelt werden kann[179]; deshalb wird auch verschiedentlich behauptet, das Merkmal der Rechtswidrigkeit sei unbrauchbar zur Unterscheidung von Enteignung und enteignungsgleichem Eingriff, letzterer sei vielmehr ein „Auffanginstitut für heterogene Fälle"[180].

Der Begriff der Rechtswidrigkeit ist von besonderer Bedeutung, weil mit deren Bejahung auch das Merkmal Sonderopfer gegeben ist. Das Rechtswidrigkeitsurteil kann prinzipiell in zweifacher Hinsicht ergehen, entweder handlungs- oder erfolgsbezogen[181]. Angesichts des Umstandes, daß im Entschädigungsrecht zunächst das Vorliegen eines gezielten hoheitlichen Eingriffs gefordert wurde[182], könnte hier auch der neueren Dogmatik entsprechend[183] nur dem Element des Handlungsunrechts Relevanz zukommen[184]. Seit der BGH jedoch als „Eingriff" die unmittelbar durch hoheitliches Tätigwerden verursachte Beeinträchtigung ausreichen läßt[185], tritt das Handlungsmoment in den Hintergrund, und mehr Gewicht gewinnen die Auswirkungen, die das hoheitliche Vorgehen für den Einzelnen hat[186]. So ist erklärlich, daß die Heranziehung des enteignungsgleichen Eingriffs bei Fallgestaltungen erfolgt, die das Rechtswidrigkeitsurteil nur unter dem Gesichtspunkt des mißbilligten Erfolgs zulassen[187]; die Zulässigkeit des obrigkeitlichen Verhaltens an sich wird dann nicht in Frage gestellt, die eingetretene Folge aber als Unrecht qualifiziert.

---

[179] So insbesondere in den Urteilen betr. die Beeinträchtigung von Anliegern öffentlicher Verkehrswege (s. dazu oben B III 3 b) dd) (3)).

[180] *Bauschke / Kloepfer*, NJW 1971, 1233 (1236); ferner *Ossenbühl*, JuS 1971, 575 (577); *Wagner*, NJW 1967, 2333 (2334/7); s. auch *Schack*, JZ 1960, 625.

[181] Auf die diesbetreffende zivilistische Diskussion sei nur hingewiesen: *Nipperdey*, NJW 1957, 1777; *Larenz*, Schuldrecht II, § 66 I e.

[182] BGHZ 12, 52 (57); 23, 235 (246).

[183] Vgl. *Wagner*, NJW 1967, 2333 (2334/7); auch der BGH (Z 24, 21) lehnt bezüglich Verhaltens im Straßenverkehr die nur am Erfolg orientierte Feststellung des Unrechts ab.

[184] Vgl. *Wagner*, NJW 1967, 2333 (2334/7), und *Ossenbühl*, S. 579.

[185] Wenigstens seit BGHZ 37, 44.

[186] Vgl. auch *Weyreuther*, 47. DJT, Bd. I, Gutachten, B 155, der (betr. den enteignungsgleichen Eingriff) BGHZ 6, 270 als vom Handlungsunrecht, BGHZ 32, 208 als vom Erfolgsunrecht bestimmt bezeichnet.

[187] *Wagner* und *Ossenbühl*, je a.a.O., m. Nachw.

Diese Konstruktion mag „a long training in absurdity“[188] voraussetzen und mit guten Gründen verworfen werden können. Eine der Ursachen, weshalb der BGH zu ihr Zuflucht nahm, dürfte das Fehlen einer öffentlich-rechtlichen Gefährdungshaftung[189] sein, so daß er von ihm als entschädigungsbedürftig erkannte Fälle auf diesem Wege löste. Zu untersuchen ist hier, ob dies mit dem Inhalt des Sonderopferbegriffs, den der BGH im übrigen verwendet, vereinbar ist. Als grundlegend wurde ein materielles Gleichheitsverständnis erkannt, nach dem darauf abzuheben ist, ob die jeweilige Beeinträchtigung vom Wesen des Eingriffsobjekts zu rechtfertigen, ihm seiner Eigenart nach vorgegeben ist. Dabei ist die Gleichheitsfrage nicht nur isoliert bezüglich des Eingriffs zu stellen, sondern zufolge der materiellen Betrachtung kommt es auf dessen Inhalt und somit darauf an, welche Auswirkungen seine Regelung für das Eigentumsrecht hat. Entscheidend für das Vorliegen eines Sonderopfers ist demnach nicht das Verhalten eines Staatsorgans, vielmehr die von der Rechtsordnung mißbilligte Wirkung[190]. Der als solcher rechtmäßige Eingriff, der an sich auch pflichtigkeitsgemäß sein kann, vermag das Recht des Einzelnen gleichwohl in einer Weise zu belasten, die über die ihm wesensmäßigen Einschränkungen hinausgreift sowie die Bewertung als rechtswidrig rechtfertigt. In Betracht kommen hier vor allem die Fälle normalerweise entschädigungsloser Beeinträchtigung, die aber in concreto über dieses Maß — die Opfergrenze — hinausgeht, wie z. B. Schädigungen von Anliegern öffentlicher Verkehrswege. Diese haben durch den Charakter der Straße bedingte Belastungen solange hinzunehmen, wie sie nicht — u. a. wegen besonderer Schwere — gegen den Grundsatz der Verhältnismäßigkeit verstoßen[191]; die Rechtswidrigkeit ergibt sich allein aus dem unverhältnismäßigen „Erfolg“[192]. Auch bezüglich der Impfschadensfälle[193] bietet sich eine solche Betrachtung an. Zwar deutet dort die

---

[188] *Wagner*, S. 2335, der u. a. das Beispiel der rechtmäßig abgefeuerten (auf den Verbrecher), aber rechtswidrig treffenden (den Unbeteiligten) Polizistenkugel anführt; kritisch ferner *Ossenbühl*, JuS 1971, 575 (577), m. Nachw. Das Erfolgsunrecht als Grundprinzip — auch der Enteignung — sieht dagegen *Schulz-Schäffer*, 47. DJT, Bd. II, L 75, an. Auch *Wagner* betont (Jahrreiß-Festschrift, S. 441, 447) — insoweit mit NJW 1967, 2333 schwer zu vereinbaren —, das Entschädigungsrecht müsse sich am Erfolg orientieren.

[189] Allerdings in dem Sinne zu verstehen, daß es nicht um rechtswidrig-schuldlose „Eingriffe“ gehen darf, sondern um die Abdeckung durch „gefährliche“ hoheitliche Veranstaltungen verursachte „Unglücke“ (vgl. *Jaenicke / Leisner*, VVDStRL 20 (1963), 135 ff., 185 ff.; dabei behandelt Leisner, v. a. S. 204 ff., diese Schädigungen vom Erfolgsunrecht ausgehend als rechtswidrig!).

[190] *Jaenicke*, S. 144 ff.

[191] s. dazu bereits oben C I 2 b).

[192] Vgl. auch BGH, NJW 1964, 104 (Zerstörung der Einrichtung einer Gaststätte durch von der Straße abgekommenen Panzer; der BGH behandelte dies als enteignungsgleichen Eingriff). Als Abrücken vom Erfolgsunrecht könnte allenfalls BGHZ 57, 359 angesehen werden: Der U-Bahn-Bau

Argumentation, mit der das Sonderopfer bei außergewöhnlichen Gesundheitsschäden bejaht wird, nicht ausdrücklich auf eine Einordnung der Impffolgen als rechtswidrig hin. Doch wird man eine Maßnahme, die nach der Intention des Ermächtigungsgesetzes allenfalls unbedeutende Beeinträchtigungen des körperlichen Wohlbefindens nach sich zieht, kaum als vor der Rechtsordnung zu billigen ansehen, wenn sie eine Querschnittlähmung oder dauerndes Siechtum zur Folge hat. In diesem Fall führt also das Überschreiten der Pflichtigkeit zur Rechtswidrigkeit: Die Aufopferungsentschädigung wird wegen Erfolgsunrechts gewährt[194]. Die Rechtswidrigkeitsargumentation ist hier auch „ungefährlicher", soweit sie auf tatsächliche Folgewirkungen beschränkt ist. Gegen den zugrunde liegenden Hoheitsakt ist nämlich in der Regel nichts mehr auszurichten, so daß das mißliche Ergebnis vermieden wird, daß der gerade für zulässig erklärte Eingriff mit Rechtsmitteln erfolgreich angegriffen werden könnte, weil er entschädigungsrechtlich als unrechtmäßig angesehen wird. Bei diesen Folgeschäden geht es vielmehr nur noch um die Klärung ersatzrechtlicher Fragen, „wer letztlich die Kosten tragen soll"[195], und deshalb ist die Begründung des Sonderopfers mit Gesichtspunkten aus der Rechtswidrigkeitssphäre insofern unbedenklich.

Die Bedeutung des enteignungsgleichen Eingriffs und des ihn nach wie vor kennzeichnenden Merkmals der Rechtswidrigkeit in der Rechtsprechung des BGH beruht demnach auch auf der Heranziehung des Gedankens des Erfolgsunrechts. Dies ist dogmatisch zweifelhaft und führt zu teilweise unbefriedigenden Konstruktionen, erklärt aber die Argumentation des BGH in etlichen Fällen des enteignungsgleichen Eingriffs sowie der Aufopferung.

3. Zusammenfassung

Nachdem bereits bei der Darstellung der Rechtsprechung des BGH und bei der Suche nach Leitlinien die Bedeutung des Elementes der Rechtswidrigkeit erkannt worden war, ist nun auch seine Integration in die Abgrenzungsmethodik des materiellen Gleichheitssatzes erfolgt. Unrechtmäßige Eingriffe begründen um ihrer Rechtswidrigkeit willen ein Sonderopfer, da solche Maßnahmen nie eine dem Eingriffsobjekt

---

wurde ausdrücklich für rechtmäßig erklärt, obwohl das Vorliegen eines Sonderopfers in concreto mit Rechtswidrigkeitsargumenten begründet wurde (s. bereits oben C I 2 b).

193 s. oben B II.

194 So auch *Steffen*, DRiZ 1967, 110 (113); a. A.: *Scheuner*, Jellinek-Gedächtnisschrift, S. 331 (340 Fn. 40), der allein auf das Gefährdungsmoment abstellt, aus dem die Haftung fließe.

195 *Leisner*, Sozialbindung, S. 206. Die (tatsächliche) Beeinträchtigung als solche kann gar nicht mehr rückgängig gemacht werden.

seinem Wesen nach vorgegebene Belastung konkretisieren und dieses daher ungleich behandeln. Seit der Entscheidung BGHZ 32, 208 ist dies als Auffassung des BGH eindeutig festgestellt, doch auch vorher, bei der Grundlegung des enteignungsgleichen Eingriffs in BGHZ 6, 270 äußerte er sich — wenn auch oft mißverstanden — in diesem Sinne. Das somit aufgrund „negativer Pflichtigkeit" bei rechtswidrigen Hoheitsakten stets gegebene Sonderopfer entschädigt der BGH, indem er wegen der gegenüber rechtmäßiger Enteignung gleichen Opferlage Art. 14 III GG entsprechend anwendet. Angesichts der umfassenden Rechtsschutzmöglichkeiten gegen unrechtmäßiges Hoheitshandeln ruft dies Bedenken hervor, die der BGH neuestens durch Heranziehung des § 254 BGB auszuräumen sucht. Ebenfalls nicht zweifelsfrei ist die Begründung der Rechtswidrigkeit im Rahmen des enteignungsgleichen Eingriffs, die teilweise nur unter dem dogmatisch angreifbaren Gesichtspunkt des Erfolgsunrechts erklärt werden kann. Die Formel „Rechtswidrigkeit gleich Sonderopfer" hat gleichwohl einen bedeutenden Anteil am entschädigungsrechtlichen Eigentumsschutz, als der BGH sich zwar selten ausdrücklich auf sie beruft, aber in vielen Fällen die Entschädigungsgewährung mit ihr entsprechenden Argumenten begründet.

E. Methodischer Leitsatz und System der Sonderopferprüfung

Damit ist die methodische Untersuchung der BGH-Rechtsprechung zum Sonderopferbegriff abgeschlossen. Ihr Ziel war weniger die Prüfung der materiellen Entscheidungskriterien als vielmehr, die grundlegenden Fragestellungen aufzuspüren, die der BGH zur Bestimmung des Sonderopfermerkmals vornimmt. Dabei wurde nicht verkannt, daß Methode und inhaltliche Beurteilung weitgehend voneinander abhängen, die Frage nach dem Weg der Entscheidungsfindung hat jedoch die primäre zu sein. Erst nach deren Beantwortung kann eine Einordnung und Würdigung der den Gehalt des Sonderopferbegriffs ausfüllenden Gesichtspunkte erfolgen, und manche Elemente mögen bereits durch die methodische Grundlegung ihre Bedeutung gewandelt haben oder ausgeschlossen worden sein.

Als Leitlinie der BGH-Rechtsprechung wurde der Gleichheitssatz im Sinne des „suum cuique“ festgestellt, ein materielles Egalitätsprinzip dahingehend, ob die hoheitliche Beeinträchtigung mit dem Wesen des betroffenen Rechts vereinbar, eine ihm gemäße Belastung ist. Der BGH sucht daher das Wesen des Eingriffsobjekts näher zu bestimmen, indem er vor allem mit Hilfe der Pflichtigkeitslehre vorgegebene, der Rechtsposition anhaftende Beschränkungen aufzeigt. Erscheint der Eingriff nur als deren Ausformung und Realisierung, dann stellt er kein Sonderopfer dar. Maßgeblich ist, wie das obrigkeitliche Vorgehen den Einzelnen *trifft*, sein Inhalt und seine Auswirkungen sind in Relation zum Schutzobjekt zu setzen, hingegen scheidet eine isolierte Betrachtung des Eingriffs als bloß formale, wie sie in der Einzelakttheorie verkörpert war, aus. Die Berücksichtigung materieller Kriterien ist hier demnach nicht nur im Ergebnis billigenswert, aber eigentlich systemwidrig, sondern folgt aus dem Sonderopferverständnis der Rechtsprechung. So wird auch die Schwere des Eingriffs relevant, die im Schrifttum als das materielle Element schlechthin genannt wird. Der BGH kann ihm jedoch nicht ausschließliche Bedeutung zumessen; da es nach seiner Auffassung auf die dem Recht wesensgemäßen Belastungen ankommt, sind zwar Eingriffe von besonderer Intensität weithin nicht der Eigenart des Objekts entsprechend und deshalb zu entschädigen, andererseits können aber auch schwerste Schädigungen nur als dem Eigentumsrecht angemessen anzusehen sein. Demzufolge bildet hier die

Schwere kein absolutes Kriterium, sondern wird durch die jeweiligen Gegebenheiten — z. B. Ort und Lage des Objekts, ordnungsrechtliche Beurteilung — relativiert. Die Unterscheidung genereller und singulärer Eingriffe ist nach wie vor erheblich, wenngleich nicht als entscheidungsausschlaggebend; so beeinflußt sie den methodischen Ansatzpunkt in dem Sinne, daß Einzeleingriffe auf ihre Vereinbarkeit mit dem bisherigen Wesen der betroffenen Rechtsposition zu überprüfen sind, allgemeine, vor allem gesetzliche Regelungen dagegen das Wesen einer Gattung von Eigentumsrechten neu bestimmen können, wobei sich der Gesetzgeber zwar auch an der Eigenart dieser Rechte zu orientieren hat, dies aber vom BGH unter dem Gesichtspunkt des Wesensgehalts der Eigentumsgarantie (Art. 19 II GG) wohl nur als Schutz vor Entzug des Eigentums oder ihm gleichzustellender Maßnahmen aufgefaßt wird.

Die bisherige Untersuchung ermöglicht somit die Aufstellung eines systematischen Fragenkatalogs für die Prüfung des Merkmals Sonderopfer:

1. Handelt es sich um einen allgemeinen gesetzlichen Eingriff? Daß ein solcher unmittelbar durch Rechtsnorm erfolgt, ist selten und wegen der Verkürzung des Rechtsschutzes auch nur unter engen Voraussetzungen zulässig; da diese Fälle zumeist den Vollentzug des Eigentums betreffen, sind sie überdies unproblematisch.

2. Regelmäßig wird die gesetzlich angeordnete Eigentumsbeschränkung jedoch erst durch Verwaltungsakt vollzogen.

Die primäre Frage ist die nach dessen Rechtmäßigkeit; ist das Verwaltungshandeln rechtswidrig, so überschreitet es stets die allgemeine gesetzliche Opfergrenze, und — wegen der diesbezüglichen negativen Pflichtigkeit — ist stets ein Sonderopfer gegeben.

Allein muß wegen des Vorliegens eines Verwaltungsakts noch keine singuläre Beeinträchtigung angenommen werden; denn wenn der Gesetzgeber Art und Umfang des Eingriffs einheitlich und abschließend festlegt und der Executive insofern keinen Spielraum läßt, erscheint der Vollzugsakt nicht als selbständige, isoliert zu sehende Belastung, sondern nur als rechtstechnische Umsetzung und Anwendung der legislatorischen Eigentumsbeschränkung. Daher handelt es sich in diesen Fällen um „allgemeine" Maßnahmen, und die entschädigungsrechtliche Prüfung hat sich auf die zugrunde liegende Rechtsnorm zu beziehen, und die für diese geltenden Regeln sind maßgebend.

3. In der Mehrzahl der in Betracht kommenden Fälle sind aufgrund des Gesetzes mehrere Möglichkeiten der Eingriffe in das Eigentum gegeben, so daß der jeweiligen Maßnahme eigene Bedeutung zukommt, da erst sie das Ausmaß der Eigentumsbeeinträchtigung bestimmt. Die

ermächtigende Gesetzesvorschrift legt dann nicht selbst das Wesen und damit die ihm entsprechenden Beschränkungen — Pflichtigkeiten — fest, und die diesbetreffende materielle Gleichheitsfrage ist für den Eingriffsakt in concreto zu stellen. Zu ihrer Beantwortung ist neben der Schwere der Belastung auf die „Situation" des Eigentumsobjekts abzustellen, Gedanken des Bestands- und Vertrauensschutzes oder der Wertminderung werden relevant.

4. Schließlich nehmen an Häufigkeit zu die Fälle tatsächlicher schädigender Einwirkungen, insbesondere seit der BGH auf das Erfordernis eines gezielten Eingriffs verzichtete. Diese müssen ihre Ursache in einem auf Gesetz gegründeten hoheitlichen Handeln haben. Sie stellen ein Sonderopfer dar, wenn sie das vom Betroffenen der Natur nach Hinzunehmende überschreiten, wobei sich der BGH zur Abgrenzung der Gesichtspunkte der Pflichtigkeitslehre sowie zumeist Rechtswidrigkeitsargumenten bedient.

Als methodische Leitlinie der Rechtsprechung des BGH zum Sonderopfer ist das materielle Gleichheitsprinzip, wie es Ausdruck in der Pflichtigkeitslehre gefunden hat, festgestellt. Damit sind zunächst die zahlreichen, schon im Tatsächlichen heterogenen Entscheidungen überschaubarer geworden; ihnen allen liegt dieselbe prinzipielle Fragestellung zugrunde, der Weg der Urteilsfindung ist transparenter, die Heranziehung der einzelnen Entscheidungskriterien innerhalb des Rechtsprechungssystems verständlicher geworden. Diese Klärung ist unerläßliche Voraussetzung für die anschließende Erörterung des Inhalts der Elemente des Sonderopferbegriffs. Denn der Versuch, auch diesbezüglich Grundsätze herauszuarbeiten, die die Rechtsprechung im Ergebnis vorhersehbarer und sicherer machen können, vermag nur zu gelingen, wenn die Entscheidungsmethode festliegt.

F. Der Inhalt des Sonderopferbegriffs

Der Sonderopferbegriff wurde bisher methodisch umschrieben: Sonderopfer heißt nicht vom Wesen des betroffenen Objekts gedeckte Maßnahme, ihm nicht als Pflichtigkeit von vornherein anhaftende Belastung. Was diese Pflichtigkeiten ausmacht, wurde nur mit den vom BGH gebrauchten Formeln belegt, inhaltlich jedoch offengelassen. Wenn es nun gilt, den Gehalt dieser das Wesen der Rechtspositionen prägenden Pflichtigkeiten näher zu bestimmen, so sollen zwar möglichst „feste" Abgrenzungskriterien angestrebt werden, doch kann angesichts der Heterogenität der zu entscheidenden Sachverhalte keine „einfache Großformel" erwartet werden. Notwendig ist vielmehr eine Diversifikation der Entscheidungskriterien. Dabei hat Leitlinie und Rahmen die methodische Grundlegung zu sein.

I. Das Merkmal der Rechtswidrigkeit

Die Bestimmung der Pflichtigkeiten soll demzufolge entsprechend dem aus dem materiellen Gleichheitssatz sich ergebenden Prüfungsplan vorgenommen werden. Hierbei scheint die primäre Fragestellung bereits eine feste Grenze zulässiger Sozialbindung zu enthalten: das Kriterium der Rechtswidrigkeit. Da unrechtmäßige Beeinträchtigungen nie Verwirklichung dem Rechtsobjekt seinem Wesen nach anhaftender Belastungen sind, stellen sie für den Betroffenen stets ein Sonderopfer dar, das wegen seiner enteignungsgleichen Wirkung zu entschädigen ist. Diese unter dem Gesichtspunkt der „negativen Pflichtigkeit" zu beurteilenden Inanspruchnahmen bilden eine erste eindeutig bestimmbare Fallgruppe, für die nach der Rechtsprechung des BGH der Grundsatz „Rechtswidrigkeit gleich Sonderopfer" gilt.

Vergegenwärtigt man sich jedoch den Inhalt, den der BGH diesem Rechtswidrigkeitsprinzip bei Anwendung des enteignungsgleichen Eingriffs gibt, so kann nur noch bedingt von einem festen Kriterium gesprochen werden. Relativ einfach liegt es, sofern das Rechtswidrigkeitsurteil aus einer Verletzung spezieller Ermächtigungsnormen resultiert, sei es, daß die erforderlichen Eingriffsvoraussetzungen in tatsächlicher Hinsicht nicht vorlagen und von der Behörde irrig angenommen wurden oder daß diese den gesetzlichen Tatbestand unrichtig aufgefaßt hat. Zwar mögen bereits dann eingehende rechtliche Erörterungen notwendig sein, Schwierigkeiten bei Auslegung und Anwendung von Gesetzesvorschriften ändern aber nichts daran, daß die Grenze der Zulässigkeit des hoheitlichen Vorgehens prinzipiell festliegt und mit ihr die „Opfergrenze“. Insoweit ist die Rechtswidrigkeit bei der Prüfung des Merkmals Sonderopfer tatsächlich ein festes Element. Diese Fallgestaltung kennzeichnet indes nur einen Teil der Rechtsprechung zum enteignungsgleichen Eingriff[1]. Häufig leitet der BGH die Rechtswidrigkeit aus Verletzung der für jedes hoheitliche Handeln bestehenden Grundsätze der Erforderlichkeit und Verhältnismäßigkeit her[2]. Wenn danach Eingriffe in das Eigentum sowohl durch allgemeine gesetzliche Inpflichtnahme als auch durch Hoheitsakt in concreto zunächst zur Erreichung des angestrebten Zwecks notwendig sein müssen, so bedeutet dies für den Vollzug bestehender Eingriffsermächtigungen eine eindeutig bestimmbare Grenze, das im Hinblick auf ein vorgegebenes Ziel Unerläßliche ist recht genau feststellbar. Dies konkretisierend hat der BGH ausgeführt, der Hoheitsträger müsse sachgemäß, vorausschauend, planvoll und ohne Verzögerung vorgehen[3]. Von besonderer Erheblichkeit sind dabei die Kriterien des technisch und zeitlich Möglichen und Notwendigen[4]. Ist das Erforderlichkeitsmoment diesbezüglich weitgehend präzisiert, so darf jedoch nicht verkannt werden, daß es schon im Grundsatz relativiert ist; denn die Erforderlichkeit bezieht sich stets auf das angestrebte Ziel, und ihre Beurteilung hängt damit von der Festlegung des zu erreichenden Zweckes ab. Der Gesetzgeber braucht diesen nur „hoch genug“ anzusetzen, um die beabsichtigten Maßnahmen als „notwendig“ erscheinen zu lassen[5]. Das Prinzip der Erforderlichkeit liefert für sich eine feste Grenze zulässiger Sozialbindung, nur kann es unter Berufung auf ein höherwertiges Rechtsgut unterlaufen werden, so daß die Rechtswidrigkeitsargumentation nicht zum Zuge kommt.

Die letztgenannten Erwägungen treffen auch für den Grundsatz der Verhältnismäßigkeit zu, nach dem auf die angemessene Relation zwischen erstrebtem Zweck und der Beeinträchtigung des Einzelnen abzustellen ist. Diese Abwägung wird ebenfalls entscheidend dadurch beeinflußt, zur Verfolgung welchen öffentlichen Interesses der Eingriff in

---

[1] Vgl. BGHZ 6, 270; 32, 208; 58, 124; NJW 1956, 1109; ferner BGHZ 26, 10; 40, 49; LM, GG Art. 14 Nr. 16 (Cc); bezüglich des „gesetzlosen VA“: BGHZ 13, 88 u. 395.

[2] Bezüglich der Erforderlichkeit: BGHZ 15, 268; 30, 338; 43, 196; 53, 226; LM, GG Art. 14 Nrn. 33 (Ce), 16, 24, 37 (Cf); NJW 1972, 1946; zur Verhältnismäßigkeit: BGHZ 55, 261; 57, 359; LM, GG Art. 14 Nrn. 24, 27 (Cf).

[3] BGH, LM, GG Art. 14 Nr. 33 (Ce).

[4] Vgl. v. a. bezügl. Bausperren BGHZ 30, 338; NJW 1972, 1946 (s. näher oben C I 2 b), dto. betr. Straßenbauarbeiten.

[5] Vgl. etwa nur BGHZ 6, 270 (277) zur Notwendigkeit in Not- und Krisenzeiten; kritisch hierzu *Leisner*, Sozialbindung, S. 54 f.

das Privateigentum vorgenommen wird. Darüber hinaus handelt es sich aber bei der Beurteilung der Verhältnismäßigkeit auch bei feststehendem, vorgegebenem Ziel der hoheitlichen Betätigung[6] um eine Wertungsfrage, die die Aufstellung fester Kriterien erschwert. Die BGH-Rechtsprechung hat sich in den hierzu ergangenen Urteilen, die Beeinträchtigungen von Anliegern durch Bauarbeiten an öffentlichen Verkehrswegen betrafen, in dem Sinne geäußert, daß darauf abzuheben sei, ob die Nachteile für betroffene Gewerbetreibende noch zumutbar seien, und dies vor allem dann verneint, wenn die Gefahr der Vernichtung der Existenz des Betriebes bestand[7]. Eine Anwendung dieser Grundsätze auf andere Sachverhalte ist bisher soweit ersichtlich jedenfalls unter dem Element der Verhältnismäßigkeit nicht erfolgt. Nur in den Fällen der genannten Art wurden die noch des weiteren zu erörternden Gedanken des Bestandsschutzes und der Existenzgarantie in die Verhältnismäßigkeitsprüfung einbezogen; dieser kommt daher lediglich geringe Bedeutung zu. Ob der BGH dem Verhältnismäßigkeitsprinzip weitere präzise Inhalte gibt und damit dieses Element der „negativen Pflichtigkeit“ ausbaut, muß offen bleiben; seine bisherige Anwendung trägt zur Schaffung fester Kriterien der Sozialbindung, obwohl es von der Konzeption her dazu geeignet wäre, wenig bei.

Der als negative Begrenzung der Pflichtigkeiten aufzufassende Grundsatz „Rechtswidrigkeit gleich Sonderopfer“ bietet demnach trotz seiner praktischen Bedeutsamkeit zur präzisen Umschreibung des Sonderopferbegriffs in der Rechtsprechung des BGH eine geringere Aussage, als vermutet werden könnte. Gesetzlose und von der Eingriffsermächtigung nicht gedeckte Maßnahmen begründen zwar stets ein Sonderopfer, doch handelt es sich dabei überwiegend um spezialgesetzliche Problemstellungen, bezüglich derer außer dem genannten Grundsatz nichts festgehalten werden kann. Das Postulat der Erforderlichkeit staatlichen Handelns gebietet vor allem die Berücksichtigung des technisch und zeitlich Notwendigen, ist aber wie die Frage nach der Verhältnismäßigkeit von dem jeweils durch das zugrunde liegende Gesetz angestrebten Zweck abhängig.

II. Das Sonderopfer bei rechtmäßigen Eingriffen

Das Hauptaugenmerk bleibt sonach auf die rechtmäßigen Eigentumsbeeinträchtigungen gerichtet: Wann entsprechen sie dem Wesen

[6] Dies sind die den einschlägigen Entscheidungen regelmäßig zugrunde liegenden Fallgestaltungen, insbesondere bei Beeinträchtigung von Straßenanliegern (s. die Nachw. in Fn. 2).

[7] BGH, LM, GG Art. 14 Nrn. 24, 27 (Cf); zuletzt nachdrücklich BGHZ 57, 359.

des betroffenen Rechts, inwieweit sind sie Konkretisierung einer ihm als Pflichtigkeit vorgegebenen Belastung?

Die Suche nach festen Abgrenzungskriterien im Sonderopfermerkmal muß sich demnach mit den die Eigenart der Eigentumsrechte prägenden Pflichtigkeiten befassen, es gilt, diese zu präzisieren, um genauere Prognosen bezüglich der voraussichtlichen Ergebnisse der Rechtsprechung zu ermöglichen. Wenig „geheimnisvoll" ist dabei die Weise, auf die sich Pflichtigkeiten zu Pflichten verdichten[8]; die konkrete Inanspruchnahme, die für den Einzelnen Pflichten begründet, erfolgt regelmäßig entweder generell-abstrakt durch Rechtsnorm oder individuell in Vollzug einer solchen durch Verwaltungsakt[9]. Entscheidend ist vielmehr, ob die jeweilige Inpflichtnahme als Ausformung einer dem Objekt von vornherein anhaftenden Belastung zu beurteilen ist, mithin Umfang und Tragweite der Pflichtigkeiten; allenfalls deren Herkunft mag „geheimnisvoll" sein.

1. Die Zulässigkeit „allgemeiner" Inpflichtnahmen

Wird nun der Versuch einer diesbezüglichen Klärung unternommen, dann ist entsprechend der methodischen Fragestellung von den allgemeinen gesetzlichen Regelungen auszugehen, die das Eigentum tangieren. Bei diesen erhebt sich nicht die Frage, inwieweit die einschränkenden Anordnungen sich aus der Eigenart der betroffenen Objekte rechtfertigen, so wie sie sich bei Einzelmaßnahmen stellt. Sie können hingegen das Wesen der angesprochenen Gattung von Rechtspositionen bestimmen und ändern[10]. Wären dieser Befugnis des Gesetzgebers keine Grenzen gesetzt, so brauchte die Untersuchung in dieser Hinsicht nicht fortgesetzt zu werden: Wie nach der Einzelakttheorie wären generelle Beschränkungen nie entschädigungspflichtiges Sonderopfer und Enteignung. Gemäß materiellem Gleichheitsverständnis sind allgemeine legislatorische Akte jedoch nicht unbegrenzt als Sozialbindung zulässig[11]. Sie sind nur als Inhaltsbestimmung des Eigentums anzusehen, wenn sie mit dessen Wesen in Einklang zu bringen sind[12], d. h. die auferlegten Belastungen dem Recht überhaupt eigentümlich sein können[13].

a) Die Wesensgehaltsschranke

Als Schranke nennt der BGH in diesem Zusammenhang die Wesensgehaltgarantie des Art. 19 II GG[14]; doch sind nähere Kriterien, die

---

[8] So *Schneider*, NJW 1967, 1750 (1753); *ders.*, Enteignung und Aufopferung, S. 69.
[9] Vgl. auch BGH, NJW 1974, 275 (277).
[10] s. hierzu oben D I 2.
[11] So bereits BGHZ 6, 270 (279).
[12] *Pagenkopf*, NJW 1952, 1193 (1195).
[13] BGH, ebd.

diesen Vorbehalt konkretisieren könnten, in der Rechtsprechung kaum zu finden. Allein die Heranziehung von Art. 19 II zur Abgrenzung von Enteignung und Sozialbindung erweckt Bedenken, da Art. 14 III GG gerade Eingriffe in den Wesensbereich des Eigentums zuläßt; und selbst wenn man diese wie der BGH vornimmt, bleibt der Aussagewert zweifelhaft, weil insoweit die Eingriffe in den Wesensgehalt mit der hier näher zu bestimmenden Enteignung identisch sind[15]. So wurde bereits bei der methodischen Grundlegung darauf hingewiesen, daß der der Berufung auf Art. 19 II GG überwiegend gegebene Inhalt — Schutz vor Entzug des Eigentums oder diesem gleichzuachtender Maßnahmen — ohnehin schon aus dem materiellen Gleichheitsprinzip folgt, es sich dabei um Wesensmerkmale eines jeden Rechts handelt, die auch bei allgemeinen Eingriffen zu beachten sind. Die Unzulässigkeit entschädigungsloser Eigentumsentziehungen ist anerkannt[16]; es geht nicht mehr um die Regelung des Inhalts des Rechts, wenn dieses seinem Inhaber weggenommen wird.

Zu fragen ist aber, ob darüber hinaus Grenzen bestehen, Wesen und Eigenart von Rechten durch Auferlegung allgemeiner Belastungen neu zu bestimmen. Der Beschluß des Großen Zivilsenats in BGHZ 6, 270 ist in dieser Hinsicht wenig ergiebig; die Wohnraumbewirtschaftung wird wegen ihres sozialpolitischen Charakters und des Zwecks, vor Ausnutzung wirtschaftlicher Machtstellung zu schützen, gerechtfertigt, die Vermeidung mißbräuchlicher Ausnutzung des Eigentums sei diesem immanent[17]. Mit dieser Begründung wird nichts anderes gesagt, als daß die Belastungen dem Eigentum wesensgemäß sind; sie bewegt sich demnach im Rahmen des materiellen Gleichheitssatzes, läßt aber nicht erkennen, wann solche allgemeinen Beschränkungen als nicht vorgegeben zu beurteilen wären.

In zwei weiteren Urteilen hat der BGH gesetzgeberische Maßnahmen als die Eigentumsgarantie verletzend angesehen: So soll der Wesensgehalt des Eigentums durch die unzureichende Festsetzung des Nutzungsentgelts im Ergänzungsgesetz zur Kleingartenordnung angetastet sein[18]. Ferner hält er die Bergschädenregelung, nach der dem Grundstückseigentümer die Verpflichtung, den schädigenden Bergbau zu dulden, auferlegt ist, die Realisierbarkeit seiner Entschädigungsforde-

---

[14] BGHZ 30, 338; 43, 196; 48, 46; 53, 226; 56, 40; 57, 375; LM, GG Art. 14 Nr. 44 (A), Art. 19 Nr. 22/23; MDR 1964, 486.

[15] Vgl. dazu und zum folgenden oben D I 2; Art. 19 II GG wird als Grenze hinsichtlich der Befugnis des Gesetzgebers nach Art. 14 I S. 2 GG weitgehend anerkannt, nur bleibt deren Inhalt ungeklärt; der BGH zieht Art. 19 II GG überdies auch zur Abgrenzung im Einzelfall heran: BGHZ 23, 30; 54, 293; 60, 126 u. 145; LM, GG Art. 14 Nr. 24 (Cf), WRV Art. 153 Nr. 19.

[16] BGHZ 10, 255; LM, GG Art. 14 Nr. 17 (Ca).

[17] BGHZ 6, 270 (insbes. 286 ff.).

[18] BGH, LM, GG Art. 19 Nr. 22/23.

rung im Falle der Zahlungsunfähigkeit oder des Wegfalls des Bergwerksbesitzers aber nicht sichergestellt ist, für eine im Rahmen sachgerechter Interessenabwägung nicht mehr zu rechtfertigende einseitige Belastung des Grundeigentums[19]. Eigentlicher Grund beider Erkenntnisse ist jedoch wiederum der Entzugsgedanke: Indem ein unzureichendes Nutzungsentgelt festgesetzt wird, indem der Betroffene Gefahr läuft, seinen wegen Inanspruchnahme des Eigentums bestehenden Ersatzanspruch zu verlieren, wird seine Rechtsposition derart ausgehöhlt und ihres Wertes entkleidet, daß dies einem Entzug gleichzuachten ist. Eine solche Beeinträchtigung ist nicht Neubestimmung des Wesens des Eigentumsrechts, sondern mit diesem unvereinbar, da zu ihm als unverzichtbares Element das der Innehabung des Rechts unter Aufrechterhaltung irgendeiner Verwertungsmöglichkeit gehört[20].

Doch lassen sich aus Art. 19 II GG weitere Konkretisierungen ableiten zur Bestimmung, was Enteignung ist, die dem Gesetzgeber ebenso wie die Verfügung über den Wesensgehalt entzogen ist[21]? Art. 19 II GG kann dabei durchaus herangezogen werden, da ein Eingriff, der den Wesenskern des Eigentums verletzt, stets auch über die Schranken zulässiger Sozialbindung hinausgeht[22]. Aufgrund der Tatsache, daß Art. 14 III GG solche Hoheitsakte legitimiert, mag die Anwendbarkeit von Art. 19 II auf Art. 14 GG zweifelhaft sein, die Wesensgehaltsgarantie insoweit auf eine Wertgarantie reduziert sein[23]: Doch hat dieser Umstand nur zur Folge, daß solche Maßnahmen als zulässig anzusehen sind, wenn die Erfordernisse des Art. 14 III GG erfüllt sind; Grenzen der Sozialbindung könnten begrifflich gleichwohl aus Art. 19 II GG gewonnen werden.

Das Problem des Wesensgehalts der Grundrechte im Sinne des Art. 19 II GG ist nach wie vor umstritten und nicht endgültig geklärt[24]. Es bedarf hier aber keines näheren Eingehens auf die diesbezüglichen unterschiedlichen Ansichten; da versucht werden soll, die Wesensgehaltgarantie zum Verständnis der enteignungsrechtlichen Rechtsprechung fruchtbar zu machen, ist vorrangig die Auffassung des BGH zu Art. 19 II GG zu analysieren. Er vertritt die sog. „relative Theorie", nach der ein Grundrecht dann in seinem Wesensgehalt angetastet wird, wenn durch den Eingriff die wesensmäßige Geltung und Entfaltung des Grundrechts stärker eingeschränkt wird, als dies der sachliche Anlaß und Grund, der zu dem Eingriff geführt hat, unbedingt und zwin-

---

[19] BGHZ 53, 226.
[20] Vgl. oben D I 2.
[21] *Scheuner*, DÖV 1954, 587.
[22] Vgl. auch *Ipsen*, VVDStRL 10 (1952), 74 (95).
[23] Vgl. hierzu oben D I 2.
[24] Vgl. etwa E. v. *Hippel*, Grenzen und Wesensgehalt der Grundrechte, S. 22, 55 (Fn. 27, m. Nachw.).

gend gebietet[25]. Diesen Grundsatz führt auch der für die Enteignungsrechtsprechung fundamentale Beschluß des Großen Zivilsenats an[26]: das Grundrecht des Eigentums dürfe auch durch allgemein angeordnete gesetzliche Begrenzung seines Inhalts nicht in weiterem Umfang eingeschränkt werden, als dies der sachliche Grund der Begrenzung erfordere. Nach dieser Auffassung des Art. 19 II GG ist der Wesensgehalt des Eigentums wie aller übrigen Grundrechte keine absolute feststehende Größe, sondern auf die Inhalte des Erforderlichkeits- und Verhältnismäßigkeitsprinzips reduziert. Die Aussage dieser Postulate ist jedoch davon abhängig, zur Erreichung welchen Zwecks die jeweilige Maßnahme getroffen werden soll[27], und damit wird auch der Wesensgehalt relativiert, da die Verfolgung keines Zieles prinzipiell ausgeschlossen ist[28]. Indem Art. 19 II GG demnach auf die Grundsätze der Erforderlichkeit und Verhältnismäßigkeit staatlichen Handelns verweist, deren Verletzung zur Rechtswidrigkeit des Hoheitsaktes führt, betrifft seine Anwendung auch bei Eingriffen in das Eigentum, dessen Wesensgehalt gemäß Art. 14 III GG im Gegensatz zu dem anderer Grundrechte angetastet werden darf, nur die Zulässigkeit der Inanspruchnahme. Art. 19 II GG liefert demzufolge zwar eine Begründung für die negative Pflichtigkeitsschranke der Rechtswidrigkeit, sein Inhalt kann für die Bestimmung des Tatbestandes der rechtmäßigen Enteignung hingegen nicht nutzbar gemacht werden[29].

Art. 19 II GG trägt mithin zu der Suche nach festen Kriterien im Sonderopferbegriff wenig bei: Gemäß der vom BGH verfochtenen „relativen Theorie" ist das Eigentum vor nicht erforderlichen und unverhältnismäßigen, also rechtswidrigen Eingriffen geschützt, die Problematik wird im übrigen aber auf das „höherwertige Rechtsgut" verlagert; denn ein Zurückweichen des Eigentums ist notwendig nur bei einem Konflikt mit übergeordneten Rechtswerten[30], eine Präzisierung dieses Elements sowie der für die vorzunehmende Güterabwägung maßgebenden Gesichtspunkte ist aus der Rechtsprechung zu Art. 19 II

---

[25] BGHSt 4, 375 (377); DÖV 1955, 729 (730); zustimmend etwa v. *Hippel*, s. oben Fn. 24; kritisch *Krüger*, DÖV 1955, 597 (598).

[26] BGHZ 6, 270 (279).

[27] s. bereits oben F I; ferner *Stein*, Müller-Festschrift, S. 503 ff. (526).

[28] Vgl. auch *Krüger*, DÖV 1955, 597 (598).

[29] Vgl. auch BGHZ 6, 270 (279): Der gesetzgeberische Akt ist bei Verletzung von Art. 19 II GG nichtig, ein enteignungsgleicher Eingriff kann dann im rechtswidrigen Einzelvollzug des nichtigen Gesetzes liegen. Es ist sonach kein Fall denkbar, daß ein Eingriff, der gegen Art. 19 II GG verstößt, durch Art. 14 III GG gerechtfertigt und zur rechtmäßigen Enteignung wird (vgl. *Kreft*, Enteignung und Aufopferung, S. 23; sowie oben D I 2); Art. 19 II betrifft inhaltlich nach der relativen Theorie nur rechtswidriges Vorgehen und damit Fälle des enteignungsgleichen Eingriffs.

[30] BGH, DÖV 1955, 729 (730); nachdrücklich auch v. *Hippel*, S. 56 Fn. 30 m. weit. Nachw.

GG nicht herzuleiten. — Wenn der BGH — wie erörtert[31] — bei Heranziehung der Wesensgehaltsgarantie betreffend Eigentumsbeeinträchtigungen dieser häufig den Inhalt gibt, daß sie vor Substanzeingriffen im Sinne von Entziehung und Aushöhlung der Rechtsposition schützt, dann scheint er insoweit sogar eher der „absoluten Theorie" vom Wesensgehalt zuzuneigen, nach der ein Kernbereich des Grundrechts stets erhalten bleiben muß, dieses — aus welchem öffentlichen Interesse auch immer — nicht derartig beschränkt werden darf, daß nur noch ein „nudum ius" übrigbleibt[32]. Dieser sich aber bereits zwanglos aus der methodischen Frage nach dem Wesen des betroffenen Rechts ergebende Grundsatz ist demnach das einzige, was hier festgehalten werden kann: Die Befugnis des Gesetzgebers, den Inhalt des Eigentums allgemein verbindlich zu regeln und sein Wesen zu bestimmen, endet dort, wo dies zu einer Vernichtung oder Aushöhlung der Rechtsposition führen würde, Eingriffe von solcher Intensität sind auch, wenn sie durch generelle Rechtsnorm erfolgen, keine Sozialbindung.

b) Der „allgemeine" Eingriff

Zu erörtern ist noch die in diesem Zusammenhang bedeutsame Frage, wann es sich um einen „allgemeinen" Eingriff handelt. Nur ein solcher kann das Wesen von Rechtspositionen bestimmen und Belastungen, die ihrer Eigenart gemäß sind, festlegen, nur für ihn gelten die vorstehenden Erwägungen.

Die Notwendigkeit dieser Untersuchung folgt daraus, daß verschiedene, wesensmäßig differenzierte Gattungen von Eigentumsrechten existieren und die staatliche Inanspruchnahme an die jeweiligen Eigentümlichkeiten anknüpft. Der Charakter des Eigentums an Grund und Boden ist ein anderer als der des Mobiliareigentums oder des Rechts am Gewerbebetrieb oder von Forderungsrechten; bezüglich der wichtigsten Gruppe des Grundeigentums ist zu unterscheiden, ob es sich um Bauland oder land- und fortwirtschaftlich genutzte Flächen handelt, wie seine Umgebung beschaffen, wo es — etwa in Großstadtnähe, im bebauten Ortsteil etc. — gelegen ist. Allen dem Schutz des Art. 14 GG unterfallenden Rechten als Wesensmerkmal gemeinsam ist letztlich nur das Prinzip des Bestandsschutzes, daß sie ihrem Inhaber überhaupt als vermögenswerte Position erhalten bleiben. Diese Eigenschaft ist insofern unwandelbar, als wie gezeigt jede diesbetreffende Beeinträchtigung die Grenze der Sozialbindung überschreitet. Der sozial regelnd eingreifende Staat nimmt jedoch überwiegend zur Verfolgung spezieller öffentlicher Anliegen Teileinschränkungen verschie-

---

[31] s. oben D I 2.

[32] Vgl. insbes. *Krüger,* DÖV 1955, 597 (599 f.); *ders.,* Staatslehre, S. 551; ferner BVerwGE 1, 269 (273).

denster Gruppen von Rechten vor, die für den betreffenden Regelungszweck relevant sind. Diese erscheinen dann als Ausformung des Inhalts dieser Rechte und damit als Sozialbindung, wenn alle Rechte gleicher Gattung belastet werden. Entscheidend ist sonach die Kategorisierung und Einordnung von Eigentumsrechten identischen Charakters, wozu gesagt wird, es müßten jeweils alle Personen gleicher Interessenlage[33], alle Inhaber gleicher Güter[34] betroffen sein. Die Frage, auf welche Qualifizierungsmerkmale abzuheben ist und ob die gesamte „Gruppe" angesprochen ist, kann aber nicht isoliert, ohne die konkrete Maßnahme zu berücksichtigen, beantwortet werden. Auszugehen ist in jedem Fall von dem Ziel der einzelnen Regelung; erst anhand des verfolgten öffentlichen Zwecks kann bestimmt werden, welche Kriterien, mithin welche Eigentumsgattung, Bedeutung erlangen[35]. Maßgeblicher Ausgangspunkt ist demnach das öffentliche Interesse, das mit dem jeweiligen Eingriff gefördert werden soll[36]. An ihm ist die Heranziehung persönlicher oder sachlicher Eigenschaften auszurichten: Werden alle im Hinblick auf das Regelungsziel gleichartigen Objekte erfaßt, so liegt eine Wesensbestimmung des Eigentums vor; der Gesetzgeber begründet neue die Eigentümerbefugnisse betreffend eine Gruppe von Rechten einschränkende Eigenschaften, oder er schafft in Verfolgung eines Allgemeininteresses eine neue mit ihr eigentümlichen Belastungen versehene Gattung. Dagegen liegt ein Sonderopfer vor, wenn nicht alle im genannten Sinne für die Gruppenzugehörigkeit in Betracht kommenden Eigentümer herangezogen werden, weil dann nicht das Wesen der gesamten Eigentumsgattung geändert und demzufolge in einer der Eigenart der betroffenen Rechte nicht entsprechenden Weise vorgegangen wird[37]. Da jedoch hier die Entscheidung vom jeweiligen Regelungsinhalt und -ziel abhängt, handelt es sich abermals nur um eine relative Grenze. Absolut gegenüber allgemeinen gesetzgeberischen Akten ist nur der Schutz vor Entziehung oder Aushöhlung des Eigentumsrechts.

c) Beispiele genereller Belastungen

Die generellen Beschränkungen gewinnen besondere Bedeutung in den Fällen, in denen der BGH zur Bestimmung der Pflichtigkeit im

[33] *Schack*, NJW 1967, 613 f.

[34] *Nissen*, NJW 1962, 849 (851).

[35] Dies auch deshalb, weil der Gestzgeber nicht an die vorgegebenen Eigentumsstrukturen gebunden ist, sondern auch „neue Gruppen" schaffen kann.

[36] Wie erörtert hat es zunächst Bedeutung für die Frage der Zulässigkeit des gesetzlichen Eingriffs überhaupt (Erforderlichkeit, Verhältnismäßigkeit); ferner darf das Vorgehen nicht als „willkürlich" zu beurteilen sein im Sinne von Art. 3 I GG.

[37] Vgl. auch *Kreft*, Aufopferung und Enteignung, S. 25. Es kann sich freilich immer noch um Konkretisierung einer Pflichtigkeit im Einzelfall handeln.

Einzelfall auf eine allgemein bestehende Belastung des Eigentums verweist. Er prüft bei der Entscheidung des konkreten Sachverhalts im Sinne generalisierender Typisierung, inwieweit die Beeinträchtigung Ausformung einer Bindung ist, die jedem Eigentum oder zumindest jedem der jeweiligen Gattung von Rechten angehörenden Objekt eigentümlich ist. Kann der Eingriff in casu auf eine solche zurückgeführt werden, so ist ihm keine selbständige Bedeutung beizumessen; ist die allgemeine Beschränkung eine Sozialbindung, die sich im Rahmen des Art. 14 I S. 2 hält, so bestimmt sie insofern das Wesen des Eigentumsrechts, und ihre Realisierung stellt für den Einzelnen kein Sonderopfer dar.

Zu nennen sind hier zunächst die Normen des Polizeirechts. Soweit sie zum Einschreiten gegen Störungen der öffentlichen Sicherheit oder Ordnung ermächtigen, erteilen sie der Executive die Befugnis zu entschädigungslosen Eingriffen auch in das Eigentum[38]. Jedem Eigentumsrecht haftet somit von vornherein die Schranke der Polizeipflichtigkeit an, diese ist ihm wesensgemäß. — Ähnlich verhält es sich mit den zivilrechtlichen Vorschriften. In dem Umfange, in dem jene die Befugnisse des Eigentümers einschränken, ihm etwa Duldungspflichten auferlegen, sind auch öffentlich-rechtliche Belastungen nicht entschädigungspflichtig[39]. Sie verwirklichen dann nur Bindungen, die ohnehin jedem Eigentum auferlegt sind und zu seinen Eigenschaften zählen. — Ferner ist wiederholt vom allgemeinen privaten Risiko die Rede[40]. Auch dieses gilt grundsätzlich für jede Rechtsposition und prägt sie, so daß in seinem Bereich kein Entschädigungsanspruch durch hoheitliches Tätigwerden begründet wird.

Voraussetzung, um auf diesem Wege das Vorliegen eines Sonderopfers verneinen zu können, ist, daß die generelle Inpflichtnahme jeweils als zulässig anzusehen ist. Dies wird sowohl bezüglich der ordnungsrechtlichen als auch der bürgerlich-rechtlichen Regelungen bejaht, insbesondere weil die Substanzgarantie des Art. 19 II GG gewahrt sei[41]. Da hier

[38] BGHZ 5, 144; 45, 23; 55, 366; NJW 1958, 1441; vgl. auch BGHZ 60, 126 (139 f.).

[39] Hier seien insbesondere die Fälle genannt, in denen der BGH eine vergleichende Wertung zum Zivilrecht anstellte, um über das Sonderopfer zu entscheiden: BGHZ 16, 366; 48, 98; 54, 384; 57, 359 u. 370. Vgl. ferner *Aust*, NJW 1972, 1402 ff. Es wurde bereits darauf hingewiesen, daß eine solche vergleichende Beurteilung nur beschränkt zulässig sein kann (vgl. oben B III 3 b) dd) (5).

[40] BGHZ 12, 273; 31, 1; 50, 284; LM, GG Art. 14 Nr. 41 (Bb); vgl. auch BGHZ 36, 379; 50, 14; zum „allgemeinen Lebensrisiko" BGHZ 46, 327 (dazu auch im folgenden); vgl. auch *Henrichs*, NJW 1959, 1243 f.

[41] Bezüglich des Polizeirechts: BGHZ 45, 23; 55, 366; hinsichtlich der Zivilrechtsnormen: BGHZ 48, 46; MDR 1964, 486; vgl. ferner für die Fristen des § 586 ZPO: BGH, LM, GG Art. 14 Nr. 12 (Cc); allgemein dazu auch *Arndt*, Anm. zu BGHZ 45, 58 bei LM, GG Art. 14 Nr. 21 (Cd); ferner neuestens *Leisner*, NJW 1975, 233 (235).

der Gedanke des Existenzschutzes, der Eigentumsentziehung, nicht tangiert ist, hält sich dies im Rahmen der für allgemeine Eigentumsbegrenzungen aufgestellten Regeln. Durchbrochen wird der Grundsatz des Bestandsschutzes allerdings zum Teil durch das Polizeirecht, insofern es unter Umständen zur entschädigungslosen Entziehung oder Zerstörung des Eigentums ermächtigt[42]; dieses Problem wird sich jedoch im folgenden gleichfalls hinsichtlich einzelner die Existenz von Rechten bedrohender Maßnahmen stellen und wird im dortigen Zusammenhang zu erörtern sein.

Die Festlegung allgemeiner Pflichtigkeiten erfolgt mit gewisser Eindeutigkeit, sofern diese aus Gesetzesvorschriften abgeleitet werden. Weniger präzis und zuverlässig können diese angegeben werden, wenn sie auf nicht unmittelbar in Rechtsnormen festgehaltene Grundsätze gestützt werden sollen. Die Begriffe „allgemeine Gläubigergefahr", von der jeder gleich betroffen werde[43], „allgemeines privates Risiko"[44] legen den Verdacht nahe, daß der BGH hier wieder im Sinne der überwunden geglaubten Einzelakttheorie argumentiert und allein wegen des generellen Charakters der Beschränkung ein Sonderopfer verneint. Doch ist dieses Ergebnis zum Teil auch auf dem Boden des materiellen Gleichheitsprinzips zutreffend — und zwar dann, wenn wie in den vorliegenden Fällen feststeht, daß die allgemeine Belastung — weil dem Recht wesensgemäß — kein Sonderopfer begründet.

Anschaulich wird dies ebenfalls im Aufopferungsrecht: Der allgemeine Impfzwang führt zu keinem Entschädigungstatbestand, ebensowenig die im Normalfall mit der Impfung verbundene generelle Gesundheitsbeeinträchtigung, der Aufopferungsanspruch kann aber gegeben sein bei einzelnen, nicht mehr von der globalen Impfpflicht gedeckten Nachteilen[45]. Die Unterscheidung von allgemeiner und individueller Beeinträchtigung ist insoweit also auch im Rahmen des materiellen Gleichheitssatzes, der Frage nach der dem Recht oder Rechtsgut wesensmäßigen Einschränkungen bedeutungsvoll. Nur ist die Beurteilung nicht isoliert nach Singularität und Pluralität vorzunehmen, nicht rein quantitativ, sondern unter Berücksichtigung materieller Elemente. So ist gerade im Aufopferungsrecht das Merkmal der Schwere der Schädigung relevant[46]; Nachteile von besonderer Intensität sind nicht mehr von der allgemeinen Inpflichtnahme umfaßt, sie sind stets

[42] BGHZ 45, 23; NJW 1958, 1441.
[43] BGHZ 12, 273; 31, 1.
[44] BGHZ 50, 284; LM, GG Art. 14 Nr. 41 (Bb).
[45] Grundlegend BGHZ 9, 83; ähnlich BGHZ 25, 238; BGHZ 46, 327 verweist alle Turnunfälle in den Bereich des allgemeinen Lebensrisikos; vgl. auch BGHZ 28, 310.
[46] BGHZ 25, 238, der Ausgleich außergewöhnlich harter Opfer sei rechtsstaatlich geboten; ferner BGHZ 17, 172; 60, 302; s. insgesamt auch schon oben B II.

als „individuell" einzustufen. Indem auf die Tragweite der Belastung abgehoben wird, ist das prinzipiell für generelle Eingriffe geltende Kriterium angesprochen. Ebenso wie durch gesetzliche Regelungen der Bestand des Rechts nicht in Frage gestellt werden darf, d. h. dem Gesetzgeber Maßnahmen von außerordentlicher Intensität verwehrt sind, gibt das Schwereelement grundsätzlich die Grenzen entschädigungslos zulässiger allgemeiner Inanspruchnahme an. Danach können auch „allgemeine Pflichtigkeiten" nur anerkannt werden, solange nicht die Substanz des Eigentums tangiert wird. Quantität und Qualität von Eingriffen stehen demzufolge in einer Wechselbeziehung[47]. Allgemeine Belastungen und Einschränkungen können das Wesen von Recht und Rechtsgut prägen und bestimmen, aber nur, wenn es sich nicht um Beeinträchtigungen von ungewöhnlicher Schwere handelt. Eine feste Grenze ist bezüglich der Auferlegung von Beschränkungen durch Rechtsvorschriften einmal der Gedanke des Existenzschutzes. Soweit es um die Beurteilung von Folgewirkungen geht, die aufgrund an sich allgemeinen Eingriffs eingetreten sind, ist auf das jeweilige Regelungsziel abzustellen, und Einwirkungen, die in ihrer Intensität über die Intention der Norm weit hinausgehen, stellen ein Sonderopfer dar.

2. Das Sonderopfer bei Einzelbeeinträchtigungen

a) Einzelne Erklärungsversuche

Die Mehrzahl der entschädigungsrechtlichen Problemstellungen in den Entscheidungen betrifft nicht generelle Inanspruchnahmen, sondern Einzelbeeinträchtigungen. Da die zu regelnden Sachverhalte vielgestaltig sind und allgemein fixierte, einheitliche Eingriffe diesen nicht gerecht werden können, ist es notwendig, der Executive durch Ermächtigungsnormen ein differenziertes und flexibles Vorgehen zu ermöglichen. Die entschädigungsrechtliche Beurteilung kann sich dann nur mit der konkret ergriffenen Maßnahme befassen; dies gilt ohnehin für Beeinträchtigungen durch nicht finale Auswirkungen hoheitlicher Veranstaltungen. Die methodische Frage geht hier dahin, ob die Belastung als dem Eingriffsobjekt wesensgemäß, ihm seiner Natur nach vorgegeben anzusehen ist, von einer Pflichtigkeit gedeckt wird. Die zu ihrer Beantwortung angeführten Gesichtspunkte entsprechen zwar, wie gezeigt wurde[48], materiellem Gleichheitsverständnis, sind aber mannigfaltig und teilweise inhaltlich heterogen, so daß das Aufstellen fester Abgrenzungskriterien, einer nicht nur methodischen, sondern inhaltlichen Leitlinie erschwert wird. Dies soll nun folgend versucht werden,

---

[47] Dies klingt auch im Deichurteil des BVerwG, NJW 1962, 2171, an, wonach die Zahl der Betroffenen bei der Schwere zu berücksichtigen sein soll; vgl. bereits oben C II 2 b) (Fn. 93).

[48] s. oben D I 3.

indem einzelne Elemente, die die Rechtsprechung zum Sonderopferbegriff häufig nennt, auf ihre Eignung überprüft werden, eine grundlegende Aussage erkennen zu lassen.

aa) Bestandswahrung, Vertrauensschutz und Vorhersehbarkeit

Ausgangspunkt der Pflichtigkeitslehre war, daß bestimmte Einschränkungen der Eigentümerbefugnisse — vor allem hinsichtlich des Grundstückseigentums — dem Objekt aus seiner Lage und Örtlichkeit sowie den Umweltbeziehungen, kurz: seiner „Situation", vorgegeben sind. Diese Erwägung liefert jedoch kaum einen präzisen Abgrenzungsmaßstab, da vom jeweiligen Eingriff abhängt, welche der verschiedenen Umweltbeziehungen Erheblichkeit erlangt. Im übrigen wurde festgestellt[49], daß die Situationsbezogenheit nur ein Element ist, die dem Eigentum seiner Natur nach gegebenen Nutzungsmöglichkeiten zu bestimmen, daß insbesondere keineswegs jede aus der Örtlichkeit herzuleitende Beschränkung als Konkretisierung einer Pflichtigkeit und damit als Sozialbindung anzusehen ist.

Möglicherweise ergeben sich aber feste Kriterien aus den Erwägungen, mit denen der BGH, zwar von der Situationsbedingtheit der Maßnahmen ausgehend, das Vorliegen eines Sonderopfers in den Fällen bejahte, in denen er die Pflichtigkeitslehre ausdrücklich anwandte oder in ihrem Sinne argumentierte. Zunächst ist hier der Gedanke des Bestandsschutzes zu erörtern. Dieser besagte hinsichtlich allgemeiner gesetzlicher Beschränkungen, daß sie nur soziale Bindungen des Eigentums darstellten, solange nicht das Recht entzogen oder ausgehöhlt wurde. Bezüglich Einzelmaßnahmen in concreto gilt dies auch, dem Prinzip des Bestandsschutzes wird aber ein darüber hinausgehender Inhalt gegeben. Es umfaßt nicht nur die Entziehung des Rechts als solche oder dessen wertmäßige Aushöhlung, sondern erstreckt sich hier auf den *konkreten* Bestand der Rechtsposition; wenn dieser beeinträchtigt wird, ist ein Sonderopfer anzunehmen. Dem Eigentümer soll sein Recht in der Form erhalten bleiben, in der er es bisher rechtmäßig verwertete oder verwerten konnte[50], nicht bloß derart, daß ihm überhaupt irgendeine Verwertung belassen wird. So stellen Verbote einzelner Eigentumsnutzungen eine entschädigungspflichtige Enteignung dann dar, wenn die betreffende Nutzungsart vom Eigentümer bereits realisiert[51] oder ihm diese Ausübung ohne weiteres in rechtlich zulässiger Weise möglich war[52]. Dies betrifft etwa Fälle des Entzugs

[49] Vgl. oben D I 3 b).
[50] BGHZ 30, 338 (343); 60, 126 (131); DÖV 1959, 750.
[51] Vgl. weiterhin BGHZ 57, 178; NJW 1958, 380.
[52] BGHZ 60, 126 (131) u. 145 (147); NJW 1974, 275 (276). Stets ist dabei Voraussetzung, daß die bisherige Nutzung oder Nutzungsmöglichkeit rechtmäßig bestand; rechtswidrige Positionen sind prinzipiell nicht geschützt (vgl. etwa *Hammer*, GWF 1965, 984; *Kaiser*, GWF 1963, 1021).

der Baulandqualität oder des Verbots des Abbaus von Bodenschätzen, wobei hinsichtlich Maßnahmen im Rahmen des Bundesbaugesetzes dieses in den §§ 40 ff. eine Entschädigungsregelung vorsieht, die den von der Rechtsprechung des BGH aufgestellten Regeln weitgehend entspricht[53].

Doch werden die gleichen Erwägungen angestellt hinsichtlich der Belastungen von Anliegern an öffentlichen Verkehrswegen: Wird die Rentabilität und damit die Existenz eines Anlieger-Gewerbebetriebes gefährdet, so soll stets ein Sonderopfer gegeben sein[54]. Dem Gedanken des Bestandsschutzes wird hier in Anknüpfung an zwei Elemente Relevanz verliehen, einmal dem der Rechtswidrigkeitsprüfung angehörenden der Verhältnismäßigkeit[55] zum anderen der vergleichenden Wertung zum Zivilrecht, insbesondere der Norm des § 906 BGB[56]. In deren Rahmen wie auch in weiteren Fällen[57] wird teils ausdrücklich, teils implicite das Kriterium der Schwere und Zumutbarkeit des Eingriffs erheblich[58].

Daraus könnte geschlossen werden, der Gedanke des Bestandsschutzes stelle ein festes Grenzkriterium dar, das zwar in verschiedenem Zusammenhang, aber stets mit derselben inhaltlichen Aussage Geltung beanspruche: Jede Entziehung einer bisher gegebenen Verwendung und Nutzung des Eigentums, jede — wenigstens nicht unerhebliche[59] — Minderung des konkreten Bestandes der Rechtsposition wäre Enteignung. Dieser Grundsatz des Bestandsschutzes hat in der Rechtsprechung jedoch einige Durchbrechungen erfahren: zum einen hinsichtlich der Inanspruchnahme des polizeilichen Störers, der gegebenenfalls auch die Entziehung oder Zerstörung seines Eigentums entschädigungslos dulden muß[60]. Bliebe dies auf die als Sondergruppe anzusehenden Fälle ordnungsrechtlichen Einschreitens beschränkt, dann handelte es sich um eine fest umrissene Ausnahme, die im Hinblick auf die prinzipielle Geltung des Gedankens des Existenzschutzes zu unter-

[53] Vgl. *Bender*, Staatshaftungsrecht, Rdnr. 17 a, Fn. 39.

[54] BGHZ 49, 231; 57, 359; LM, GG Art. 14 Nrn. 15 a (Cc), 24 u. 27 (Cf).

[55] s. oben C I 2 b).

[56] So vor allem in BGHZ 57, 359; s. hierzu oben B III 3 b) dd) (5).

[57] BGHZ 30, 241; 48, 65 (betr. Anfahrtverschlechterung).

[58] Bezüglich der Verhältnismäßigkeit betont dies zu Recht *Kreft*, Ehrengabe Heusinger, S. 167 (174): je schwerer der Eingriff, um so eher ist er unverhältnismäßig; im übrigen s. bereits oben C I 2 b).

[59] Geringfügige Beeinträchtigungen bleiben auch nach der BGH-Rechtsprechung außer Betracht (hierzu *Kreft*, Aufopferung und Enteignung, S. 25), abermals ein Ergebnis, das dem Schwereelement Rechnung trägt. Die völlige Untersagung einer bisher ausgeübten Nutzung wird aber regelmäßig als von erheblicher Intensität zu beurteilen sein (vgl. auch *Sieder / Zeidler*, WHG, § 19 Anm. 43, zu den Fragen wasserrechtlicher Eigentumsbeschränkungen).

[60] s. hierzu oben D I 3 c) dd).

suchen wäre. Der BGH hat aber darüber hinaus in einigen Entscheidungen das Vorliegen eines Sonderopfers verneint, obwohl der Bestand von Gewerbebetrieben gefährdet oder der Inhaber zu dessen Schließung gezwungen war[61]. Zwar wurde hier teilweise die Pflichtigkeitslehre ausdrücklich angewandt oder immerhin in ihrem Sinne argumentiert, als Grenze der Pflichtigkeit wurde hingegen nicht wie im übrigen der Grundsatz des Bestandsschutzes gesehen, dem Recht am Gewerbebetrieb haftete in diesen Fällen vielmehr die Vernichtung seiner Existenz als vorgegebene Belastung an[62]. Der Gedanke des Bestandsschutzes wird damit relativiert und ist als festes Kriterium mit dem Inhalt, bisher rechtmäßig bestehende Positionen seien absolut geschützt, nicht verwendbar. Prinzipielle Aussage, die soweit ersichtlich von der Rechtsprechung nicht in Frage gestellt worden ist, bleibt demnach, daß der Entzug einer Nutzungsqualifikation, vor allem des Grundeigentums, ein Sonderopfer begründet. Im übrigen ist der konkrete Bestand des Eigentums nur bedingt geschützt, namentlich bewahrt der Gedanke der Entziehung das Recht am Gewerbebetrieb nicht immer vor dessen entschädigungsloser Vernichtung.

In engem Zusammenhang mit dem Grundsatz der Bestandswahrung steht der Gesichtspunkt des Vertrauensschutzes[63]. So stützt der BGH das unter ersterem Kriterium gewonnene Ergebnis zusätzlich auf die Erwägung, der Betroffene sei zu entschädigen, weil er auf das Fortbestehen seiner Rechtsposition habe vertrauen dürfen[64], oder, es liege kein Sonderopfer vor, da mit dem jeweiligen Eingriff stets habe gerechnet werden müssen und kein Vertrauenstatbestand anzuerkennen sei[65]. Das verwaltungsrechtliche Prinzip des Vertrauensschutzes[66] wird für das Entschädigungsrecht fruchtbar gemacht, indem — ausgehend von der Bestandsgarantie — der Eigentümer sich soll darauf verlassen können, daß ihm konkrete Nutzungswerte[67] erhalten bleiben; hingegen darf er weder auf die Erfüllung von Spekulationshoffnungen noch auf das Fortbestehen einer rein tatsächlichen Chance vertrauen[68]. Letztgenannte Erwägung scheint ferner Relevanz zu erlangen, wenn es

[61] BGHZ 40, 355; LM, GG Art. 14 Nrn. 42, 44 (A); s. ferner auch BGHZ 48, 58.

[62] Vgl. auch *Schneider*, Enteignung und Aufopferung, S. 76; *Kreft*, Anm. zu BGHZ 40, 355, bei LM, GG Art. 14 Nr. 15 (Cc).

[63] So auch *Leisner*, Sozialbindung, S. 214 ff.

[64] BGHZ 49, 231.

[65] BGHZ 40, 355; LM, GG Art. 14 Nr. 42 (A); NJW 1968, 293.

[66] Dieses erlangt Relevanz vor allem bezüglich der Zulässigkeit des Widerrufs rechtswidriger begünstigender Verwaltungsakte: BVerwGE 17, 338; 24, 294; *Wolff*, VerwR I, § 53 III c 2; *Ossenbühl*, Rücknahme, S. 87 ff.

[67] Als Voraussetzung für die Anerkennung eines beachtlichen Vertrauens bezüglich der Rücknahme rechtswidriger Verwaltungsakte wird parallel hierzu verlangt, der Betroffene müsse „etwas ins Werk gesetzt haben" (s. die Nachw. in voriger Fn.).

[68] BGHZ 40, 355; 48, 58; LM, GG Art. 14 Nr. 56; NJW 1966, 877; 1968, 293.

sich um die erörterten Ausnahmen von dem Grundsatz des Bestandsschutzes handelt: Der Betroffene konnte hier nicht darauf vertrauen, daß er die Substanz seines Rechts behielt, er mußte vielmehr damit rechnen, daß ihm auch diese genommen würde[69].

Demnach könnte der Gesichtspunkt des Vertrauensschutzes das gegenüber der Bestandsgarantie speziellere und präzisere Element sein, anhand dessen der hier behandelte Komplex der Rechtsprechung des BGH widerspruchslos erklärbar wäre. „Schutzwürdiges Vertrauen" ist jedoch kein festes Abgrenzungskriterium, sondern zunächst nur ein Wort. Solange nicht feststeht, welche Voraussetzungen zur Fällung dieses Werturteils gefordert werden, kann es auf jeden beliebigen Sachverhalt bezogen werden, um ein wünschbares „System" vorzutäuschen.

Nun wird das Prinzip des Vertrauensschutzes durch das Merkmal der Vorhersehbarkeit zu erläutern versucht: Der Bürger könne sich nur dann auf einen Vertrauenstatbestand berufen, wenn er mit einem hoheitlichen Vorgehen nicht habe rechnen müssen, ihm der Eingriff nicht erkennbar bevorstand[70]. Doch auch das ist kein selbständiges, absolutes Kriterium; abgesehen davon, daß die Beurteilung der Vorhersehbarkeit eine von weiteren tatsächlichen Umständen abhängige Wertungsfrage ist, geht die Judikatur keineswegs dahin, jede „vorhersehbare" Maßnahme sei entschädigungslos hinzunehmen, während unvorhersehbare Eingriffe stets zu einem Sonderopfer führten. Diese Unterscheidung besitzt keine Bedeutung, soweit es sich um den Bereich der Anwendung des Gedankens des Bestandsschutzes handelt; so wird unter dessen Herrschaft etwa das Verbot einer ausgeübten Nutzungsart regelmäßig als Enteignung angesehen, gleichgültig, ob diese Beschränkung dem Betroffenen „vorher erkennbar" war oder nicht. Sie ist ferner impraktikabel bei den nicht finalen Auswirkungen hoheitlicher Tätigkeiten, da diese Beeinträchtigungen prinzipiell nicht vorherzusehen sind. Daher relativiert *Leisner* die Vorhersehbarkeit, indem er sie in Verhältnis zur Eingriffstiefe setzen will: „Der Eingriff trifft um so schwerer, je überraschender er kommt[71]." Auf das Intensitätsmerkmal wird hier noch einzugehen sein; durch diese Bezugnahme wird jedoch der Vorhersehbarkeit die Eigenschaft eines eigenständigen Abgrenzungskriteriums genommen. Die Proportionalität von jener und der Schwere der Belastung entspricht überdies nicht der Rechtsprechung des BGH, zumindest nicht in Betrachtung der zu erörternden Grenzfälle. Zwar lassen sich Anklänge an diese Auffassung feststellen, insofern Ein-

[69] BGHZ 40, 355; LM, GG Art. 14 Nr. 42 (A).

[70] s. die in den vorigen Fn. angeführten BGH-Entscheidungen; ferner *Leisner*, Sozialbindung, S. 216 ff.

[71] Ebd.; im gleichen Sinne etwa *Ritter*, NJW 1966, 1355 f., es komme auf Zumutbarkeit und Schwere an, wenn ein besonderer Vertrauenstatbestand anzuerkennen sei.

griffe in den konkreten Bestand, insbesondere in bisherige Nutzungen, als Enteignungen beurteilt werden. In den bereits mehrfach erwähnten Entscheidungen[72], die ein Sonderopfer trotz Bedrohung der Existenz des Eigentumsrechts verneinen — der Bestandsschutz also gerade nicht zum Zuge kommt —, wird dieses Ergebnis aber mit dem fehlenden Vertrauenstatbestand begründet, auf die Vorhersehbarkeit ungeachtet der Schwere der Beeinträchtigung abgehoben.

Besonderheit und gemeinsames Merkmal dieser Fälle ist, daß bei Einzelnen tatsächliche Nachteile als unmittelbare Folge eines rechtssetzenden Aktes eintreten: Der private Müllabfuhrunternehmer muß seinen Betrieb nach Erlaß einer gemeindlichen Müllabfuhrsatzung aufgeben, Inhaber von Metzgereien werden geschädigt, weil durch kommunale Satzung ein öffentlicher Schlachthof eingerichtet oder geschlossen wird. Eine solche „Schwäche" des Eigentums gegenüber dem Normgeber hat Ausdruck in der allgemeinen Formel gefunden, niemand könne normalerweise auf das Fortbestehen der gesetzlichen Lage vertrauen[73]. Diese tatsächlich zu nutzen, soweit sie günstig ist, wird als bloße Chance angesehen, die keinen entschädigungsrechtlichen Schutz genießt. Zu berücksichtigen ist jedoch, daß auch der Gesetzgeber — wie gezeigt, selbst bei generellen Regelungen — dem Gedanken der Bestandswahrung verpflichtet ist. Da letztlich jede Eigentumsnutzung von der Gesetzeslage und dem Vertrauen auf ihre weitere Geltung abhängig ist, wäre eine andere Auffasung unvertretbar und würde die Möglichkeit steter Aushöhlung des Eigentumsrechts eröffnen; denn durch legislatorische Akte könnten sonst, weil jeder mit ihnen zu rechnen hätte, die Eigentümerbefugnisse sanktionslos immer weiter eingeschränkt werden. Die Zulässigkeit, unter gegebenen Voraussetzungen die Rechtslage zu verändern, soll damit nicht bezweifelt werden, doch ist der Begriff der „Chance" nur darauf zu beziehen, wie lange eine bestimmte Nutzung im Rahmen der Gesetze ausgeübt werden darf; insofern ist jeder Eigentumsgebrauch spekulativ. Dies hat aber keine entschädigungsrechtlichen Auswirkungen derart, daß Substanzeingriffe ohne Ersatzleistung hinzunehmen wären; der Umstand, daß gesetzgeberische Maßnahmen „vorhersehbar" sein mögen, kann den Grundsatz des Bestandsschutzes nicht außer Kraft setzen; er gilt auch im Hinblick auf rechtssetzende Akte[74]. Eine Differenzierung des Merkmals der Vorhersehbarkeit ist in diesem Zusammenhang daher nicht möglich. Wenn gleichwohl unter Berufung auf diesen Gesichtspunkt in einzelnen Fällen das Vorliegen eines Sonderopfers verneint wird, dann

---

[72] Insbesondere BGHZ 40, 355; LM, GG Art. 14 Nrn. 42, 44 (A).

[73] Vgl. BGH, NJW 1968, 293.

[74] Vgl. grundsätzlich bereits oben D I 2; so gerade auch BGH, NJW 1968, 293.

wird er nicht als präzisierbares, festes Kriterium im erörterten Sinne verwandt. Der Entscheidung liegen weitere, die Wertung beeinflussende Elemente zugrunde, die aufzuspüren sein werden. Ein absolutes Abgrenzungsmerkmal ist die Vorhersehbarkeit nicht.

bb) Das Element der Schwere

Untersucht werden soll nun das Kriterium, das bereits mehrfach indirekt angesprochen wurde und zu dem sich das entschädigungsrechtliche Schrifttum überwiegend bekennt: das der Schwere. In der Rechtsprechung des BGH erlangt es unter verschiedenen Aspekten Bedeutung, und es wird teilweise behauptet, es sei auch dort eigentlich entscheidend, wenn der BGH es auch getarnt — insbesondere durch die Pflichtigkeitskonstruktion — anwende[75]. Bereits bei der primären Rechtswidrigkeitsprüfung des enteignungsgleichen Eingriffs ist unter dem Gesichtspunkt der Erforderlichkeit und Verhältnismäßigkeit staatlichen Handelns nach der Intensität der Beeinträchtigung zu fragen; geht sie über das hinaus, was im Hinblick auf den jeweiligen öffentlichen Zweck notwendig und angemessen erscheint, dann ist schon aus diesem Grunde ein Sonderopfer gegeben. Auch für die Beurteilung, ob der Grundsatz des Bestandsschutzes gewahrt ist, wird die Eingriffstiefe maßgeblich. Sei es, daß eine Gefährdung der Existenz von Gewerbebetrieben in Rede steht — diese Fälle werden von der Rechtsprechung ohnehin weitgehend der Verhältnismäßigkeitsfrage zugeordnet —, oder, daß es sich um das Verbot der Ausübung bestimmter Grundstücksnutzungen handelt, stets kommt es darauf an, wie weit der Eingriff reicht, wie schwer die Belastung für den Einzelnen wiegt. Dies wird ferner, worauf bereits hingewiesen wurde, zur Konkretisierung des Merkmals der Vorhersehbarkeit bemüht.

Auch darüber hinaus gewinnt das Schwereelement in der Judikatur des BGH Bedeutung. So wird die Entscheidung betreffend Anfahrtverschlechterungen durch Niveauänderung öffentlicher Verkehrswege von der Höhe des Aufwands zur Wiederherstellung des Zugangs abhängig gemacht[76]. Im Aufopferungsrecht gewährt der BGH Entschädigung für die Auferlegung außergewöhnlich harter Opfer[77]. Verschiedentlich wird ebenfalls im Enteignungsrecht allgemein auf die Schwere der Belastung abgehoben, und unwesentliche Nachteile werden ausgeschieden[78].

Demnach mag der „schwere Eingriff" Enteignung, der minder schwere Sozialbindung sein; eine eindeutige Abgrenzung ist jedoch nur

[75] Vgl. etwa *Schneider*, DÖV 1965, 292; *ders.*, NJW 1965, 1907.
[76] BGHZ 30, 241; LM, GG Art. 14 Nr. 32 (Ea); ferner BGHZ 48, 65.
[77] Vgl. oben B II.
[78] BGHZ 8, 273; 10, 255; 60, 126 (132); LM, GG Art. 14 Nr. 15 a (Cc), WRV Art. 153 Nr. 19; NJW 1958, 380.

möglich, wenn näher bestimmt ist, bei welchem Intensitätsgrad die Entschädigungspflicht beginnen soll. Eine Analyse der Rechtsprechung ergibt aber, daß sie keine diesbezüglichen Maßstäbe bereit hält, die verallgemeinerungsfähig wären. Die den Gesichtspunkt der Schwere anführenden Entscheidungen erfahren ihre Rechtfertigung bereits aus der vorerörterten Erwägung des Bestandsschutzes[79]; eine weitere Bedeutung des Merkmals der Eingriffstiefe ist nicht nachzuweisen.

Insbesondere muß darauf hingewiesen werden, daß die Schwere weder nach Auffassung des BGH noch des BVerwG ein absolutes Abgrenzungskriterium darstellt[80]. Denn es wird nicht isoliert nur die Intensität des Eingriffs, d. h. die Tragweite seiner Auswirkungen für den Betroffenen, betrachtet, entscheidungserheblich sind weitere Umstände, aufgrund derer entweder die erforderliche Schwere verneint oder trotz deren Vorliegens eine Entschädigungspflicht abgelehnt wird[81]. So war in zahlreichen Entscheidungen die Belastung an sich unbezweifelbar „schwer“, gleichwohl wurde kein Sonderopfer bejaht[82]. Wenn dies sonach selbst bei „100 %iger“ Intensität geschieht, in Fällen, in denen die Existenz des Rechts bzw. Rechtsguts in Frage gestellt wird, dann bleibt von der alleinigen Maßgeblichkeit des Schwereelements nichts übrig — schon gar nicht im Sinne eines abstrakten Grenzkriteriums.

Einen Versuch fester Quantifizierung entschädigungslos zulässiger Eingriffstiefe unternimmt *Leisner*[83]; dazu biete sich einmal das Merkmal der Wertminderung an: erreiche diese eine bestimmte Höhe, werde mehr als ein fixierter Anteil des Wertes des Eigentums entzogen, so sei stets eine Enteignung anzunehmen; desgleichen müsse für vorübergehende Belastungen gelten, daß bei Überschreiten einer Zeitgrenze keine Sozialbindung mehr vorliege, wie dies ansatzweise etwa die Rechtsprechung bezüglich Bausperren angenommen habe.

---

[79] s. etwa BGHZ 10, 255 (Wegnahme von Baumaterialien als Entziehung des Eigentums); ähnlich LM, WRV Art. 153 Nr. 19 (Holzeinschläge); NJW 1958, 380 (Herabstufung der Nutzungsqualifikation).

[80] Vgl. hierzu schon oben D I 3 c) bb).

[81] Die erste Alternative wird meist vom BVerwG wahrgenommen, vgl. NJW 1961, 2077; 1962, 2171; DÖV 1964, 489, wo das BVerwG u. a. auf die Pflichtigkeitslehre des BGH Bezug nimmt; da nach seiner Auffassung die Abgrenzung prinzipiell nach der Schwere zu erfolgen hat, muß das BVerwG, will es aufgrund der Umstände des Einzelfalls keine Enteignung annehmen, dies mit nicht ausreichender Intensität begründen.

Der BGH ist demgegenüber mit seinem Ausgangspunkt der Pflichtigkeitslehre freier (s. auch weiter im Text).

[82] Vgl. bereits oben D I 3 c) dd) bezüglich der entschädigungslosen Einziehung oder Vernichtung „störenden“ Eigentums; im übrigen nochmals BGHZ 40, 355; LM, GG Art. 14 Nrn. 42, 44 (A); ferner bezüglich des Aufopferungsrechts BGHZ 17, 172; 60, 302 (Haftschäden).

[83] Sozialbindung, S. 234 ff.

Die vom BGH zu letztgenanntem Punkt aufgestellte Drei-Jahres-Frist[84] beruht in der Tat auf Erwägungen im Hinblick auf das Schwereelement; diese werden jedoch nicht abstrakt im Rahmen einer Intensitätsprüfung angestellt, sondern betreffen die Rechtmäßigkeit einer Fortgeltung der Bausperre, wobei Anknüpfungspunkt der Grundsatz der Erforderlichkeit ist: Weil der BGH eine längere Dauer als von drei Jahren für die Durchführung der Planung für nicht notwendig erachtet, bejaht er dann im Wege der Rechtswidrigkeitsargumentation ein entschädigungspflichtiges Sonderopfer[85].

Der Gesichtspunkt des Wertverlustes ist auch in der Rechtsprechung des BGH häufiger zu finden. Wertmäßige Kategorien werden vor allem unter der „wirtschaftlichen Betrachtungsweise“ relevant und dienen zur Qualifizierung des Eingriffsobjekts sowie der Bestimmung des durch den Eingriff Genommenen[86]. Doch ist fraglich, ob daraus gefolgert werden kann, daß allein die Wertminderung der entschädigungsbegründende Umstand ist. Zwar stellt der BGH in manchen Entscheidungen die Tatsache einer Schmälerung des Verkehrswertes heraus[87]; sie wird hingegen regelmäßig nur als Hilfsmerkmal herangezogen, das die Nutzbarkeit des Eigentums sowie deren Beeinträchtigung zum Ausdruck bringt[88]. Nicht die Wertminderung als solche ist maßgeblich, bei der Bestimmung des Sonderopfers wird vielmehr auf die anzuerkennenden Nutzungsmöglichkeiten abgehoben, anhand derer im Sinne des erörterten Prinzips des Bestandsschutzes entschieden wird, inwieweit der jeweilige Wertverlust[89] zu ersetzen ist. Besonders verdeutlicht wird dies durch zwei Urteile des BGH vom 25. 1. 1973[90], die beide einschränkende Anordnungen in Wasserschutzgebieten betrafen. Jeweils konnte davon ausgegangen werden, daß diese zu einem Minderwert der betroffenen Grundstücke geführt hatten. Ungeachtet dessen gewährte der BGH in dem einen Fall Entschädigung, weil eine der Natur der Sache nach gegebene, wirtschaftlich vernünftige Nutzung untersagt worden sei[91], versagte sie jedoch in dem anderen, da der Kläger weder in der bisher aus-

---

[84] Grundlegend BGHZ 30, 338.

[85] s. oben C I 2 b).

[86] Vgl. hierzu oben D I 3 d).

[87] Etwa BGHZ 30, 241; 48, 65; DÖV 1959, 750; WM 1973, 153; zu diesem Merkmal auch die Rechtsprechung zum Bauerwartungsland: BGHZ 28, 160; 31, 238; 39, 198; BRS 19, 216.

[88] Ebd.: es seien die Benutzbarkeit und *damit* der Wert gemindert (BGHZ 48, 65); auch noch nicht genutzte Bodenschätze könnten wertbestimmend sein (DÖV 1959, 750; WM 1973, 153); bezüglich der Verbindung von Benutzbarkeit und Wertminderung s. auch *Pagendarm*, Anm. bei LM, GG Art. 14 Nr. 38 (D).

[89] Ein solcher, d. h. ein Schaden, muß ohnehin stets vorliegen, damit ein Entschädigungsanspruch in Betracht kommt (vgl. BGHZ 6, 270/295; 11, 156/164; *Kröner*, Eigentumsgarantie, S. 83 ff.; *Bender*, Staatshaftungsrecht, Rdnrn. 345 ff. — auch zum Entschädigungsumfang —).

[90] BGHZ 60, 126 u. 145.

[91] BGHZ 60, 126 (132, 139).

geübten Nutzung seiner Grundstücke behindert werde noch ihm andere von der Natur der Sache gegebene, greifbare Nutzungsmöglichkeiten genommen würden[92]. Demnach begründet keinesfalls jeder Wertverlust ein Sonderopfer, und eine diesbezügliche feste Grenze, die die Unterscheidung von Enteignung und Sozialbindung ermöglichte, ist in der Rechtsprechung nicht ersichtlich[93].

Dem Gedanken der Wertminderung kommt somit nicht die Bedeutung eines selbständigen Abgrenzungskriteriums zu. Wo er verwendet wird, hat er die Funktion einer Hilfserwägung, um zu näheren Aussagen über die Qualität von Objekt und Eingriff zu kommen. Die Beurteilung des Merkmals Sonderopfer richtet sich aber nicht nach wertmäßigen Kategorien, sondern nach den allenfalls mit Hilfe dieser ausgefüllten Grundsätzen etwa betreffend Nutzungseinschränkungen oder des Bestandsschutzprinzips[94].

cc) Das Kriterium der Zweckentfremdung

Verschiedentlich wird als Entscheidungsmaßstab, der auch die Rechtsprechung des BGH bestimme, der Gedanke der Zweckentfremdung genannt[95]. Nach diesem kommt es darauf an, ob eine Maßnahme das Eigentum nach seinem Zweck erfaßt; bindet sie den Eigentümer lediglich in der funktionsgerechten Verwendung des Eigentumsgegenstandes, dann wird die Dispositionsbefugnis des Eigentümers in den Grenzen der Sozialgebundenheit beschränkt; wird ihm dagegen eine Bindung auferlegt, die das Eigentumsobjekt seinem Zweck entfremdet, dann soll in der Regel eine Enteignung vorliegen[96]. Es wird somit danach gefragt, ob die Maßnahme mit Zweck und Funktion des jeweils betroffenen Eigentumsrechts vereinbar ist. Diese Prüfung ist mit der als der Rechtsprechung zugrunde liegenden festgestellten Methodik des materiellen Gleichheitsprinzips vergleichbar, nach der entscheidend ist, inwieweit die Eigentumsbeschränkung dem Wesen des Eingriffsobjekts entspricht; die „Wesensentfremdung“ ist das Kennzeichnende des Enteignungsbegriffs des BGH. Daher liefern Zweckentfremdungs- und Privatnützigkeitslehre[97] ein Merkmal, das den Sonderopferbegriff des BGH näher zu erklären geeignet zu sein scheint. Voraussetzung hierfür ist aber, daß diese Theorien konkrete Aussagen bezüglich der Abgren-

---

[92] BGHZ 60, 145 (150).

[93] Auch *Leisner*, Sozialbindung, S. 227, gesteht ein, daß sich nähere Anhaltspunkte kaum geben lassen.

[94] Vgl. hierzu auch noch BGH, NJW 1974, 637.

[95] *Bender*, NJW 1965, 1297 (1301); *Stich*, JuS 1961, 346 (348); *Thomä / Wolter*, MDR 1958, 203 ff.

[96] So prinzipiell *Forsthoff*, VerwR I, S. 318; *Huber*, Wirtschaftsverwaltungsrecht, Bd. 2, S. 17; auch BVerwGE 3, 335; BSozG, JZ 1958, 20 f.

[97] Diese Theorie *Reinhardts* (Verfassungsschutz des Eigentums, S. 33 ff.) ist nur eine besondere Ausprägung der Zweckentfremdungslehre; vgl. auch *Leisner*, Sozialbindung, S. 171 ff.

zung von Enteignung und Sozialbindung machen, die eine Präzisierung der Ergebnisse der Rechtsprechung ermöglichen; denn stets gilt es, das entscheidende Kriterium näher zu bestimmen — sei es der „Zweck“ oder das „Wesen“ des Eigentums.

Der Gedanke der Zweckentfremdung wird überwiegend unter dem Gesichtspunkt der Nutzung des Eigentums gesehen. Zulässiger Zweck soll die Form der Verwertung sein, für die der Eigentümer sich entschieden hat und die ihm de iure gewährt worden ist; die Entziehung einer solchen Nutzbarkeit stellt eine Enteignung dar, anders, wenn die bisherige Verwendung nur durch unbedeutende Auflagen eingeschränkt wird[98]. Wesentlicher Inhalt der Zweckentfremdungslehre ist demnach, daß Entzug und Beeinträchtigung ausgeübter Eigentumsnutzung entschädigungspflichtig sind. Dieses Ergebnis entspricht auch weitgehend der Auffassung der Rechtsprechung, und es folgt aus der Fragestellung nach Zweck und Wesen des Eigentumsrechts. Doch ist dies insoweit keine neue Erkenntnis, sie wurde vielmehr bereits aus dem Prinzip der Bestandswahrung begründet, das schon eine speziellere Ausprägung der Kriterien darstellt, die Zweck und Wesen der Eigentumsobjekte ausmachen: Zu diesen zählt eben in erster Linie, daß der Betroffene sein Eigentum behält[99].

Im übrigen läßt sich aus dem Zweckelement aber nichts für eine feste Abgrenzung von Enteignung und Sozialbindung gewinnen. Wenn auf Begriffe wie „funktionskonform“, „erwerbswirtschaftlich vertretbar“ verwiesen wird, so sind eindeutige Aussagen daraus nicht abzuleiten. Wonach die Differenzierung zulässiger und schützenswerter „Zwecke“ vorzunehmen ist, bleibt unklar; sie kann aufgrund des sachenrechtlichen Absolutheitscharakters des Eigentums auch kaum gelingen. Erkennt man an, daß fundamentaler Zweck des Eigentums ist, seinem Inhaber nach dessen Belieben Nutzen zu bringen, so bedeutete jede Nutzungsbeschränkung eine Zweckentfremdung und Enteignung; zu einer abstufenden Beurteilung gelangte man nur, indem das Eigentum in Einzelbefugnisse aufgespalten würde[100], von denen einige als mit dem Eigentumszweck unwandelbar verbunden, andere dagegen als disponibel anzusehen wären. Welche Gründe für diese Unterscheidung maßgeblich sind, dafür ist dem Zweckkriterium jedoch nichts zu entnehmen. Es enthält nur die deskriptive Aussage, daß eine Maßnahme

---

[98] Vgl. *Forsthoff*, VerwR I, S. 318.

[99] *Leisner*, S. 174 ff., 178: „Der ‚Zweck‘ des Eigentums besteht darin, daß es dem Eigentümer gehört.“ — Vgl. auch schon oben D I 2.

[100] Bereits hiergegen äußert *Leisner*, ebd., Bedenken, weil diese Auflösung des Eigentumsbegriffs von der grundrechtlichen Globalgarantie nichts übrig lasse.
Kritisch gegenüber dem Zugestehen bloßer Einzelbefugnisse als Eigentum auch *Sontis*, Larenz-Festschrift, S. 981 ff. (998 ff.).

Sozialbindung sei, weil sie den Zweck des Eigentums nicht tangiere, oder Enteignung, weil dieses seinem Zweck entfremdet werde. Dies mag der Fragestellung der Rechtsprechung nach dem Wesen der Eigentumsrechte nahe kommen, sogar mit ihr identisch sein, ermöglicht aber keine eingehendere Bestimmung des darauf beruhenden Sonderopferbegriffs. Denn die Zweckentfremdung ist kein Gesichtspunkt, der aus sich heraus die Abgrenzung erklärbar macht. Das Zweckelement als solches ist rein beschreibender Natur, und deshalb ist es zur Konkretisierung des materiellen Gleichheitsprinzips ungeeignet. Auch wenn es zur Anwendung des zutreffenden methodischen Maßstabes führt, diesen auszufüllen vermag es selbst nicht. Der Gedanke der Zweckentfremdung kann zur Präzisierung des Sonderopferbegriffs demnach nicht beitragen.

Das Ergebnis der bisherigen Untersuchung ist somit negativ; an festen Abgrenzungskriterien, die die Rechtsprechung und ihre Erkenntnisse zum Sonderopferbegriff erklären und berechenbar machen könnten, ist wenig gefunden worden. Aus der methodischen Grundlegung und den zu ihrer Verdeutlichung herangezogenen Gesichtspunkten sind für die Bestimmung des Enteignungstatbestandes nur elementare Aussagen abzuleiten: Zum Wesen jeden Eigentumsrechts gehört, daß dieses dem Inhaber in seinem konkreten Bestand erhalten bleibt, woraus folgt, daß diesbezügliche Beeinträchtigungen als Sonderopfer zu bewerten sind, weil sie das Eingriffsobjekt in einer mit seinem Wesen nicht vereinbaren Weise treffen. Das in diesem Zusammenhang zu berücksichtigende Schwereelement besagt zumindest, daß Eingriffe von totaler Intensität, die die Substanz des Eigentums entziehen, Enteignung sind. Wird der Hilfsmaßstab der Wertminderung angewandt, so müßten erhebliche Wertverluste als enteignend anzusehen sein. Dies alles gilt nach der Rechtsprechung des BGH jedoch nicht uneingeschränkt; wiederholt macht er in seinen Entscheidungen Ausnahmen von diesen „eindeutigen“ Grundsätzen.

Es bleibt demnach wenig Prinzipielles festzuhalten, sondern nur Kriterien mit relativer Geltung. Andere Gesichtspunkte — etwa Vertrauensschutz, Vorhersehbarkeit und Zweckentfremdung — sind zur Präzisierung des Sonderopferbegriffs gleichfalls ungeeignet. Zum Teil vermögen sie diesen überhaupt nicht zu erläutern, da ihre Anwendung — wenigstens in Grenzfällen — zu der Rechtsprechung konträren Ergebnissen führt, andererseits sind sie zur Abgrenzung selbst zu unbestimmt und nur deskriptiver Natur.

b) Die „Wesensmerkmale“ des Eigentums

Die Erklärungsversuche mit „von außen“ herangetragenen Kriterien sind daher nicht gelungen. Deshalb soll nun unmittelbar bei dem materiellen Gleichheitsmerkmal, dem Wesen der Eigentumsrechte, angesetzt werden. Als bedeutsamer und praktikabler Grundsatz ist hier bereits der der Bestandswahrung genannt worden. Primäre Eigenschaft eines jeden Rechts ist die Erhaltung seiner Existenz — in abstrakter und konkreter Ausprägung. Wenn es gleichwohl Durchbrechungen dieses Prinzips gibt, dann kann dies nur durch Wesensmerkmale begründet werden, die diesem im Einzelfall vorgehen, dem Eigentum „näher" sind. Zu untersuchen ist daher, nach welchen Gesichtspunkten die Wesensmerkmale der Eigentumsrechte festzulegen sind.

Als maßgebliche methodische Grundlage der Rechtsprechung ist die Pflichtigkeitslehre erkannt worden. In deren Rahmen sucht der BGH vorgegebene Belastungen und Einschränkungen der Eigentümerbefugnisse aufzustellen; entscheidend sind daher Begründung und Umfang der dem Eigentum anhaftenden Pflichtigkeiten. Da die bisher verwendeten, zum Teil anderen „Theorien" entlehnten Kriterien hierzu wenig aussagen konnten, ist die Möglichkeit einer Interpretation zu prüfen, die sich an die spezielle Fragestellung der Rechtsprechung anlehnt.

aa) Vernunft und öffentliches Interesse

Ausgangspunkt bei der Bestimmung der Pflichtigkeiten soll die Natur der Sache sein[101]. Nach ihr richtet sich insbesondere die Verwertbarkeit des Eigentums, vor allem auch hinsichtlich der Nutzung von Grundstücken. Bezüglich der naturgemäßen Eigenart des Rechts wird zunächst auf dessen „Situation" abgehoben; diese ist aber nicht allein ausschlaggebend[102], sondern nur ein Element im Rahmen der nach Vernunft und Billigkeit vorzunehmenden Qualifizierung der Eigentumsrechte[103]. Die Berufung auf das vernünftige Urteil des billig und gerecht Denkenden macht jedoch abermals die Entscheidung von einer Wertungskategorie abhängig, die ein „schöner Wesensbegriff"[104] und kein präzisierbares Abgrenzungsmerkmal ist. Der Betroffene mag zu entschädigen sein, wenn er an einer „vernünftigen" Verwendung seines Eigentums gehindert wird, doch was zeichnet eben jenen „vernünftigen Eigentümer" aus? Solange dazu nur gesagt wird, daß Eingriffe in bereits ausgeübte oder unmittelbar zu verwirklichende Nutzungen zu einem Sonderopfer führen, nicht dagegen das Verbot einer künftigen spekulativen Ausbeute, wird nichts Neues beigetragen; dies ergibt sich aus dem Grundsatz der Bestandswahrung, der jedem Recht innewohnt; daß jener „vernünftig" ist, bedarf keiner weiteren Erörterung.

[101] So zuerst BGHZ 23, 30 (33); ferner etwa BGHZ 48, 193 (195); neuestens BGHZ 60, 126 u. 145; NJW 1974, 275.

[102] Vgl. oben D I 3 b).

[103] BGH, ebd.; diese Abgrenzung gilt entsprechend im Aufopferungsrecht, vgl. BGHZ 17, 172 (175); zusammenfassend *Ossenbühl*, JuS 1970, 276 (277).

[104] *Leisner*, Sozialbindung, S. 182 f.

Die Vernunfterwägung und ihr Vergleichbares ist aber auch noch in verschiedenen anderen Zusammenhängen zu finden. Nicht nur wird an den vernünftigen und einsichtigen Eigentümer appelliert, eine öffentlichen Belangen widerstreitende Verwendungsweise seines Eigentums zu unterlassen[105]; darüber hinaus ist die Rede vom vernünftigen Hundehalter[106], von gesunden Gewerbebetrieben[107] und vernünftiger Kindererziehung[108]. Diese Rechtsprechung scheint eine idealisierende Standardisierung zu beabsichtigen, einer „höheren Einsicht" entschädigungsrechtliche Relevanz beilegen zu wollen. Doch ist Vernunft, was den Interessen des Staates dient, der Eigentümer oder Unternehmer, der in Verfolgung privater Ziele mit diesen in Konflikt gerät, uneinsichtig und deshalb entschädigungslos in seine Schranken zu weisen? Diesen Schluß hat auch der BGH nicht gezogen, und er führt aus, wenn ein Eigentümer einsehe, er müsse aus Gründen des öffentlichen Wohls auf eine bestimmte Nutzung seines Grundstücks verzichten, so sei damit noch nicht gesagt, daß die Zubilligung einer Entschädigung ausgeschlossen sei[109]. Dies ist völlig zutreffend; das Vorliegen von Gründen des öffentlichen Wohls ist zunächst Voraussetzung, daß ein Eingriff in das Eigentum überhaupt zulässig ist (Art. 14 III S. 1 GG). Für die Frage nach dem Sonderopfer können Belange des Allgemeinwohls allenfalls relevant werden, wenn sie die betreffende Verwendung des Eigentums als von vornherein „unvernünftig" erscheinen lassen. Hierzu sind aber der Rechtsprechung nähere Einzelheiten nicht zu entnehmen; sofern Entschädigungsansprüche verneint wurden, handelte es sich regelmäßig um Fälle noch nicht greifbarer, erst in der Zukunft zu realisierender Nutzungen[110]. Dann braucht der Eigentümer aber nicht als unvernünftig getadelt zu werden, er hat lediglich insofern keinen konkreten Bestand seines Eigentums, auf den er sich stützen könnte.

Der Versuch einer idealisierenden Standardisierung ist jedoch in anderer Hinsicht bedeutungsvoll — nicht, um ein zweifelhaftes, am öffentlichen Interesse orientiertes Vernunftideal zu verwirklichen, sondern bezüglich der Schaffung von Pflichtigkeitsstandards. Eine solche Entwicklung wurde bereits aufgezeigt bezüglich des Abstellens auf allgemeine Pflichtigkeiten, die aufgrund gesetzlicher Regelungen oder anderer nicht normierter Prinzipien gelten sollen und jedes Eigentumsrecht in ihm wesensgemäßer Art und Weise belasten[111]. Können

---

[105] BGHZ 23, 30 (35).

[106] BGHZ 43, 196 (208); dieser würde bei Tollwutverdacht sein Tier schon von sich aus töten lassen.

[107] Die gewisse Belastungen zu verkraften in der Lage sein müssen, BGHZ 57, 359 (368).

[108] Die auch außerhalb der Schule Risiken für die Gesundheit des Kindes mit sich bringe, BGHZ 46, 327 (330).

[109] BGHZ 60, 126 (138 f.).

[110] Etwa BGHZ 60, 145; LM, GG Art. 14 Nr. 25 (Ce); NJW 1958, 380.

ähnliche Aussagen generellen Charakters auch hinsichtlich der in concreto festzustellenden Pflichtigkeiten gemacht werden?

Das Idealbild des vernünftigen Eigentümers, der Standard des billig und gerecht Denkenden sind hierzu wenig geeignet. Sie sind nicht nur inhaltlich zu unbestimmt, sondern verleiten allzu leicht dazu, den auf seine Befugnisse pochenden Eigentümer als unvernünftig und bezüglich der Notwendigkeiten des öffentlichen Wohls uneinsichtig anzusehen. Gründe des Allgemeinwohls sind Voraussetzung jedes — eben auch des entschädigungspflichtigen — Zugriffs auf das Privateigentum, und nur in besonderen Fällen vermögen sie den Eigentümer gänzlich schutzlos zu stellen. Dies wird etwa dann angenommen, wenn der Eigentümer an einem Mißbrauch seiner Rechtsposition, an gemeinschaftsschädlichem Verhalten gehindert werden soll[112]. Hiermit mögen Regelungen, die Mißständen abhelfen, oder auch die Unterwerfung des Eigentums unter ordnungsrechtliche Normen[113] gerechtfertigt werden. Insofern sind Bindungen des Eigentümers anzuerkennen, die ihm Verhaltensweisen verwehren, mit denen er gegen die fundamentalen Regeln jeder Gemeinschaft, in die auch das Eigentum eingeordnet ist (Art. 14 II GG), verstößt. Daher ist das Polizeirecht der „klassische" Fall der Sozialbindung[114], indem es den Eigentümer in die Schranken weist, die durch öffentliche Sicherheit und Ordnung[115] gesetzt sind, deren Einhaltung für ein effektives Gemeinschaftsleben unerläßlich ist. Aus diesem Grunde kann — wie bereits mehrfach angesprochen[116] — durch ordnungsrechtliche Maßnahmen auch das Prinzip des Bestandsschutzes durchbrochen werden, wobei im übrigen darauf hinzuweisen ist, daß einen Schutz für den Betroffenen hier das Verhältnismäßigkeitsprinzip gewährleistet, das bei jedem polizeilichen Einschreiten zu beachten ist[117].

Folgt dies aus der sozialen Funktion des Eigentums, so ist es doch gefährlich, den Begriff des Mißbrauchs anzuführen. Er enthält eine mißbilligende Wertung, in die Allgemeinwohlvorstellungen einfließen

---

111 Vgl. oben D I 2.

112 Vgl. BGHZ 6, 270 (288), wo zur Rechtfertigung der Wohnraumbewirtschaftung auf die Gefahren der Ausnutzung wirtschaftlicher Machtstellung verwiesen wird; ferner BGHZ 54, 293 (298); sowie *Leisner*, Sozialbindung, S. 183 ff.; *Sellmann*, NJW 1965, 1689 (1691).

113 So *Sellmann*, NJW 1965, 1689 (1691); auch BGHZ 5, 144; 45, 23; 55, 366.

114 Vgl. auch *Maunz / Dürig / Herzog*, GG, Art. 3 I Rdnr. 64; sowie unten F II 2 b) bb).

115 Bezüglich der „öffentlichen Ordnung" wird dies allerdings in zunehmendem Maße angezweifelt; vgl. *Götz*, Polizeirecht, S. 67 ff.; *Bender*, Staatshaftungsrecht, Rdnr. 18, Fn. 43. — Dagegen weist *Dürig*, Art. 2 I Rdnr. 81, darauf hin, daß dieser Begriff weitgehend präzisiert sei.

116 Vgl. oben D I 3 c) dd).

117 § 15 nwOBG, § 21 nwPolG; allgemein *Drews / Wacke*, Polizeirecht, S. 168 ff.

können, die dann den Vorwurf der Gemeinschaftsschädlichkeit in zunehmendem Maße begründeten. Einer beinahe beliebigen Ausdehnung der Sozialbindung unter Berufung auf öffentliche Interessen stünde nichts mehr im Wege. Hingegen müssen die Gründe des gemeinen Wohls, aus denen dem Eigentümer gegebenenfalls sogar die Substanz seines Rechts entschädigungslos entzogen werden kann, fest bestimmbar und begrenzbar sein. Sonst würde die Entschädigungsfrage alsbald nicht mehr von der Position des Betroffenen aus gestellt, inwieweit er die Beeinträchtigung als seinem Recht wesensgemäß hinnehmen muß, sondern dahingehend umgekehrt, ob es für die Allgemeinheit angesichts des öffentlichen Interesses an der Maßnahme tragbar erscheint, dem Einzelnen eine Entschädigung zu gewähren[118]. Ausschlaggebend wären dann letztlich fiskalische Gesichtspunkte[119]. Die Belastbarkeit der öffentlichen Hand mit Entschädigungsforderungen kann aber kein Kriterium bezüglich der Reichweite des Eigentumsschutzes sein; dessen grundrechtliche Gewährleistung mag im Einzelfall unbequem — weil teuer — sein, doch muß die Gemeinschaft dies in Kauf nehmen, soll nicht die Eigentumsgarantie grundsätzlich relativiert werden[120]. So hat denn auch der BGH[121] diesen Tendenzen eine Absage erteilt, das Vorliegen einer Enteignung deshalb zu verneinen, weil dadurch ein öffentliches Vorhaben verteuert werde.

Vernunft, öffentliches Interesse und der Mißbrauchsgedanke stellen demnach keine Kriterien zur Präzisierung der Abgrenzung von Enteignung und Sozialbindung dar. Zwar sind Bindungen aus der Gemeinschaftsbezogenheit des Eigentums, insbesondere ordnungsrechtlicher Natur, anzuerkennen. Doch muß es sich dabei um fest umrissene Fallgruppen handeln, im übrigen ist im Umgang mit dem Begriff der Gemeinschaftsschädlichkeit Vorsicht geboten.

bb) „Innere" und „äußere" Eigentumsschranken

Einen Versuch der Bestimmung von Enteignung und Sozialbindung, einer Interpretation der dem Eigentum wesensgemäßen Pflichtigkeiten unternimmt *Wolff*[122]: Der materielle („gesetzestranszendente") Gleichheitssatz[123] betrifft die Beziehung zwischen gesetzlichem Tatbestand und realem Lebenssachverhalt. Er verlangt, daß jeweils alle Träger gleicher Interessen, alle Objekte wesentlich gleicher Beschaffenheit in

---

[118] Vgl. *Sellmann*, NJW 1965, 1689 (1694).

[119] So *Sellmann*, der diese auch dem BGH unterstellt.

[120] Zutreffend weist *Leisner*, Sozialbindung, S. 97 ff., darauf hin, daß dies zu einer geradezu grotesken Umkehrung führte: Es wären minder schwere Eingriffe als nicht so kostspielig zu entschädigen, während dies dem Staat bei Maßnahmen erheblicherer Intensität nicht zuzumuten wäre.

[121] BGHZ 60, 126 (142).

[122] VerwR I, § 60 I b.

[123] Hinsichtlich des Unterschiedes zum formellen, gesetzesimmanenten Gleichheitsprinzip des Art. 3 I GG s. oben C II 2 c) cc).

Anspruch genommen werden. Die Auswahl des Adressatenkreises hat demnach anhand essentieller und nicht akzidenteller Momente zu erfolgen. Ein Verstoß gegen diese transzendente Gleichheit berührt nicht die Wirksamkeit des hoheitlichen Vorgehens, begründet aber einen Entschädigungsanspruch, weil der Betroffene um eines Akzidens willen dem gemeinschaftlichen Wohl das Essentielle zum Opfer bringt. Die verletzte materielle Gleichheit ist durch Gewährung einer Entschädigung wieder herzustellen.

Ist es demnach für die Sonderopferprüfung entscheidend, ob der zu beurteilende Hoheitsakt an ein essentielles oder akzidentelles Merkmal des Eigentumsrechts anknüpft, so erhebt sich die Frage, unter welchen Gesichtspunkten diese Unterscheidung vorzunehmen ist. Wenn es insofern auf die *wesentliche* Beschaffenheit der Eingriffsobjekte ankommen soll, dann entspricht dies dem methodischen Sonderopferverständnis der Rechtsprechung, vermag es jedoch nicht zu konkretisieren, sondern stellt abermals nur eine Umschreibung dar: Ein Eingriff, der das Eigentum aufgrund essentieller Momente belastet, ist diesem wesensgemäß, beruht er auf einem Akzidens, ist er nicht aus dessen Eigenart zu rechtfertigen. Der Wesensbegriff wird hier nicht erklärt, sondern nur mit einer weiteren Formel belegt. Daran ändert auch nichts, daß akzidentelle Merkmale solche sein sollen, die keinen Einfluß auf den objektiven Wert des Gegenstandes haben[124]; denn auf die Unzuverlässigkeit wertmäßiger Differenzierungen im Hinblick auf die Bestimmung des Sonderopfers wurde bereits hingewiesen[125].

Diesem Abgrenzungsversuch vergleichbar ist die Gegenüberstellung von „inneren“ und „äußeren“ Beschränkungen, die der BGH verschiedentlich vornimmt[126]. Dem Eigentumsrecht innewohnende Belastungen sind die ihm von vornherein anhaftenden Pflichtigkeiten, auf deren Verwirklichung der Hoheitsträger sich nicht berufen kann, wenn etwa ein Nutzungsverbot das Eigentum wie ein von außen kommendes Ereignis beeinträchtigt. Die Unterscheidung innerer und äußerer Merkmale ist aber identisch mit der Aussage, daß eine Pflichtigkeit jeweils anzunehmen ist oder nicht; sie vermag nicht zu begründen, warum eine Beschränkung nicht durch die „Situation“ des Eigentums vorgegeben ist[127], sondern setzt diese Begründung gerade voraus, als deren *Ergebnis* dann festzuhalten wäre, die Belastung komme von innen oder außen, sei dem Wesen des Rechts eigentümlich oder ihm fremd. Doch sind dies alles nur Begriffe, die den Inhalt der methodischen Grundlegung kennzeichnen, aber nicht den des Sonderopfers näher bestimmen.

---

[124] *Wolff*, VerwR I, § 60 I b.
[125] s. oben F II 2 a) bb).
[126] BGHZ 6, 270 (286 f.); wieder in NJW 1974, 275 (276).
[127] BGH, NJW 1974, 275 (276).

Wenn nach dem materiellen Gleichheitsverständnis für die Abgrenzung von Enteignung und Sozialbindung entscheidend ist, ob die Belastung dem Eigentum seinem Wesen nach vorgegeben ist, dann ist auch die Lehre von den immanenten Schranken der Grundrechte angesprochen. Eingriffe, die dem Recht wesensgemäße Pflichtigkeiten verwirklichen, könnten sich im Rahmen der immanenten Einschränkung der Eigentümerbefugnisse halten und aus diesem Grunde keine „von außen kommende" Enteignung sein.

Nach der Immanenzlehre sollen allen Grundrechten bestimmte Beschränkungen derart innewohnen, daß durch sie eine sinnvolle und rechtlich zulässige Grundrechtsausübung überhaupt erst möglich wird. Diese inhärenten Begrenzungen seien daher der Natur der Sache nach selbstverständlich[128]. Gegen eine Übertragung dieser Gedanken auf Art. 14 GG wird eingewandt, die Immanenzlehre führe zu einer völligen Auflösung des Eigentumsbegriffs; ebenso wie mit dem Zweckkriterium werde die totale Herrschaftsmacht des Eigentümers in Einzelbefugnisse aufgespalten, für die jeweils gesondert zu prüfen sei, ob sie in den Bereich der immanenten Schranken fielen oder nicht[129]. Im übrigen ist *Leisner*[130] der Ansicht, auch die Rechtsprechung des BGH greife nicht auf die Inhärenzlehre zurück; sie verlasse sich nicht auf deren „kupierte Begründung", sondern suche jeweils nach der eigentlichen ratio etwa für die Fälle der Anliegerbeeinträchtigung, des Anschluß- und Benutzungszwangs oder des Natur- und Landschaftsschutzes. Zutreffend ist, daß der BGH hier spezielle Entscheidungskriterien anführt; es wurde aber nachgewiesen[131], daß diese in die methodische Fragestellung des materiellen Gleichheitsprinzips integrabel und Versuche zur Konkretisierung des Wesens der Eingriffsobjekte sind. Diese „Wesensschau", mag sie auch nebulös sein, liegt der Rechtsprechung zum Sonderopferbegriff jedenfalls zugrunde und weist auf die Lehre von den immanenten Schranken hin[132].

Diese wäre jedoch nur imstande, einen hier verwertbaren Beitrag zu liefern, wenn ihre Aussage inhaltlich präzisierbar in dem Sinne wäre, welche Bindungen dem Eigentum inhärent, es aus sich selbst begrenzend sind. Als Ausgangspunkt der inhärenten Grundrechtsschranken wird die Schrankentrias des Art. 2 I GG angesehen. Dies

---

128 Vgl. *Maunz / Dürig / Herzog*, GG, Art. 2 I Rdnr. 69.

129 *Leisner*, Sozialbindung, S. 164 ff. (170); *Liver*, Gedenkschrift Gschnitzer, S. 247 ff. (262).

130 Ebd., S. 166 f.

131 s. oben D I 3.

132 Beispielhaft BGHZ 23, 30 (33), wo die Pflichtigkeitslehre „erfunden" wurde, bezüglich einer der Pflichtigkeit unterliegenden Eigentümerfunktion: das Eigentum werde insoweit nicht eigentlich beeinträchtigt — weil es gar nicht so weit reiche (scil.: wegen der immanenten Bindung!).

geschieht nicht dahingehend, daß die Vorbehalte der „Rechte anderer", des „Sittengesetzes" und der "verfassungsmäßigen Ordnung" mit identischem Gehalt wie bei Art. 2 I GG für alle anderen Grundrechte gelten sollen, sie werden vielmehr als Ausdruck eines objektiven Verfassungsrechtssatzes gewürdigt, der Auslegungsregel zur Interpretation der Grundrechte sei[133]. Stets geht es lediglich darum, Grenzen der grundrechtlichen Befugnisse aufzustellen, die für ihre Ausübung im Rahmen einer Gemeinschaft Voraussetzung sind. So fallen unter den Gesichtspunkt der Wahrung der Rechte anderer alle Beschränkungen, die die Regelung der Beziehungen von Rechtsträgern untereinander bezwecken und ohne die die Gewährleistung der Freiheitsrechte sinnlos wäre, weil jene erst deren funktionalen Gebrauch ermöglichen. Bezüglich des Eigentums sind hier vor allem die Normen des Nachbarrechts zu nennen[134]; sie stellen immanente Schranken dar, insofern sie die Positionen der einzelnen Eigentümer von einander abgrenzen und so zu störungsfreier Verwendung des Eigentums beitragen[135].

Die Schranke der „verfassungsmäßigen Ordnung" umfaßt in Ergänzung hierzu die elementaren Gemeinwohlforderungen des gesellschaftlichen Zusammenlebens[136]. Als grundlegende öffentliche Ordnungsnormen, deren Einhaltung zur gedeihlichen Koexistenz aller am Gemeinwesen Beteiligten unerläßlich ist, werden die strafrechtlichen und polizeirechtlichen Vorschriften angesehen[137]. Deren Beschränkungen[138] sichern eine Ausübung der Freiheitsrechte, die durch die Rücksichtnahme auf deren notwendige Gemeinschaftsbezogenheit erst gewährleistet wird. Indem die Freiheit auf jenes Maß reduziert wird, das ihren „störungsfreien" Gebrauch innerhalb der Gemeinschaft ermöglicht, sind Straf- und Polizeirecht den Grundrechten und damit dem Eigentum innewohnende Schranken.

Die Immanenzlehre liefert demnach eine an objektiven Verfassungsmaßstäben und insbesondere den Erfordernissen der Koexistenz im Gemeinwesen angelehnte Begründung dafür, daß die dem Eigentümer durch das Nachbarrecht und vor allem die Normen des Polizeirechts auferlegten Beschränkungen lediglich Sozialbindungen sind, weil sie ihn nur am sozialschädlichen Gebrauch seines Rechts hindern. Ein weitergehender Inhalt kann den immanenten Schranken indes nicht beigelegt werden[139]. Sie umfassen nur die für die Freiheitsrechte im

---

[133] Hierzu eingehend *Maunz / Dürig / Herzog*, GG, Art. 2 I Rdnrn. 69 ff.

[134] *Maunz / Dürig / Herzog*, Rdnr. 73.

[135] Daß die nachbarrechtlichen Vorschriften des BGB sozialbindend wirken, wurde als Erkenntnis der Rechtsprechung bereits mitgeteilt, vgl. oben D I 3 c) cc).

[136] *Maunz / Dürig / Herzog*, Rdnr. 75; anders bei Art. 2 I, vgl. BVerfGE 6, 32.

[137] Vgl. *Maunz / Dürig / Herzog*, Rdnrn. 76, 79 ff.

[138] Die auch bezüglich der polizeilichen Generalklausel weitgehend präzisiert sind, vgl. oben Fn. 115.

Rechtsstaat selbstverständlichen, unerläßlichen Bindungen, d. h. nur die Abwehr von Störungen, die dessen Grundlagen gefährden; auf sie kann man sich hingegen nicht berufen, wenn es um sozialgestaltende, wohlfahrtfördernde Maßnahmen geht. Die Warnung vor einer Ausdehnung des Gedankens der Gemeinschaftsschädlichkeit ist damit in Anwendung der Lehre von den immanenten Grundrechtsschranken rechtlich konkretisiert worden.

Die aufgrund der inhärenten Schranken bezüglich der Abgrenzung von Enteignung und Sozialbindung zu gewinnende Aussage ist demzufolge begrenzt. Die Immanenztheorie betrifft nur Essentials, deren Wahrung zur Existenz einer organisierten Rechtsgemeinschaft unabdingbar ist, und sie erklärt insofern die Inhärenz und Wesensgemäßheit von einschränkenden Regelungen, die diesbezügliche Störungen abwehren sollen. Der weite Bereich von Eingriffen in das Eigentum, die die Förderung von Gemeinwohlinteressen zum Ziele haben, wird hiervon nicht erfaßt. Auch hinsichtlich dieser sozialgestaltenden Maßnahmen ist im Rahmen der Sonderopferprüfung zu fragen, ob sie dem Eigentum wesensgemäße Belastungen darstellen, zur Beantwortung kann die Lehre von den immanenten Schranken aber nicht herangezogen werden.

cc) Zwischenbilanz

Der Versuch, feste Kriterien zur Bestimmung des Sonderopferbegriffs in der Rechtsprechung des BGH aus der methodischen Fragestellung und dem Wesen der Eigentumsrechte herzuleiten, hat wenig Konkretes ergeben. Wie etliche der zuvor erörterten Gesichtspunkte sind die „Wesensmerkmale" überwiegend deskriptiver Natur und ohne greifbaren, für die Abgrenzung von Enteignung und Sozialbindung verwertbaren Inhalt. Der Gleichheitssatz, dessen Verletzung die Entschädigungspflicht des Staates auslösen soll, erscheint als Sammelbegriff heterogener Wertungserwägungen, hinsichtlich derer rechtliche Kriterien genannt werden können, die aber immer nur einige Entscheidungen zu erklären vermögen; bei anderen, in bezug auf den Beurteilungstopos jedoch identischen Fallgestaltungen versagen sie. Erfolgt deshalb die Anwendung des materiellen Gleichheitssatzes in der Rechtsprechung also doch „willkürlich", ist das „suum cuique tribuere" ein nicht in rechtliche Kategorien faßbarer Akt?

c) Das Eigentum im Spannungsfeld von Tradition und Evolution

aa) Der Gleichheitssatz aus soziologischer Sicht

Sonderopfer heißt Ungleichbehandlung; für deren Beurteilung ist ausschlaggebend, welche Kriterien als Maßstab hinsichtlich der zu ver-

---

[139] Vgl. auch *Maunz / Dürig / Herzog*, Rdnrn. 84, 87.

gleichenden Objekte erheblich sind. Die bislang angeführten sind es nicht, jedenfalls nicht mit absoluter Geltung, sie gewährleisten keine sichere Antwort auf die Gleichheitsfrage. Nachdem es unternommen worden ist — was im Sinne begrifflicher Präzisierung nahelag —, das Wesen der Eigentumsrechte und die es prägenden Pflichtigkeiten anhand verschiedener Abgrenzungselemente zu konkretisieren, soll nun erörtert werden, inwieweit Folgerungen grundsätzlicher Art betreffend die wesensmäßige Kennzeichnung des Eigentums aus dem hier relevanten Gleichheitsprinzip zu ziehen sind.

Egalität ist stets eine Frage der Vergleichsnormen. Dies gilt auch für den materiellen Gleichheitssatz des Entschädigungsrechts. Da nach ihm entscheidend ist, ob die jeweilige Belastung dem Eigentum vorgegeben, ihm eigentümlich ist, beziehen sich die Gleichheitskriterien auf die Wesensmerkmale der Rechtspositionen. Die „Normen", die hierbei die Beurteilungsgrundlage bilden, sind nicht notwendig Rechtsnormen im eigentlichen Sinne; zwar spricht der BGH von „Pflichtigkeiten im Rechtssinne"[140], diese sollen aber nicht kraft positivrechtlicher Regelung bestehen, sondern mit dem Eigentum „seiner Natur nach" verbunden sein[141]. Dieser Gesichtspunkt der naturgemäßen Beschränkungen, den der BGH in neueren Entscheidungen wieder in zunehmendem Maße zur Abgrenzung von Enteignung und Sozialbindung heranzieht[142], dient allgemein zur Konkretisierung gleichheitsbezogener Fragestellungen[143]. Wenn diesbetreffender Maßstab die allgemeinen Gerechtigkeitsanschauungen der Gemeinschaft sein sollen[144], so wird die wertende Beurteilung durch den jeweiligen „Lebensbereich"[145] und damit durch tatsächliche soziale Verhältnisse beeinflußt.

Richtungweisend für die Egalitätsprüfung sind demnach soziologische Normen. Deren Existenz ist nach Auffassung *Dahrendorfs*[146] Ursprung der Ungleichheit überhaupt. Jede menschliche Gesellschaft bekenne sich zu gewissen Werten und setze diese als geltende Normen, an deren Verletzung wenn nicht rechtliche, dann doch soziale Sanktionen geknüpft seien. Nur wer sich in deren Rahmen bewege, sei als gemeinschaftskonform und „gleich" anzusehen, während abweichendes Verhalten den Betreffenden als „ungleich" ausweise, weil er von der

---

[140] BGHZ 23, 30 (33).
[141] Ebd.; vgl. auch *Leisner*, Sozialbindung, S. 167.
[142] BGHZ 60, 126 u. 145; NJW 1974, 275.
[143] Vgl. BVerfGE 6, 91; 21, 11 f.; 24, 228; 25, 292; *Leibholz / Rinck*, GG, Art. 3 Anm. 11; *Rinck*, JZ 1963, 521 ff.; R. *Schmidt*, JZ 1967, 402 ff., der hiergegen Bedenken erhebt, da die Natur der Sache — nicht zuletzt in der Rechtsprechung des BVerfG — an die Stelle des Gleichheitssatzes zu treten drohe.
[144] BVerfG, ebd.; auch *Rinck*, S. 525 Fn. 38.
[145] R. *Schmidt*, S. 404.
[146] Über den Ursprung der Ungleichheit unter den Menschen, insbes. S. 20 ff.

gesellschaftlichen Sanktion getroffen und daher aus dem Kreise derjenigen, die normkonform handelten, ausgeschlossen werde. Wertende Differenzierungen würden durch die Sanktionierung sozialen Verhaltens am Maßstab normativer Erwartungen bewirkt.

Eine Übertragung dieser Erwägungen auf das Eigentum bedeutet, daß auch der Gebrauch von Vermögensrechten unter Beachtung soziologischer Normen zu erfolgen hat. Diese prägen das Wesen des Eigentumsrechts in seiner sozialen Geltung, und nur der Eigentümer, der sich an sie hält, verdient den Schutz der Gemeinschaft. Nimmt ihn das Gemeinwesen dennoch hinsichtlich dieser normgerechten und wesensgemäßen Verwertung seines Rechts in Anspruch, so liegt darin eine Ungleichbehandlung, weil er aus der Schar der „Gleichen" herausgegriffen wird. Solange sich der Eigentümer in seinem Recht wesensgemäßer Weise, d. h. normkonform, verhält, ist der Eingriff der Gesellschaft in sein Recht nicht als ihm angemessene negative Sanktion anzusehen. Anders aber, wenn er sich über die soziologischen Normen hinwegsetzt und seine Rechtsposition auf eine Art nutzt, die mit den allgemeinen Verhaltensmaximen unvereinbar ist: Der Eingriff des Staates trifft den Eigentümer dann nicht bei einer Betätigung, die sich im Rahmen der Wertordnung der Gemeinschaft hält; nicht diese Verwertung des Eigentums entspricht den sozialen Anschauungen, vielmehr ist in diesen Fällen die hoheitliche Beschränkung das dem Recht Wesensmäßige. Da sich der Betroffene in bezug auf die soziologischen Regeln „ungleich" verhält, erfolgt die diesbetreffende Inpflichtnahme ohne Egalitätsverletzung.

Damit ist wiederum ein deskriptives Modell dargestellt, das über den Inhalt des Sonderopferbegriffs als Abgrenzungsmerkmal von Enteignung und Sozialbindung zunächst nichts aussagt. Denn sofort erheben sich die Fragen, woher diese soziologischen Normen, die das gesellschaftliche Verhalten regeln, kommen[147], wie ihr Gehalt beschaffen und überhaupt festzustellen ist. Es scheint die Gefahr zu bestehen, daß bei diesem Entscheidungsweg in allzu großem Umfang die eigenen subjektiven Wertungen und das Eigentumsverständnis des jeweiligen Richterkollegiums einfließen[148]. Doch möglicherweise lassen sich bereits allein aus dem methodischen Ansatz Folgerungen hinsichtlich der maßgeblichen Wesenskriterien herleiten.

bb) Soziale Anschauungen im Eigentumsrecht

Werden Eingriffe in das Eigentum als ungleiches Sonderopfer angesehen, wenn sie einen Gebrauch dieses Rechts betreffen, der den so-

---

[147] Vgl. auch *Dahrendorf*, S. 24.

[148] *Liver*, Gedenkschrift Gschnitzer, S. 247 (252); *Rinck*, JZ 1963, 521 (525 Fn. 38).

ziologischen Normen entspricht, dann ist der Eigentumsschutz den jeweils geltenden gesellschaftlichen Anschauungen unterworfen. Die Ausgestaltung des Enteignungstatbestandes spiegelt die tatsächlichen sozialen Verhältnisse wider und hängt vom funktionalen Verständnis der Vermögensrechte durch die Gemeinschaft ab. Wandelt sich dieses, so paßt sich kraft seiner Interdependenz der Eigentumsbegriff der sozialen Wirklichkeit an. Jede Änderung soziologischer Normen beeinflußt danach den Eigentumsschutz[149].

Eine Entwicklung vergleichbarer Art läßt sich im Enteignungsrecht durchaus nachweisen. Der „klassische Enteignungsbegriff" beschränkte die Entschädigungspflicht auf Eingriffe durch Verwaltungsakt, die ein dingliches Recht nach § 903 BGB dem Betroffenen entzogen und auf einen Dritten überführten[150]. Dies war gerechtfertigt durch die Auffassungen des liberalen Staates, der es unterließ, sozialgestaltend die Vermögensrechte seiner Bürger zu beschränken, sondern nur deren Sacheigentum an sich zog, wenn die Erfüllung eines öffentlichen Bedürfnisses dies erforderte. Im Zeichen der verstärkten Aktivität des Sozialstaates, der auf mannigfaltige Weise in Verfolgung fürsorgerischer Anliegen Zugriff auf sämtliche vermögenswerten Rechte des Einzelnen nimmt, ist die streng formale Begrenzung aufgegeben und der Schutz auf das gesamte Vermögen des Bürgers, auf Eingriffe jeder Art und auch nur teilweise Beschränkungen der Befugnisse des Inhabers erstreckt worden. Die Erweiterung des Enteignungstatbestandes erfolgte daher einmal angesichts des gewandelten staatlichen Interesses an Inanspruchnahmen des Privateigentums. Dies geschah zum anderen wegen der gleichzeitigen Auffassung, daß das Eigentum als gegenständliches Freiheitsrecht ein wirkungsvolles Instrument für den Einzelnen bedeute, sich einen privaten Freiheitsraum zu schaffen und zu sichern[151]. Die dem Eigentum günstige soziologische Grundstimmung hatte die Ausdehnung seines verfassungs- und entschädigungsrechtlichen Schutzes zur Folge.

Dieser würde dementsprechend wieder eingeschränkt, wenn sich die Tendenz der allgemeinen Anschauungen umkehrte: Gewinnen eigentumsfeindliche Strömungen in der Gemeinschaft die Oberhand, so führt dies zu einer stärkeren Betonung der Sozialbindung. Äußerungen in dieser Richtung sind bereits der gegenwärtigen gesellschaftlichen und politischen Diskussion um das Eigentum zu entnehmen[152], und auch

[149] s. auch *Rinck*, S. 525, das Gleichheitsprinzip passe sich dem Wandel der Wertstile an, ohne seine eigenständige Relevanz als Postulat „gerechter" Konkretisierung der jeweils als verbindlich empfundenen Wertmaßstäbe einzubüßen.

[150] Vgl. hierzu und zum folgenden oben A III.

[151] *Hesse*, Verfassungsrecht, S. 178; *Leibholz / Rinck*, GG, Art. 14 Anm. 1, mit Hinweisen auf die Rspr. des BVerfG.

das Bundessozialgericht scheint in diesem Sinne zu argumentieren[153]. Doch ist, um eine genauere Prognose zu ermöglichen, die Frage zu stellen, wann denn eine diesbetreffende Änderung soziologischer Normen anzunehmen ist. Vor einer Revolution, einer Umstürzung der Verfassungsordnung des Grundgesetzes, die unter anderem die Eigentumsgarantie eliminiert, kann das Eigentum nicht geschützt werden; ihr wäre es ebenso ausgeliefert wie alle anderen Institutionen der geltenden Grundordnung. Es geht hier lediglich um eine Aussage über die Eigentumsentwicklung innerhalb der Grenzen des Rechtsstaats, nur sie kann zu einem Interpretationsversuch der Entschädigungsrechtsprechung herangezogen werden. Aber soll dann maßgeblich sein, ob die Eigentumsgegner in der Bevölkerung oder im Parlament in der Mehrheit sind; können sie die Interessen der Eigentümer als die einer Randgruppe qualifizieren und ihnen jede Beachtung versagen? Das Eigentum würde somit zu einer variablen Größe, abhängig von den jeweiligen politischen Machtverhältnissen.

Eine Anknüpfung an soziologische Tatbestände gibt den Eigentumsschutz in extremer Weise der Evolution preis[154]. Sie verunmöglicht letztlich jede kritische Analyse, weil die Berufung darauf zulässig wäre, daß jede Einzelentscheidung auf den bei ihrem Erlaß bestehenden allgemeinen Anschauungen beruht habe und Abweichungen durch die Änderung dieser sozialen Auffassungen begründet seien. Bezüglich der Abgrenzung der Enteignung von der Sozialbindung wäre schon deshalb nichts Präzisierbares beizutragen, da das Eigentum selbst und das Ausmaß seiner Beschränkbarkeit nicht fest, sondern ständigem Wandel unterworfen wären.

cc) Grenzen eines evolutionären Eigentumsbegriffs

Doch sind an dieser Stelle Bedenken zu erheben. Sollte der Eigentumsschutz sich allein nach der evolutionären Entwicklung der vorherrschenden Anschauungen in der Gemeinschaft richten, dann wäre seine grundrechtliche Garantierung sinnlos. Sie bringt vielmehr zum Ausdruck, daß das Eigentum — in welcher Ausprägung auch immer — ein prinzipiell „fester Wert" ist, der dem Wandel der sozialen Verhältnisse in gewissem Umfang widersteht[155]. Dem verfassungsmäßigen Bekenntnis zum Privateigentum liegt ein bewahrendes Element zugrunde; es

[152] Etwa das Schlagwort, Eigentum sei Diebstahl.

[153] BSozG, JZ 1958, 20 (21).

[154] Vgl. hierzu insgesamt kritisch *Leisner*, Sozialbindung, S. 46 ff. (insbes. 52, 59).

[155] Richtete sich der Eigentumsbegriff nur nach den Auffassungen der Gesellschaft, wäre eine Grundrechtsgarantie unnötig: der jeweils angemessene Umfang des Eigentums ergäbe sich ohnehin aus seiner Gemeinschaftsbezogenheit.

fixiert eine allgemeine Anschauung, die Richtlinie für die Fortentwicklung soziologischer Normen ist: diese bleiben der einmal getroffenen Grundentscheidung verpflichtet.

Gegenpol zur Evolution ist insofern die *Tradition*[156]. Die Regeln sozialen Verhaltens knüpfen bei ihrer Neubestimmung an das „Bisherige“ an; Bezugspunkt in der organisierten Gesellschaft ist dabei nicht zuletzt die Verfassung, in der die Prinzipien festgehalten sind, die für das künftige Gemeinschaftsleben unverrückbar gelten sollen[157]. Indem die soziologischen Normen sich an diesen auszurichten haben — jedenfalls solange sie keine revolutionäre Entwicklung einleiten —, wohnt auch ihnen der Grundsatz des Bewahrens vorgegebener Werte inne.

Die traditionalistische Auffassung findet sich auch in der Rechtsprechung des BGH. Nicht nur, daß er etwa bei Nutzungsverboten nach den herkömmlichen Nutzungsmöglichkeiten fragt[158], vor allem die hier unter dem Gesichtspunkt des Bestandsschutzes zusammengefaßten Erwägungen[159] zeigen dies deutlich. Danach ist das Eigentum im Sinne des Art. 14 GG nicht bloß seiner Existenz nach — d. h. vor Entziehung oder totaler Aushöhlung — geschützt, gewährt bleiben soll der konkrete Bestand. Deshalb stellen Eingriffe in bisher ausgeübte Nutzungen, Beeinträchtigungen, die die Rentabilität von Gewerbebetrieben gefährden oder zu deren Vernichtung führen, regelmäßig ein entschädigungspflichtiges Sonderopfer dar. Die traditionelle, überkommene Verwertung des Eigentumsrechts wird also gegenüber evolutionärer Entwicklung verteidigt. Die Wahrnehmung solcher Eigentümerbefugnisse entspricht stets den allgemeinen Anschauungen, und eine Änderung soziologischer Normen dahingehend, daß sie diese in Frage stellen, ist nicht anzuerkennen.

Ähnliches gilt für den in diesen Fällen oft zusätzlich angeführten Gedanken des Vertrauensschutzes. Daß der Eigentümer sich auf die ungeschmälerte Aufrechterhaltung seiner Rechtsposition habe verlassen können, ist ein Argument, das retrospektiv ausgerichtet ist. Das schutzwürdige Vertrauen besteht zwar gegenüber zukünftigem Wandel des Eigentumsinhalts, doch ist es bezogen auf die Wahrung der gegebenen historischen Situation des Rechts. Beschränkungen, auf deren Unterbleiben der Betroffene vertrauen durfte, sind daher Enteignung. Das Wesen der Eigentumsobjekte enthält demnach eine von der Tradition geprägte Komponente; insoweit können Pflichtigkeiten, die den bishe-

---

[156] Vgl. auch *Leisner*, S. 58 ff.

[157] Vgl. *Maunz*, Staatsrecht, § 9 IV, V; *Herzog*, Allg. Staatslehre, S. 322; *Hesse*, Verfassungsrecht, S. 14.

[158] BGH, DÖV 1959, 750; MDR 1964, 120 Nr. 11; vgl. im übrigen *Leisner*, S. 58 ff.

[159] s. oben F II 2 a) aa).

rigen Bestand des Eigentums tangieren, nicht durch eine Änderung sozialer Auffassungen und Verhältnisse begründet werden.

Bei der Bestimmung der wesensmäßigen Belastungen des Eigentums und der anhand derer vorzunehmenden Abgrenzung von Enteignung und Sozialbindung ist aber nicht allein die geschichtliche Entwicklung entscheidend. Eine solche Betrachtung müßte zu einer Zementierung des Status quo führen, dem Eigentumsrecht einen statischen Charakter geben. Jede Entwicklung, die aufgrund gewandelter sozialer Bedürfnisse eine Beschränkung bisheriger Eigentümerbefugnisse, „neue Sozialbindungen" zum Inhalt hätte, wäre von vornherein ausgeschlossen. So hat der BGH bereits in der grundlegenden Entscheidung des Großen Zivilsenats hinsichtlich der Ausformung des Eigentumsinhalts auf die *konkrete* Situation abgehoben[160]. Er hat auch die prinzipielle Wandelbarkeit der Pflichtigkeiten anerkannt — etwa durch eine Änderung der zeitgemäßen Anschauungen über die Bebaubarkeit von Grundstücken[161]. Im übrigen wurde zu Beginn dieses Abschnitts[162] festgestellt, daß die Ergebnisse der Rechtsprechung keineswegs in allen Fällen den traditionalistischen Gedanken des Bestandsschutzes verwirklichen; gerade die von ihm aus nicht erklärbaren Urteile gaben Anlaß zu der Suche nach den eigentlichen Beurteilungskriterien. Schließlich gilt der Grundsatz des Vertrauensschutzes nicht mit dem Inhalt, daß man sich uneingeschränkt auf die bisherige Verwertung des Eigentumsrechts verlassen könne; auch hier kommt es auf weitere Umstände an, nur auf welche?

Von einer grundsätzlichen Festigkeit des Eigentums gegenüber aller Evolution[163] kann demnach nicht gesprochen werden. Zwar weist die grundrechtliche Garantie das Eigentum als „festen Wert" aus, doch besagt dies nichts hinsichtlich einer präzisen Grenzziehung zwischen Enteignung und Sozialbindung. Es mag von einem Kernbereich des Eigentums ausgegangen werden können, der unwandelbar allen soziologischen Wandlungen widersteht, in seinem Vorfeld entstehen die eigentlichen Fragestellungen, inwieweit die Interessen des Einzelnen an der Nutzung seines Eigentums gegenüber dem Anspruch der Gemeinschaft Bestand haben. Ein „fester Wert" des Eigentums kann hier nur der Ausgangspunkt sein, seine Reichweite aber ist fraglich.

Die Bestimmung der Grenzen der Sozialbindung ist nicht entweder anhand der Tradition oder rein evolutionär vorzunehmen in dem Sinne, daß das eine das andere ausschlösse. Das Eigentum steht vielmehr im Spannungsfeld beider Begriffe. Auch eine Formel etwa derart

---

[160] BGHZ 6, 270 (288), (Hervorhebung v. Verf.).
[161] BGHZ 48, 193 (196 f.).
[162] s. oben F II 2 a) aa).
[163] So *Leisner*, Sozialbindung, S. 58 ff.

„soviel Tradition wie möglich, soviel Evolution wie nötig“ kann nicht weiterhelfen; sie setzt die Eigentümerinteressen mit der Bewahrung der herkömmlichen Eigentumsnutzung gleich und verkennt, daß sich diese gleichfalls wandeln und „neue“ Nutzungsarten zum Ziele haben können; einer expansiven Eigentumsentwicklung wäre der Weg versperrt.

dd) Die Grenzlinie zwischen Tradition und Evolution

(1) Die historische Entwicklung als Ausgangspunkt

Wie ist nun im Hinblick auf die Rechtsprechung des BGH die Grenze zwischen Tradition und Evolution zu ziehen? Das Bekenntnis des Grundgesetzes zum Privateigentum, der prinzipiell feste Wertbegriff des Eigentums legen es nahe, von der traditionellen Auffassung des Eigentums auszugehen. Dem in ihr verkörperten bewahrenden Element kommt — wie auch von der Judikatur unter dem Gesichtspunkt des Bestandsschutzes anerkannt — vorrangige Bedeutung zu. Die Erhaltung der herkömmlichen Ausformung des Eigentums ist ein jedem Vermögensrecht essentielles Moment, für evolutionäre Tendenzen ist hier zunächst kein Raum. So bejaht der BGH zu Recht bei Eingriffen, die die bisherige Verwertung des Objekts beeinträchtigen, im Regelfall das Vorliegen eines Sonderopfers; entsprechendes gilt etwa bei der Gefährdung der Existenz von Gewerbebetrieben. Der Umfang der zur Tradition zu zählenden Eigentümerbefugnisse ist demnach recht genau zu bestimmen: Dies ist der im Zeitpunkt der staatlichen Inanspruchnahme gegebene Bestand, unter Berücksichtigung aller vorhandenen Verwertungsmöglichkeiten[164].

Doch darf dies nur Ausgangspunkt der Untersuchung sein. Bräche man sie hier ab, dann wäre jeder Eingriff in die so umrissene Rechtsposition Enteignung. Der Eigentumsbegriff umfaßt zwar auch die noch nicht realisierten, erst zukünftigen Nutzungen, die dem Objekt gegenwärtig nur potentiell innewohnen, sie machen aber den Bereich aus, in dem sich Sozialbindung zuerst entfalten kann. Inhalt des Eigentumsrechts ist diesbezüglich noch nicht die betreffende Verwendung selbst, sondern die Aussicht, sie einmal zu verwirklichen. Der BGH unterstellt diese Fälle daher nicht dem Bestandsschutz und lehnt eine Entschädigungspflicht ab, wenn durch die hoheitliche Maßnahme lediglich die tatsächliche Chance einer Eigentumsnutzung vereitelt wird[165]; spekulative Erwartungen des Einzelnen sind gegenüber öffentlichen Interessen nicht schutzwürdig, und der Staat braucht für deren Behinderung nicht zu zahlen. Insofern ist die Zulässigkeit einer Evolution durch

---

[164] Der BGH betont, daß es nicht unbedingt darauf ankommt, ob die betreffende Nutzungsart bereits verwirklicht ist: BGHZ 60, 126 (133) u. 145 (147).
[165] BGHZ 45, 83 u. 150; 48, 58 (61).

Wandlung soziologischer Normen anzuerkennen. Dies muß hingegen eingeschränkt werden, soweit es sich um näher konkretisierte Positionen handelt. Werden Befugnisse, die zum festen Bestand des jeweiligen Eigentumsrechts gehören, oder gar dessen Existenz tangiert, dann sind um so strengere Voraussetzungen hinsichtlich ihrer Beeinflußbarkeit durch Änderung gesellschaftlicher Anschauungen und sozialer Verhältnisse zu stellen. Daß es keinen absoluten Schutz gibt, verdeutlicht die Rechtsprechung, die selbst durch die Vernichtung von Gewerbebetrieben verschiedentlich kein Sonderopfer als begründet ansah[166]. Nicht nur dort, wo der Gedanke der Bestandswahrung quasi nur am Rande angesprochen war, sondern auch in Fällen, in denen sein elementarer Gehalt berührt war, sind demnach entschädigungslose Eingriffe in von der Tradition her gegebene Rechtspositionen zulässig.

Die Begründung, die dem Einzelnen meist gegeben wird, basiert auf Erwägungen des Vertrauensschutzes[167]: er erbringe kein Sonderopfer, weil er mit der betreffenden hoheitlichen Maßnahme habe rechnen müssen. Die Eignung dieses Gesichtspunktes als ein aus sich selbst heraus präzisierbares Abgrenzungskritierium wurde bereits verneint, doch vielleicht vermag er im Rahmen der hier anzustellenden Erörterungen zur Klärung des Verhältnisses von Tradition und Evolution im Entschädigungsrecht beizutragen. Die Erwägung, ob der Eigentümer mit der Beschränkung habe rechnen müssen, zielt darauf ab, die Entscheidung davon abhängig zu machen, ob sich die evolutionäre Beeinträchtigung des Eigentumsrechts bereits „angekündigt" hat. Dies scheint wiederum zu dem Merkmal der Vorhersehbarkeit zu führen, das ebenfalls bereits kritisch gewürdigt worden ist[168]. Jenes soll hier aber nicht isoliert auf die künftige Entwicklung der Eigentumsbindung bezogen werden. Es kann nicht entscheidend sein, daß eine Wandlung der sozialen Anschauungen und damit der als deren Folge ergehende Eingriff in das Eigentum „irgendwann" vorherzusehen waren. Es bedürfte dann nur einer Vorankündigung der jeweils beabsichtigten hoheitlichen Maßnahmen, und diese wären als Sozialbindung zu beurteilen. Die Vorhersehbarkeit darf hingegen nicht rein evolutionär gedeutet werden, sondern hat die traditionelle Ausformung des Eigentums zu beachten. Sie kann nur dann Relevanz erlangen, wenn die betroffene herkömmliche Eigentumsbefugnis bereits mit der Möglichkeit der Einschränkung entstanden ist. Die Argumentation des BGH betreffend die dem Wesen des Eigentums vorgegebenen Pflichtigkeiten ist somit dahin zu konkretisieren, daß diese nur anzuerkennen sind, sofern der Verwertung des Rechts eine potentielle Belastung von vornherein erkenn-

---

[166] Vgl. BGHZ 40, 355; 48, 58; LM, GG Art. 14 Nr. 44 (A).

[167] Vgl. die Nachw. oben B III 3 b) dd) (1) (Fn. 103 - 108).

[168] s. oben F II 2 a) aa).

bar anhaftet. Der Grundsatz der Bestandswahrung läßt die Einwirkung evolutionärer Tendenzen auf Rechtspositionen, die solche nicht von Anfang an in sich tragen, nicht zu. In den Eigentumsbegriff kann demnach eine sozial bindende Evolution ausschließlich unter der Voraussetzung eindringen, daß die Beschränkbarkeit der Ausübung einer Rechtsbefugnis schon in deren Anfängen vorauszusehen ist.

(2) Die Priorität als entscheidendes Kriterium

Das hieraus abzuleitende Kriterium ist die *Priorität*. Wenn der staatliche Eingriff für den Einzelnen vorhersehbar ist, der Bürger mit ihm rechnen muß und deshalb keinen Vertrauensschutz genießt, dann liegt der Grund dafür in dem Umstand, daß die Absicht des hoheitlichen Vorgehens erkennbar war, *bevor* der Eigentümer sich zu der betreffenden Verwendung seines Rechts entschlossen hat. Der Gegensatz zwischen privaten und öffentlichen Interessen, in deren Spannungsfeld das Eigentum steht, ist somit danach aufzulösen, wer „als erster", das Gemeinwesen oder der Bürger, mit der Verwirklichung seiner das Eigentum betreffenden Ziele beginnt.

Zur Geltung des Prioritätsgrundsatzes im Entschädigungsrecht ist bisher kaum Stellung genommen worden. Nur vereinzelt wird seine Anwendbarkeit erwogen[169], und zwar meist im Zusammenhang mit dem Problem des polizeirechtlichen Störers, zu dessen Bestimmung in den Ausnahmefällen des Zusammentreffens zweier Anlagen gleicher Polizeigemäßheit auch auf das Prioritätsprinzip zurückgegriffen werden soll[170]. Der BGH hat dies in einer Entscheidung abgelehnt[171] und für die noch nicht begonnene Kiesausbeute Entschädigung gewährt, obwohl das Wasserwerk, zu dessen Schutz das Verbot der Auskiesung ergangen war, schon seit langem bestand. Ob hier nicht doch Prioritätserwägungen maßgebend gewesen sind und inwieweit sie in der übrigen Judikatur nachzuweisen sind, kann nur erörtert werden, wenn deren Inhalt näher umschrieben wird.

Ausschlaggebender Zeitpunkt, für den die Prioritätsfrage zu stellen ist, ist derjenige, zu welchem entweder der Staat oder der Bürger ausreichende Anstalten zur Beschränkung oder Ausübung der jeweiligen Eigentumsbefugnis getroffen hat. Wer dieses Ziel als erster erreicht hat, zu dessen Gunsten findet der Prioritätsgrundsatz Anwendung.

---

169 Vgl. etwa die Erwägungen in BayVGH, BayVBl. 1964, 160; ferner *Hammer*, ZfW 1964, 191; sowie *Salzwedel*, ZfW 1973, 131.

170 *Hammer*, ebd.; *ders.*, DÖV 1967, 337 (338). Ähnlich nunmehr auch BGH, NJW 1974, 275 (277 li. Sp.), wo die Störereigenschaft des Klägers verneint wird, weil die Polizeigefahr nicht in erster Linie durch seinen Betrieb, sondern durch außerhalb der Anlage entstandene, erst hinzutretende Umstände verursacht worden sei.

171 BGHZ 60, 126; dazu kritisch *Salzwedel*, ZfW 1973, 131.

Zunächst soll davon ausgegangen werden, daß es sich um vom Eigentümer hinreichend realisierte Nutzungs- und Verwertungsarten handelt, die durch hoheitliche Maßnahme tangiert werden. Abzuheben ist darauf, ob ein Wille der öffentlichen Gewalt, der der Ausübung der betreffenden Eigentümerbefugnis entgegenstand, erkennbar war, als der Einzelne seine Anlage in Betrieb setzte, seine Geschäftstätigkeit aufnahm oder mit der jeweiligen Nutzung des Eigentums begann. Eine Priorität der staatlichen Interessen ist dann insbesondere gegeben, wenn die in Angriff genommene Eigentumsverwendung rechtlich unzulässig war; rechtswidrige Positionen genießen keinen enteignungsrechtlichen Schutz[172]. Ferner kommen hier die Fälle in Betracht, in denen die Eigentumsnutzung nicht verboten ist, aber gesetzlich Maßnahmen vorgesehen sind, die eine Fortführung der Benutzung oder des Gewerbebetriebes verhindern. Unter diesem Gesichtspunkt sind die ein Sonderopfer verneinenden Urteile betreffend die Einführung eines Anschluß- und Benutzungszwangs hinsichtlich öffentlicher Einrichtungen zu erklären; jener stellt als solcher etwa bezüglich der Wasserversorgung, Abwasser- oder Müllbeseitigung wegen der Interessen der Volksgesundheit, die sich aus den Notwendigkeiten für ein ungefährdetes Zusammenleben von Menschen ergeben, keinen enteignenden Eingriff dar[173]. Die Möglichkeit des Tätigwerdens der Allgemeinheit auf diesem Gebiet ist demnach auch für den Unternehmer erkennbar, der diese Aufgabe auf privatwirtschaftlicher Grundlage wahrnimmt, zumal die Vorschriften der Gemeindeordnungen zum Erlaß entsprechender kommunaler Satzungen ermächtigen[174]. Der Private, der seinen Betrieb nach Erlaß einer öffentlichen Benutzungsordnung einschränken oder gar schließen muß, erbringt daher gemäß dem Prioritätsgrundsatz kein Sonderopfer[175]. Umgekehrt soll auch die Schließung einer öffentlichen Einrichtung zu keinem Entschädigungsanspruch führen, selbst wenn durch sie die Einstellung des Gewerbebetriebes des Bürgers bedingt ist[176]. Dies wird damit begründet, daß solche Maßnahmen zwar nicht durch Gesetz angekündigt seien, sondern ihrerseits häufig in Form der Rechtsnorm ergingen, der Einzelne aber damit — etwa auch dem ermessensfehlerfreien Widerruf einer Benutzungssatzung — zu rechnen habe.

Dadurch ist bereits das Problem angesprochen, inwieweit eine Absicht der Wahrnehmung hoheitlicher Aufgaben zu berücksichtigen ist,

[172] BGH, LM, GG Art. 14 Nr. 56; Nr. 30 (Bb); das Erfordernis der Rechtmäßigkeit betont auch BGH, DÖV 1959, 750.

[173] BGHZ 40, 355; 54, 293. Insofern handelt es sich um zulässige allgemeine Inpflichtnahmen, vgl. oben D I 3 c) dd).

[174] z. B. § 19 nwGO.

[175] BGHZ 40, 355; LM, GG Art. 14 Nr. 42 (A).

[176] BGH, LM, GG Art. 14 Nr. 44 (A).

die noch nicht gesetzlich fixiert ist. Einerseits scheint hier eine Schwäche des Eigentums gegenüber dem Gesetz gegeben zu sein. Da der BGH betont, auf den Fortbestand einer günstigen Gesetzeslage sei im Regelfall kein Vertrauen zu gründen[177], könnte bezüglich legislatorischer Maßnahmen eine „allgemeine Priorität" bestehen. Doch ist der Eigentumsinhalt gerade nicht anhand des jeweiligen Gesetzgebungszustandes zu beschreiben[178], denn der Gesetzgeber kann anerkanntermaßen nicht unbegrenzt entschädigungslos die Eigentumsbefugnisse einschränken[179]. Darüber hinaus ist zu bemerken, daß sich die Abgrenzung von Enteignung und Sozialbindung bei allgemeinen gesetzlichen Eingriffen nach anderen Regeln richtet[180] als hinsichtlich einzelner Beeinträchtigungen; nur für letztere wird hier der Grundsatz der Priorität erörtert. Daher geht es vorliegend nicht um den allgemeinen Regelungsinhalt der Rechtsnormen, sondern um durch diesen tatsächlicherweise behinderte wirtschaftliche Betätigung im Einzelfall. Soweit eine solche auf der bloßen Wahrnehmung einer durch günstige Gesetzeslage eröffneten Chance beruht, zählt der BGH sie nicht zu dem schutzwürdigen Bestand des Eigentums, auch wenn ein Gewerbebetrieb in seiner Gesamtheit und Existenz betroffen ist[181]. Der Eigentümer hat keine sichere Position, weil er stets mit der tatsächlichen Beeinträchtigung seiner Nutzung rechnen muß, die Beschränkbarkeit durch diesbezügliche hoheitliche Maßnahmen ist seinem Recht von vornherein vorgegeben.

Feste Konturen läßt der Anwendungsbereich dieser Erwägung jedoch nicht erkennen. Das Problem scheint auch weniger unter dem Gesichtspunkt des Sonderopfers lösbar als vielmehr innerhalb der entschädigungsrechtlichen Anspruchsvoraussetzungen dem Eingriffsmerkmal zuzuordnen zu sein. Die Abweisung des Entschädigungsbegehrens, wenn die bisherige Ausnutzung tatsächlicher Verhältnisse behindert wird, hat ihren Grund nicht eigentlich darin, daß insofern staatliche Interessen quasi stillschweigende Priorität gegenüber dem Privateigentum besitzen, sondern beruht darauf, daß hoheitliche Maßnahmen, die die tatsächlichen Gegebenheiten verändern — sei es der Erlaß von Gesetzesvorschriften oder schlicht-hoheitliches Handeln wie etwa der Bau einer Umgehungsstraße — und so der bisherigen Nutzung des Eigentumsobjekts die tatsächliche Grundlage entziehen, nicht *unmittelbar* in das Recht des Betroffenen eingreifen[182].

---

[177] BGH, NJW 1966, 877; 1968, 293.

[178] Vgl. *Leisner*, Sozialbindung, S. 61.

[179] s. oben B I.

[180] Vgl. oben D I 1.

[181] So sind auch BGHZ 48, 58 und 55, 261 zu erklären.

[182] So ausdrücklich BGHZ 48, 58 (64); NJW 1968, 293; zu diesem Merkmal ferner BGHZ 30, 241; 37, 44; 48, 46 (49).

Im Rahmen der Prioritätsprüfung erlangen demzufolge nur die sich der jeweiligen Verwendungsweise des Eigentums unmittelbar entgegenstellenden Äußerungen des Allgemeininteresses Relevanz. Lediglich mittelbare Beeinträchtigungen der Eigentumsnutzung bleiben dagegen außer Betracht, da sie ohnehin jederzeit entschädigungslos möglich sind. Entscheidend ist somit, ob bei Beginn der Verwirklichung einer Nutzungsform diese bereits unzulässig war oder der Eigentümer voraussehen konnte, daß sie durch Hoheitsakt für unzulässig erklärt werden würde.

Der erste schon angesprochene Fall des von vornherein bestehenden gesetzlichen Verbots ist eindeutig. Im zweiten ist dagegen fraglich, welche Voraussetzungen hinsichtlich der Ankündigung des staatlichen Vorgehens zu fordern sind. Der Eigentümer ist zweifellos nicht schutzwürdig, wenn er sich in der sicheren Erwartung des hoheitlichen Eingriffs zu der Realisierung der Nutzung entschließt und diese ins Werk setzt. Dies wird etwa dann gegeben sein, wenn bereits konkrete Pläne des Natur-, Landschafts- oder Gewässerschutzes vorliegen und nur noch des Erlasses bedürfen, um dann die betreffende Verwertung des Eigentums auszuschließen. Darüber hinaus ist die Priorität der öffentlichen Interessen auch anzuerkennen, falls zwar nicht feststeht, daß eine Inanspruchnahme des Eigentümers erfolgen wird, diese aber möglich erscheint. Inhalt und Umfang der zukünftigen staatlichen Maßnahme brauchen noch nicht abschließend bestimmt zu sein, es ist ausreichend, daß die Vorbereitung der Planungen so weit gediehen ist, daß ihre Zielsetzung erkennbar ist. In diesen Fällen muß der Eigentümer ebenfalls damit rechnen, zum Kreis der Betroffenen zu gehören, und er kann seine Eigentumsnutzung nur unter diesem Risiko verwirklichen. Vor unsachgemäßem Vorgehen etwa von Planungsträgern ist er aber nach wie vor durch das Institut des enteignungsgleichen Eingriffs geschützt[183].

Die Erkennbarkeit der Absicht hoheitlichen Einschreitens kann sich bereits aus der öffentlichen Diskussion ergeben, aus Verlautbarungen amtlicher Stellen und vor allem aus dem Umstand, daß vorläufige Pläne der Öffentlichkeit zugänglich gemacht sind, sofern die Inanspruchnahme nicht nur als vage oder in entfernter Zukunft liegende Möglichkeit erscheint. Dabei kommt es auf eine positive Kenntnis des jeweiligen Eigentümers nicht an, diese schadet ihm jedoch immer. Im übrigen ist hier ein objektivierter Maßstab anzulegen, wie ihn der BGH allgemein zur Bestimmung der Pflichtigkeiten heranzieht[184]. Es ist

---

[183] s. hierzu oben C I 2 b) und F I.

[184] Ausdrücklich BGHZ 31, 49 (57); 54, 293 (299). Nichts anderes bedeutet allgemein die ständige Verweisung auf den „vernünftigen und einsichtigen Eigentümer" oder darauf, „was normalerweise ... in Kauf genommen wird" (BGHZ 37, 44 [49]).

unerheblich, ob der Einzelne den bevorstehenden staatlichen Eingriff vorhergesehen hat; die Entscheidung ist danach zu treffen, inwieweit die diesbetreffende Absicht des Hoheitsträgers bei verständiger Würdigung erkennbar geworden ist. Dem Eigentümer ist die Berufung auf seine Unkenntnis zu verwehren, wenn ihm die Möglichkeit einer entsprechenden Information nachgewiesen werden kann.

Zweifelhaft ist, ob die Ankündigung einer staatlichen Aktivität schon rein tatsächlichen Gegebenheiten entnommen werden kann. Die Rechtsprechung hat verschiedentlich ausgeführt, eine Beschränkung der Eigentümerbefugnisse ergebe sich bereits aus der „Situation" des Eigentumsobjekts, seiner örtlichen Lage und den Beziehungen zur Umwelt[185]. Der Gesichtspunkt der Situationsbezogenheit begründete demnach eine naturgegebene Priorität zugunsten gewisser Interessen der Allgemeinheit[186]. Er gelangt in der Judikatur des BGH jedoch nur mit Vorbehalten zur Anwendung; so wird mittels der Situationsgebundenheit regelmäßig ein Sonderopfer bezüglich der Beeinträchtigung noch nicht realisierter Nutzungen verneint[187], die situationsgemäße Einschränkung des Eigentums soll bereits ausgeübte Verwertungsarten hingegen nicht erfassen[188]. Die Situationsgebundenheit macht daher keine Aussage bezüglich der Priorität staatlicher Interessen, sondern betrifft die zweite noch zu erörternde Frage, wieweit der Bürger die Ausnutzung seines Eigentumsrechts vorangetrieben haben muß, um sich seinerseits im Rahmen des Grundsatzes der Bestandswahrung auf die Priorität gegenüber dem Staat berufen zu können. Die Absicht eines hoheitlichen Einschreitens läßt sich nicht aus der Situation des Objekts herleiten, sondern bedarf einer deutlichen Manifestierung.

Dies gilt jedoch nicht uneingeschränkt. Nicht jede Beeinträchtigung von Eigentumsrechten braucht von vornherein angekündigt zu sein. In begrenztem Umfang ist eine Evolution stets möglich — und zwar durch Eingriffe, die den Bestandskern des Eigentums nicht berühren und lediglich Randkorrekturen vornehmen. Entscheidendes Merkmal ist hier — auch nach der Rechtsprechung des BGH[189] — die Tragweite der Belastung. Maßnahmen von geringfügiger Schwere, die die Eigentumsnutzung unwesentlich tangieren und sie nicht prinzipiell unterbinden, sind immer als Sozialbindung zulässig. Der Grundsatz des

---

185 BGHZ 23, 30; NJW 1958, 380; LM, GG Art. 14 Nr. 25 (Ce). Beispielhaft auch OLG Bamberg, OLGZ 1970, 19.

186 Mit dieser Konsequenz bezüglich des Gewässerschutzes OLG Bamberg, U. v. 20. 3. 1970 — 3 U 129/69 —, nicht veröffentlicht.

187 Ebd.; abweichend aber BGHZ 60, 126 u. 145.

188 Ebd.; ferner BGHZ 57, 178; DÖV 1959, 750.

189 Vgl. *Kreft*, Das Recht der Wasserwirtschaft, Heft 17, 1971, S. 35 (47); im übrigen oben D I 3 c) bb), wo das Schwereelement als Grenze für den Umfang der Pflichtigkeiten festgestellt worden ist.

Bestandsschutzes verlangt nur, daß die realisierten Verwertungsarten überhaupt bewahrt bleiben; zu seiner Durchbrechung ist erforderlich, daß das entgegenstehende Staatsinteresse dem des Eigentümers bei seiner Verwirklichung vorgegeben ist. Der Hoheitsträger darf im übrigen Beschränkungen vornehmen, soweit sie den eigentlichen Bestand — z. B. die Ausübung bestimmter Grundstücksnutzungen — nicht treffen.

Wie sich bereits bei dem Versuch der Konkretisierung des Inhalts der Pflichtigkeiten abzeichnete[190], kommt demnach dem Schwereelement erhebliche Bedeutung bei der Abgrenzung von Enteignung und Sozialbindung zu. Wenn seine absolute Geltung verneint werden mußte, so ist dies nunmehr aus der Inbeziehungsetzung des Merkmals der Tragweite zu den Prioritätserwägungen zu erklären: Der hoheitliche Eingriff in den Bestand des Eigentums ist als Sozialbindung gerechtfertigt, falls das diesbetreffende öffentliche Interesse der einzelnen Eigentumsbefugnis praeexistent ist und dieser daher a priori anhaftet.

Damit sind die Voraussetzungen aufgezeigt, die bei der Prioritätsprüfung für die Relevanz evolutionärer staatlicher Interessen zu fordern sind. Es sei nochmals darauf hingewiesen, daß dabei die allgemeinen Postulate für die Rechtmäßigkeit aller Eingriffe in das Privateigentum, insbesondere die Grundsätze der Notwendigkeit und Verhältnismäßigkeit zu beachten sind. Ein Verstoß hiergegen ist nach den Regeln des enteignungsgleichen Eingriffs auszugleichen.

Der Erörterung bedarf nun, welche Rechtspositionen des Eigentümers im Rahmen der Prioritätsuntersuchung erheblich werden. Unter welchen Voraussetzungen liegt ein zu bewahrender Bestand vor, der an der grundsätzlichen Festigkeit des Eigentumsbegriffs teilhat, wann ist der Bürger „eher da“ als der Staat?

Dies wird allgemein zunächst dann angenommen, wenn die in Frage stehende Verwendung des Eigentums bereits tatsächlich stattfindet[191], also der Eigentümer die Grundstücksnutzung realiter ausübt, die Geschäfte des Gewerbebetriebes aufgenommen hat. Fraglich ist dagegen, inwieweit noch nicht verwirklichte Eigentumsnutzungen vor künftigem staatlichen Zugriff geschützt sind. Eine klare Linie lassen die Stellungnahmen der Rechtsprechung des BGH hierzu nicht erkennen. Einerseits wird — insbesondere unter dem Gesichtspunkt der Situationsgebundenheit — ausgeführt, ein hinreichender Eigentumsbestand sei bezüglich noch nicht realisierter Nutzungsarten nicht anzuerkennen; diese könnten jederzeit eingeschränkt und untersagt werden, dem Eigentümer werde insofern eigentlich gar nichts genommen, weil seine Be-

[190] Vgl. oben D I 3 c) bb) und F II 2 a) bb).

[191] BGHZ 57, 178; 60, 126 u. 145; NJW 1958, 380; DÖV 1959, 750; auch BVerwG, MDR 1969, 332; OLG Bamberg, OLGZ 1970, 19.

fugnis gar nicht so weit reiche[192]. Zum anderen wird aber auch die Unterscheidung zwischen bereits gezogener und erst zukünftiger Nutzung für unerheblich gehalten und schon die Möglichkeit einer zulässigen Verwertung als dem enteignungsrechtlichen Schutz unterliegend erachtet[193].

Gleichwohl kann und soll dies nicht für jede denkbare Nutzbarkeit des Eigentums gelten[194]. Einer solchen Ausuferung sucht der BGH mit verschiedenen Erwägungen vorzubeugen. Grenzkriterien sollen die Natur der Sache, das wirtschaftlich Vernünftige und Naheliegende oder der Umstand sein, daß die Nutzungsmöglichkeit sich in dem Wert des Objekts niedergeschlagen hat[195]. Vernunft und Billigkeit und die Natur der Sache wurden jedoch bereits kritisch beleuchtet und als gefährliche, weil gegenüber subjektiven Wertungen und staatskonformen Vorstellungen in weitem Umfang offene Merkmale gekennzeichnet[196]. Ferner ist die Berufung auf den „vernünftigen und einsichtigen Eigentümer" von ausgesprochener Ambiguität: Denn einmal werden die Nutzungen, die „er" unterlassen hätte, als vom Eigentumsschutz gerade nicht erfaßt angesehen[197], andererseits hält der BGH die Zubilligung einer Entschädigung hinsichtlich solcher Verwertungsarten für nicht ausgeschlossen[198]. Darauf abzustellen, ob die zukünftige Nutzung schon wertbestimmend für das Eigentum ist[199], läßt schließlich spekulativen Tendenzen nur zu großen Raum[200].

Die Lösung muß in der Mitte zwischen den beiden Extremen liegen, daß noch nicht realisierte Benutzungen nie oder immer schutzwürdig und dementsprechend bei der Prioritätsprüfung relevant sind. Dabei ist zu beachten, daß für die Erheblichkeit der Absicht staatlicher Aktivität gefordert wurde, daß diese eine hinreichende Konkretisierung erfahren habe. Dieser Maßstab ist auch hinsichtlich der Beurteilung der Eigentumsbefugnisse anzulegen. Keine Bedeutung kann demnach vagen Zukunftshoffnungen oder Spekulationserwartungen zukommen[201], da es insofern an einem konkreten Eigentumswert und -bestand fehlt.

---

[192] BGHZ 23, 30 (33); LM, GG Art. 14 Nr. 70; NJW 1958, 380.

[193] BGHZ 30, 338 (343); 60, 126 (133) u. 145 (147); WM 1973, 153; NJW 1974, 275.

[194] Dies zeigt deutlich die in casu einschränkende Entscheidung BGHZ 60, 145 (150).

[195] Ebd.

[196] Vgl. oben F II 2 b) aa).

[197] Grundlegend BGHZ 23, 30 (35).

[198] BGHZ 60, 126 (138).

[199] Namentlich BGH, WM 1973, 153.

[200] Dies will der BGH, soweit er das Wertkriterium heranzieht, gerade ausgeschlossen wissen (vgl. BGHZ 28, 160; 31, 241; 39, 198; BRS 19, 216), doch dürfte dies hier kaum gelingen, da zukünftige Nutzung letztlich immer spekulativ ist.

[201] So auch BGHZ 30, 281 (287).

Ein solcher ist erst dann anzuerkennen, wenn der Eigentümer seine Absicht, die Nutzungen zu steigern oder das Objekt auf andere Art als bisher zu nutzen, manifestiert hat. Verschiedentlich ist geäußert worden, der Einzelne müsse bezüglich der künftigen Verwertung seines Eigentums eine subjektive Zweckbestimmung getroffen und mit deren Realisierung begonnen haben[202]. Auch der BGH[203] spricht diesen Gedanken an, indem er im Rahmen der Bemessung der Enteignungsentschädigung die Vorkehrungen des Betroffenen für eine bessere Verwendung des Objekts für beachtlich erklärt. An diesem Grundsatz hat er jedoch nicht stets festgehalten und die engen Voraussetzungen teilweise erweitert[204] oder die Lehre von der subjektiven Zweckbestimmung überhaupt abgelehnt[205]. Erst in einem Urteil vom 25. 1. 1973[206] kehrt diese Erwägung wieder; zu berücksichtigen sei, wenn der Entschädigungsberechtigte Maßnahmen getroffen habe, um die Nutzungen zu erweitern, und nachgewiesen sei, daß die Maßnahmen die Nutzungen nachträglich gesteigert hätten. Die Rechtsprechung ist in dieser Hinsicht also noch nicht gefestigt, und sie gewährt nach wie vor in Einzelfällen eine Entschädigung, ohne daß die genannten Voraussetzungen gegeben sind[207].

Dennoch scheint der hier aufgezeigte Weg die einzige Möglichkeit zu sein, das Erfordernis eines konkreten Wertes näher zu bestimmen. Es entspricht nicht nur dem allgemeinen Grundsatz des Vertrauensschutzes, daß der Betroffene, um sich auf diesen berufen zu können, „etwas ins Werk gesetzt" haben muß[208]; darüber hinaus würde sonst eine präzise Aussage hinsichtlich der zu erwartenden Ergebnisse unmöglich. Sie wäre mangels eines festen Orientierungsmaßstabes in gleicher Weise spekulativ, wie das Einfließen spekulativer Elemente in den Eigentumsbegriff nicht zu verhindern wäre. Demnach hat der Eigentümer seine Absicht, noch nicht verwirklichte, zukünftige Nutzungsarten zu betreiben, zu konkretisieren, wenn das Prioritätsprinzip zu seinen Gunsten Anwendung finden soll. Er muß eine diesbezügliche Zweckbestimmung und als deren Ausdruck Anstalten getroffen haben, die erkennen lassen, daß er unmittelbar zur Realisierung einer höherwertigen Benutzung ansetzt. Dabei wird insbesondere zu berücksichti-

---

[202] BayVGH, BayVBl. 1964, 160; *Hammer*, ZfW 1964, 191; *Salzwedel*, ZfK 1968, Nr. 4, S. 8.

[203] Ebd.

[204] BGHZ 39, 198 (202 ff.); vgl. dazu auch BayObLG, NJW 1970, 864.

[205] BGH, WM 1973, 153 (154).

[206] BGHZ 60, 126 (132).

[207] Auch in BGHZ 60, 126 waren sie wohl nicht eigentlich ausschlaggebend; der Kläger hatte ohnehin nicht die Absicht, das Kiesvorkommen auf seinem Grundstück auszubeuten, was ihm nun untersagt worden war; ein benachbartes Beton- und Kieswerk hatte ihm nur ein Angebot unterbreitet, die Auskiesung zu übernehmen.

[208] Vgl. insofern schon oben F II 2 a) aa).

gen sein, ob er bereits eigene Investitionen getätigt hat oder in konkrete Vertragsverhandlungen eben im Hinblick auf die in Frage stehende Eigentumsverwertung getreten ist[209].

Somit sind die Voraussetzungen für die Relevanz eigentumsbezogenen Verhaltens durch den Staat und seitens des Bürgers aufgezeigt. Diese Prioritätserwägungen sind meist in der Rückschau anzustellen. Denn die Entschädigungsfrage erhebt sich regelmäßig erst bei Vorliegen einer verbindlichen hoheitlichen Maßnahme, aufgrund derer — etwa eines Nutzungsverbots — der Eigentümer ersatzpflichtige Nachteile zu erleiden meint. Doch ist dieser Zeitpunkt nicht der für die Prioritätsprüfung ausschlaggebende. Er ist es jedenfalls nur dann, wenn aufseiten des Eigentümers ohnehin noch kein schützenswerter Bestand gegeben ist. In den übrigen Fällen ist aber anhand der genannten Kriterien zu untersuchen, ob die Interessen der Gemeinschaft oder des Einzelnen eher hinreichende Konkretisierung erfahren haben. Wer dies als erster erreicht hat, kann sich auf den Prioritätsgrundsatz berufen; der andere kommt dann „zu spät". Ist dies der Staat, so muß er den Bürger entschädigen, ist es der Eigentümer, dann geht er leer aus, auch wenn er später noch erhebliche Investitionen vorgenommen und etwa bis zum endgültigen hoheitlichen Einschreiten die geplante Nutzung realisiert hat; zu seinen Gunsten kann in Einzelfällen allerdings das Verhältnismäßigkeitsprinzip eingreifen, bei dessen Verletzung die Rechtsprechung Entschädigung wegen enteignungsgleichen Eingriffs für die Erbringung unverhältnismäßig harter Opfer gewährt[210]. Nach diesem hier dem Prioritätsprinzip gegebenen Inhalt ist auch ein „Wettlauf"[211] zwischen Staat und Bürger weitgehend ausgeschlossen, weil der maßgebliche Zeitpunkt so weit vorverlagert ist, daß gesteigerte Anstrengungen des Eigentümers zur Konkretisierung seiner Nutzungsabsichten angesichts bereits manifestierten öffentlichen Interesses bedeutungslos werden.

---

[209] Unter dem letztgenannten Gesichtspunkt ist eventuell — die mitgeteilten Tatsachen lassen eine abschließende Beurteilung insofern nicht zu — BGHZ 60, 126 zu rechtfertigen.

[210] Vgl. oben D I 2 b).

[211] Wie ihn *Salzwedel*, ZfW 1973, 131 ff., befürchtet.

Zusammenfassung

Als der entschädigungsrechtlichen Rechtsprechung zugrunde liegend ist die Fragestellung bestimmt worden, ob die jeweilige Beeinträchtigung mit dem Wesen des betroffenen Objekts vereinbar ist. Wenn als Maßstab zur Beurteilung des Inhalts der dieses prägenden Pflichtigkeiten der Prioritätsgedanke gelten soll, so ist zu beachten, daß dies nur eine Aussage hinsichtlich individueller Beschränkungen ist. Denn schon die methodische Frage ist nicht für alle Eingriffe gleich, sondern näher zu unterteilen: Am Anfang steht der Gesichtspunkt der „negativen Pflichtigkeit", die Rechtswidrigkeitsprüfung, da jede unrechtmäßige Beeinträchtigung ein Sonderopfer begründet. Des weiteren ist dann zu untersuchen, inwieweit es sich um allgemeine und das Wesen der Rechte prägende Inpflichtnahmen handelt oder aber um zwar singuläre Schädigungen, die jedoch auf eine „allgemeine Pflichtigkeit" zurückzuführen sind. Ferner läßt sich der sozialbindende Charakter gewisser Beschränkungen — insbesondere durch die Normen des Polizeirechts — unter Hinweis auf die immanenten Grundrechtsschranken rechtfertigen, die durch die methodische Frage nach dem Eigentum innewohnenden Pflichtigkeiten angesprochen sind. Hinsichtlich sonstiger Eingriffe in einzelne Vermögensrechte gelangt schließlich der Prioritätsgrundsatz zur Anwendung. Er liefert den Rahmen, in den die verschiedenen von der Rechtsprechung genannten Kriterien wie Bestandswahrung, Vertrauensschutz, Vorhersehbarkeit und Schwere einzuordnen sind und innerhalb dessen sie den ihnen zukommenden Stellenwert erhalten; er löst zudem die Spannungslage zwischen Tradition und Evolution auf, in der das Eigentum als notwendig auch gemeinschaftsbezogenes Recht steht.

Schlußwort

In der vorliegenden Untersuchung ist der Sonderopferbegriff in der Rechtsprechung des Bundesgerichtshofs unter verschiedenen Aspekten überprüft worden. Dies gilt zum einen für die methodische Seite des Sonderopfermerkmals, der besondere Aufmerksamkeit gewidmet wurde. Denn zunächst war die Art der Fragestellung durch die Judikatur zu erörtern, bevor auf den Inhalt der Antworten auf die Frage nach dem Sonderopfer eingegangen werden konnte.

Als methodisch grundlegend und die gesamte Rechtsprechung durchziehend ist die Frage festgestellt worden, inwieweit die jeweilige Beeinträchtigung des Eigentumsrechts mit seinem Wesen vereinbar ist. Diese Methodik hat deutlichsten Ausdruck in der oft kritisierten Pflichtigkeitstheorie des BGH gefunden; nach dieser sind Belastungen des Eigentums keine Enteignung, sondern entschädigungslose Sozialbindung, wenn sie ihm vorgegeben sind, ihm seiner Natur nach von vornherein anhaften. Die Pflichtigkeiten erscheinen somit als das Wesen der Eigentumsrechte prägende Elemente. Diese methodische Grundlage ist auch für die Entscheidungen nachgewiesen worden, in denen der BGH die Pflichtigkeitslehre nicht ausdrücklich anwendet, und gleichfalls für die Fälle des Aufopferungsrechts.

Wenn der BGH beruhend auf dem Grundsatzbeschluß in BGHZ 6, 270 die Enteignung als Verstoß gegen den Gleichheitssatz kennzeichnet, so ist dieser daher in dem genannten Sinne zu verstehen: „Gleich" trifft die dem Eigentum wesensgemäße Beschränkung, „ungleich" die aus seinem Wesen nicht zu rechtfertigende Maßnahme.

Ausschlaggebend ist danach der Inhalt der betroffenen Rechtsposition und der des Eingriffs. Bereits aus der methodischen Grundlegung des Sonderopferbegriffs folgt deshalb, daß dieser kein formeller mehr ist — etwa im Sinne der Einzelakttheorie. Die Abgrenzung von Enteignung und Sozialbindung in der Rechtsprechung des BGH ist vielmehr eine prinzipiell materielle. Insofern beeinflußt die Methodik bereits den Inhalt des Sonderopferbegriffs; dieser ist Ausformung eines materiellen Gleichheitsverständnisses.

Hieraus ergeben sich weitere inhaltliche Aussagen: Die vom BGH beim enteignungsgleichen Eingriff angewandte Formel „Rechtswidrigkeit gleich Sonderopfer" basiert unmittelbar auf der wesensbezogenen

Pflichtigkeitsprüfung. Im übrigen wurde festgestellt, daß die Rechtswidrigkeitsargumentation in der Rechtsprechung erheblichen Raum einnimmt. — Die Unterscheidung von generellen und individuellen Eingriffen behält trotz Überwindung der Einzelakttheorie Bedeutung, insofern es einmal um die Schaffung von Pflichtigkeiten, andererseits um die Frage ihrer Reichweite und Konkretisierung geht. — Ferner ermöglicht der methodische Rahmen der Pflichtigkeitstheorie die Einordnung der verschiedenen in der Judikatur genannten Beurteilungskriterien. Das Abstellen auf das Wesen der Rechtspositionen liefert gleichzeitig Anhaltspunkte zur inhaltlichen Ausgestaltung des Sonderopferbegriffs. So ist bei allgemeinen Einschränkungen die jedem Recht wesentliche Grenze des Bestandsschutzes zu wahren. Diese gilt mit erweitertem und konkretisiertem Inhalt auch für singuläre Eigentumsbelastungen. Eine einigermaßen verläßliche Beurteilung ist demnach anhand des Gesichtspunktes der Bestandswahrung und des aus ihm folgenden Schwerekriteriums möglich. Doch gelten diese innerhalb der Rechtsprechung des BGH nicht absolut, sondern werden relativiert. Dies liegt darin begründet, daß das Eigentum ebensowenig, wie es einer unbeschränkten Evolution, vor allem in Richtung auf Verstärkung der Sozialbindung, preisgegeben ist, gänzlich traditionell, im Sinne des Konservierens aller einmal gegebener Befugnisse, bestimmt ist. Diese Spannungslage zwischen regelmäßig traditionsbezogenen Interessen des Einzelnen und evolutionären Absichten des Gemeinwesens ist nach Prioritätsgrundsätzen zu lösen. Nachdem sich die Rechtsprechung hierzu bisher schwankend und zurückhaltend geäußert hat, scheint ihr weiterer Entwicklungsweg doch mit dieser Tendenz vorgezeichnet werden zu können.

Auf dieser Grundlage ist eine sicherere Prognose hinsichtlich der Ergebnisse der entschädigungsrechtlichen Rechtsprechung des BGH möglich geworden. Diese transparent und vorhersehbarer zu machen, war vornehmliches Anliegen dieser Untersuchung, nicht so sehr die kritische Würdigung des Sonderopferbegriffs der Rechtsprechung. Gleichwohl sind verschiedentlich Stellungnahmen erfolgt, die auf Kritikwürdiges oder Zweifelhaftes innerhalb des Entscheidungsmodells der Judikatur hinweisen. Nachdem dieses näher bestimmt worden ist, mag sich die bisher schon zahlreiche Ablehnung des Sonderopferbegriffs des BGH auf „systemimmanenten“ Bahnen fortsetzen und nun weitere und neue Ansatzpunkte finden.

Als gesicherte Prognose darf jedoch angenommen werden, daß das Merkmal *Sonderopfer* fortbestehen und weiterhin entscheidende Bedeutung im Entschädigungsrecht behalten wird. Denn einerseits ist ein grundsätzlicher Wandel der Rechtsprechung nicht abzusehen; das Problem der Abgrenzung von entschädigungspflichtigen und ohne Entschädigung zulässigen Hoheitsakten wird sich zum anderen auch in Zukunft — vielleicht sogar mit erhöhter Intensität — stellen; ein Versuch, es durch gesetzliche Normierung zu lösen, erscheint angesichts der Mannigfaltigkeit der in Betracht kommenden Fallgestaltungen, die auch diese Untersuchung angesprochen hat, von vornherein zum Scheitern verurteilt. Kriterium für die Einzelfallentscheidung wird, solange sie der Bundesgerichtshof zu treffen hat, das Sonderopfer bleiben.

Literaturverzeichnis

Die Abkürzungen entsprechen, soweit hier nicht ausdrücklich angeführt, *Kirchner*, Abkürzungsverzeichnis der Rechtssprache, 2. Aufl. 1968.

Ackermann: Enteignung und Eigentumsschranken, Jur. Diss. Köln, 1932

Arndt: Anmerkung zu BGH, LM, GG Art. 14 Nr. 21 (Cd)

Aust: Entschädigung von Verkehrsimmissionen, NJW 1972, 1402 ff.

Bartlsperger: Die Folgen von Staatsunrecht als Gegenstand der Gesetzgebung, NJW 1968, 1697 ff.

Bauschke / Kloepfer: Enteignung, enteignungsgleicher Eingriff, Aufopferung, NJW 1971, 1233 ff.

Bender: Staatshaftungsrecht, 1971

— Verhandlungen des 47. DJT, 1968, Referat, L 1 ff. (Bd. II), (s. auch ebd.)

— Sozialbindung des Eigentums und Enteignung, NJW 1965, 1297 ff.

— Zur Problematik der durch Staatsunrecht begründeten öffentlich-rechtlichen Kompensations- und Restitutionspflichten, DÖV 1968, 156 ff.

Bettermann: Der Schutz der Grundrechte in der ordentlichen Gerichtsbarkeit, in: Die Grundrechte, hrsg. v. Bettermann / Nipperdey / Scheuner, Band III, 2. Halbband, 1959

Böhmer: Grundlagen der bürgerlichen Rechtsordnung, Bd. I, 1950

Bosch: Anmerkung zu BGHZ 46, 327, FamRZ 1967, 147

Burghartz: Wasserhaushaltsgesetz und Wassergesetz für das Land Nordrhein-Westfalen, Kommentar, 1962

Dahrendorf: Über den Ursprung der Ungleichheit unter den Menschen, 1961

Diester: Neue Wege zur Lösung der Probleme des Enteignungsrechts, NJW 1954, 1140 ff.

Drews / Wacke: Allgemeines Polizeirecht, 7. Aufl. 1961

Dürig: Eigentum als Menschenrecht, ZgesStW 109 (1953), 326 ff.

— Zurück zum klassischen Enteignungsbegriff, JZ 1954, 4 ff.

— Grundfragen des öffentlich-rechtlichen Entschädigungssystems, JZ 1955, 521 ff.

Fischer: Verhandlungen des 41. DJT, 1955, Referat, C 37 ff. (Bd. II), (s. auch ebd.)

Flume: Anmerkung zu OLG Bremen, NJW 1953, 585 f., daselbst

Forkel: Zum „Opfer" beim Aufopferungsanspruch, JZ 1969, 7 ff.

Forsthoff: Lehrbuch des Verwaltungsrechts, I, Allgemeiner Teil, 10. Aufl. 1973

Forsthoff: Anmerkung zu BGHZ 6, 270, JZ 1952, 627 f.

Franz: Anmerkung zu BGHZ 46, 327, JZ 1967, 573 ff.

Ganschenzian-Finck: Beeinträchtigung der Anlieger durch den Straßenverkehr, NJW 1961, 1846

Giesen: Warenherstellerhaftung ohne Verschulden?, NJW 1968, 1401 ff.

Götz: Allgemeines Polizei- und Ordnungsrecht, 2. Aufl. 1973

Haas: Verhandlungen des 47. DJT, 1968, Referat, L 32 ff. (Bd. II), (s. auch ebd.)

— Wiederum: Eigentum und Enteignung, MDR 1952, 648 ff.

Hamann: Anmerkung zu BGHZ 6, 270, NJW 1952, 1176

— Anmerkung zu BGHZ 9, 83, NJW 1953, 1217

Hammer: Festlegung von Trinkwasserschutzgebieten und Enteignung, ZfW 1964, 191

— Entschädigung bei der Festsetzung von Wasserschutzgebieten, GWF [= Gas- und Wasserfach] 1965, 984

— Die Festlegung von Trinkwasserschutzgebieten und der polizeiliche Störer, DÖV 1967, 337

Hampe: Die Amtshaftung im englischen Recht, AöR 76 (1950/1), 297 ff.

Heidenhain: Amtshaftung und Entschädigung aus enteignungsgleichem Eingriff, 1965

— Folgen rechtswidrigen hoheitlichen Verwaltungshandelns, JZ 1968, 487 ff.

Henrichs: Anmerkung zu BArbG, NJW 1959, 1243 f., daselbst

Herzog: Allgemeine Staatslehre, 1971

Hesse: Grundzüge des Verfassungsrechts der Bundesrepublik Deutschland, 6. Aufl. 1973

Hippel, E. v.: Grenzen und Wesensgehalt der Grundrechte, 1965

Hoffmann-Becking: Folgenbeseitigung bei rechtswidrigen hoheitlichen Tathandlungen, JuS 1972, 509

Huber: Wirtschaftsverwaltungsrecht, 2. Aufl., Bd. I, 1953; Bd. II, 1954

Ipsen: Enteignung und Sozialisierung, VVDStRL 10 (1952), 74 ff.

Jaenicke: Gefährdungshaftung im öffentlichen Recht?, VVDStRL 20 (1963), 135 ff.

Jellinek: Verwaltungsrecht, 3. Aufl. 1948

Juristentag, Deutscher, 41., 1955 1. Abteilung: Empfiehlt es sich, die verschiedenen Pflichten des Staates zur Entschädigungsleistung aus der Wahrnehmung von Hoheitsrechten nach Grund, Inhalt und Geltendmachung gesetzlich neu zu regeln?

— 47., 1968 Öffentlich-rechtliche Abteilung: Empfiehlt es sich, die Folgen rechtswidrigen hoheitlichen Verwaltungshandelns gesetzlich zu regeln?

Kaiser: Entschädigung bei der Festsetzung von Wasserschutzgebieten und sonstigen Maßnahmen zugunsten der öffentlichen Wasserversorgung, GWF [= Gas- und Wasserfach] 1963, 1021 ff.

Kelsen: Reine Rechtslehre, 2. Aufl. 1960

— Über Staatsunrecht, GrünhZschr [= Grünhuts Zeitschrift] 40 (1914), 1 ff.

Kessler: Der enteignungsgleiche Eingriff in der Rechtsprechung des Bundesgerichtshofes, DRiZ 1967, 374 ff.

Kimminich: Die öffentlich-rechtlichen Entschädigungspflichten, JuS 1969, 349 ff.

Kleinhoff: Der enteignungsgleiche Eingriff in der Rechtsprechung des Bundesgerichtshofes, DRiZ 1958, 167 ff.

— Der Aufopferungsanspruch in der Rechtsprechung des Bundesgerichtshofes, DRiZ 1957, 225 ff.

Körner: Anmerkung zu OVG Koblenz, NJW 1961, 426, in: NJW 1961, 797 f.

Kötz: Zur Haftung bei Schulunfällen, JZ 1968, 285 ff.

Kreft: Aufopferung und Enteignung, 1968

— Grenzfragen des Enteignungsrechts in der Rechtsprechung des BGH und des BVerwG, in: Ehrengabe Heusinger, 1968, S. 167 ff.

— Eigentumsinhalt und Enteignung bei der Festsetzung von Wasserschutzgebieten, Das Recht der Wasserwirtschaft, Heft 17, 1971, S. 35 ff.

— Anmerkung zu BGHZ 45, 150 bei LM, GG Art. 14 Nr. 36 (Bb)

— Anmerkung zu BGHZ 40, 355 bei LM, GG Art. 14 Nr. 15 (Cc)

— Anmerkung zu BGHZ 56, 57 bei LM, GG Art. 14 Nr. 22 (Cc)

— Anmerkung zu BGHZ 46, 327 bei LM, Nr. 34 zu § 75 EinlALR

Kröner: Die Eigentumsgarantie in der Rechtsprechung des Bundesgerichtshofes, 2. Aufl. 1969

Krüger: Staatslehre, 2. Aufl. 1966

— Der Wesensgehalt der Grundrechte im Sinne des Art. 19 GG, DÖV 1955, 597 ff.

Külz: Enteignungsfragen bei Trinkwasserschutzgebieten, WuB [= Wasser und Boden] 1969, 115

Kuschmann: Die Abgrenzung der Enteignung und der Aufopferung von der Amtshaftung in der Rechtsprechung des Bundesgerichtshofes, NJW 1966, 574

Larenz: Lehrbuch des Schuldrechts, II. Band, Besonderer Teil, 10. Aufl. 1972

Leibholz / Rinck: Grundgesetz, Kommentar, 4. Aufl. 1971

Leisner: Sozialbindung des Eigentums nach privatem und öffentlichem Recht, NJW 1975, 233 ff.

— Sozialbindung des Eigentums, 1972

— Gefährdungshaftung im öffentlichen Recht?, VVDStRL 20 (1963), 185 ff.

Lerche: Amtshaftung und enteignungsgleicher Eingriff, JuS 1961, 237 ff.

Lewald: Anmerkung zu BGHZ 36, 379, NJW 1962, 1500

Lieberwirth: Aufopferungsansprüche bei Gesundheits-, insbesondere Impfschäden, NJW 1959, 796 ff.

Liver: Eigentumsbegriff und Eigentumsordnung, Gedenkschrift Franz Gschnitzer, 1969, S. 247 ff.

Loening: Die Haftung des Staates aus rechtswidrigen Handlungen seiner Beamten nach deutschem Privat- und Staatsrecht, Bluntschli-Festschrift, 1879

Luhmann: Öffentlich-rechtliche Entschädigung rechtspolitisch betrachtet, 1965

Maercks: Die Gefahrtragung als Folge behördlicher Fehlentscheidungen, NJW 1960, 1988 f.

v. Mangoldt / Klein: Das Bonner Grundgesetz, 2. Aufl. 1957

Maunz: Deutsches Staatsrecht, 18. Aufl. 1971

Maunz / Dürig / Herzog: Grundgesetz, Kommentar, Stand 1. 12. 1973

Mayer, O.: Deutsches Verwaltungsrecht, Bd. I, 3. Aufl. 1924

Michaelis: Zur Rechtswidrigkeit als Haftungsgrund bei der Amtshaftung und beim sog. enteignungsgleichen Eingriff, Larenz-Festschrift, 1973, S. 927 ff.

Mohnhaupt / Reich: Aufopferungsansprüche bei Schulunfällen, NJW 1967, 758 ff.

Mugdan: Die gesamten Materialien zum bürgerlichen Gesetzbuch für das deutsche Reich, Bd. II, Recht der Schuldverhältnisse, 1899

NN: Annäherung der Gerichtsbarkeiten, DRiZ 1967, 163

Nipperdey: Rechtswidrigkeit, Sozialadäquanz, Fahrlässigkeit, Schuld im Zivilrecht, NJW 1957, 1777 ff.

Nissen: Enteignung und Ablieferungszwang, NJW 1962, 849 ff.

Ossenbühl: Die Rücknahme fehlerhafter begünstigender Verwaltungsakte, 2. Aufl. 1965

— Die Struktur des Aufopferungsanspruchs — BGHZ 46, 327, JuS 1970, 276 ff.

— Enteignungsgleicher Eingriff und Gefährdungshaftung im öffentlichen Recht, JuS 1971, 575 ff.

Pagendarm: Amtshaftungsklagen in der Rechtsprechung des BGH, VersR 1960, 878 ff.

— Anmerkung zu BGHZ 30, 241 bei LM, GG Art. 14 Nr. 38 (D)

— Anmerkung zu BGHZ 30, 338 bei LM, GG Art. 14 Nr. 26 (Ce)

Pagenkopf: Freiheit und Bindung des Eigentums, NJW 1951, 1193 ff.

Papier: Abschied vom enteignungsgleichen Eingriff?, NJW 1971, 2157 f.

Peter: Zur neueren Enteignungsrechtsprechung des BGH, JZ 1969, 549 ff.

Pfeiffer: Practische Ausführungen aus allen Theilen der Rechtswissenschaft, Bd. II, 1828

Plog / Wiedow / Beck: Kommentar zum Bundesbeamtengesetz, ab 1958

Reform des Staatshaftungsrechts, „Kommissionsbericht", 1973, hrsg. vom Bundesminister der Justiz und vom Bundesminister des Innern

Reinhardt / Scheuner: Verfassungsschutz des Eigentums, 1954

Riegel: Abschied von der Sonderopfertheorie, BayVBl. 1973, 403 ff.

Rinck: Gleichheitssatz, Willkürverbot und Natur der Sache, JZ 1963, 521 ff.

Ritter: Anmerkung zu BGH, NJW 1966, 877, in: NJW 1966, 1355 f.

Rupp: Widerruf amtlicher ehrenkränkender Behauptungen, NJW 1961, 811

Salzwedel: Neuere Rechtsprechung des Bundesgerichtshofes zu Rechtsfragen der Kiesgewinnung, ZfW 1973, 131 ff.

— 128. Kolloquium des Instituts für das Recht der Wasserwirtschaft an der Universität Bonn, Zusammenfassung in: ZfK [= Zeitschrift für kommunale Wirtschaft] 1968, Nr. 4, S. 8

— Bericht Staatsrechtslehrertagung 1961, II, AöR 87 (1962), 94 ff.

Schack: Generelle Eigentumsentziehungen als Enteignungen, NJW 1954, 577 ff.

— Anmerkung zu BGHZ 31, 187, JZ 1960, 262 f.

— Der enteignungsgleiche Eingriff, JZ 1960, 625 ff.

— Die Enteignungstheorie des Bundesverwaltungsgerichts, NJW 1963, 750 ff.

— Das Gruppenopfer bei der Enteignung, NJW 1967, 613 f.

Schäfer: Verhandlungen des 41. DJT, 1955, Referat, C 1 ff. (Bd. II), (s. auch ebd.)

Scheuner: Grundfragen der Staatshaftung für schädigende Eingriffe, Jellinek-Gedächtnisschrift, 1955, S. 331

— Die Abgrenzung der Enteignung, DÖV 1954, 587 ff.

— Probleme der staatlichen Schadenshaftung nach deutschem Recht, DÖV 1955, 545 ff.

— Amtshaftung und enteignungsgleicher Eingriff, JuS 1961, 243 ff.

Schleeh: Zur Dogmatik der öffentlich-rechtlichen Folgenbeseitigung, AöR 92 (1967), 58 ff.

Schmidt, R.: Natur der Sache und Gleichheitssatz, JZ 1967, 402 ff.

— Anmerkung zu BGH, NJW 1968, 293, in: NJW 1968, 791

Schneider: Enteignung und Aufopferung, 1964

— Eingriffsschwere oder Einzelakt?, DÖV 1965, 292 ff.

— Anmerkung zu BGH, NJW 1965, 1907, daselbst

— Anmerkung zu BGHZ 48, 46; 48, 58; 48, 65, in: NJW 1967, 1750 ff.

Schöne: Öffentliche Gewalt und Eigentum, DÖV 1954, 552 ff.

Schönke / Schröder: Strafgesetzbuch, Kommentar, 17. Aufl. 1974

Sellmann: Sozialbindung des Eigentums und Enteignung, NJW 1965, 1689 ff.

Sieder / Zeitler: Wasserhaushaltsgesetz, Kommentar, ab 1964

Sontis: Strukturelle Betrachtungen zum Eigentumsbegriff, Larenz-Festschrift, 1973, S. 981 ff.

Steffen: Der Aufopferungsanspruch in der Rechtsprechung des Bundesgerichtshofes, DRiZ 1967, 110 ff.

Stein: Zur Wandlung des Eigentumsbegriffes, Festschrift für Gebhard Müller, 1970, S. 503 ff.

Stich: Entschädigung bei Bausperren — BGHZ 30, 338, JuS 1961, 346 ff.

Stödter: Öffentlich-rechtliche Entschädigung, 1933

— Über den Enteignungsbegriff, DÖV 1953, 97 ff.

Sundbom: Der Gleichheitssatz als politisches und ökonomisches Problem, 1962

Sundheim: Über Schadensstiftung durch Staatsbeamte und Haftungsverbindlichkeit des Staats dafür, 1827

Thomä / Wolter: Zweckentfremdung und Enteignung, MDR 1958, 203 ff.

Tiedemann: Haftung für Gesundheitsbeschädigungen Gefangener, NJW 1962, 1760 ff.

Tietgen: Die Amtshaftung im System der Ersatzleistungen und des Rechtsschutzes, DVBl. 1955, 549 ff.

Wagner: Der Haftungsrahmen in der Lehre vom Sonderopfer, Jahrreiß-Festschrift, 1964, S. 441 ff.

— Zur Kritik an der Rechtsprechung zum Enteignungsrecht, DRiZ 1965, 114 ff.

— Die Abgrenzung von Enteignung und enteignungsgleichem Eingriff, NJW 1967, 2333 ff.

Wahl / Soell: Ersatzansprüche wegen Unfruchtbarmachung aufgrund unrichtiger Entscheidung des Erbgesundheitsgerichts?, AcP 167 (1967), 1 ff.

Weyreuther: Verhandlungen des 47. DJT, 1968, Gutachten öffentlich-rechtliche Abteilung (Bd. I, Teil B), (s. auch ebd.)

Wolff, H. J.: Verwaltungsrecht I, 8. Aufl. 1971

Wolff, M.: Reichsverfassung und Eigentum, Kahl-Festschrift, 1923, S. 20 ff.

Zachariae, H. A.: Über die Haftungsverbindlichkeit des Staates aus rechtswidrigen Handlungen und Unterlassungen seiner Beamten, ZgesStW 19 (1863), 582 ff.

Zinkahn / Bielenberg: Bundesbaugesetz, Kommentar, Stand 1. 6. 1972

Zoepfl: Grundsätze des Staatsrechts, 3. Aufl. 1846

Kolibri 360 GmbH
Ferdinand-Jühlke-Straße 7
99095 Erfurt, Deutschland
produktsicherheit@kolibri360.de

Druck:
CPI Druckdienstleistungen GmbH
im Auftrag der
Kolibri 360 GmbH
Ferdinand-Jühlke-Str. 7
99095 Erfurt